生态文明建设思想文库（第三辑） 主编 杨茂林

从生态正义向度看
"资本主义精神"外部性短板——马克斯·韦伯的理论不足

马君 著

山西出版传媒集团　山西经济出版社

图书在版编目（CIP）数据

从生态正义向度看"资本主义精神"外部性短板：马克斯·韦伯的理论不足 / 马君著. -- 太原：山西经济出版社，2024.3

（生态文明建设思想文库 / 杨茂林主编. 第三辑）
ISBN 978-7-5577-1250-1

Ⅰ.①从… Ⅱ.①马… Ⅲ.①韦伯（Weber, Max 1864-1920）—经济社会学—研究 Ⅳ.①F069.9

中国国家版本馆 CIP 数据核字（2024）第 020963 号

从生态正义向度看"资本主义精神"外部性短板：马克斯·韦伯的理论不足

著　　者：马　君
出 版 人：张宝东
责任编辑：解荣慧
助理编辑：郝炯奕
封面设计：阎宏睿

出　版　者：山西出版传媒集团·山西经济出版社
地　　　址：太原市建设南路 21 号
邮　　　编：030012
电　　　话：0351-4922133（市场部）
0351-4922085（总编室）
E-mail：scb@sxjjcb.com（市场部）
zbs@sxjjcb.com（总编室）
经　销　者：山西出版传媒集团·山西经济出版社
承　印　者：山西出版传媒集团·山西人民印刷有限责任公司
开　　　本：787mm×1092mm　1/16
印　　　张：14.75
字　　　数：234 千字
版　　　次：2024 年 3 月　第 1 版
印　　　次：2024 年 3 月　第 1 次印刷
书　　　号：ISBN 978-7-5577-1250-1
定　　　价：68.00 元

编委会

顾　　问：李留澜　沈慧云　田其治　张凌云
　　　　　陈　劲　杨君游
主　　编：杨茂林
执行主编：晔　枫　李慧平
副 主 编：杨必仪
编委人员：马　君　王晓东　王文亮　刘碧田
　　　　　杨　阳　何　静　张　玥　罗　琳
　　　　　赵李越　贺双艳　黄　桦　颜萌萌

总 序

"生态文明建设"是我国最重要的发展战略之一，是为促进人类可持续发展战略目标，促进联合国《变革我们的世界——2030年可持续发展议程》的落实，我国政府从发展模式、循环经济、生态环境质量及生态文明建设观念的建构诸方面所做的框架性、原则性规定。国家领导对我国生态文明建设十分重视。2020年9月22日习近平主席在第七十五届联合国大会上的讲话中指出："人类需要一场自我革命，加快形成绿色发展方式和生活方式，建设生态文明和美丽地球。"本届联大会议上，习近平还对传统发展方式，抑或受新自由主义强烈影响的经济发展模式进行了批评。他说："不能再忽视大自然一次又一次的警告，沿着只讲索取不讲投入、只讲发展不讲保护、只讲利用不讲修复的老路走下去。"接着，他阐明了我国在生态文明建设方面的政策目标，并向世界宣告："中国将提高国家自主贡献力度，采取更加有力的政策和措施，二氧化碳排放力争于2030年前达到峰值，努力争取2060年前实现碳中和。"这不仅表明了我国政府对实现生态文明建设近期目标的巨大决心，而且对实现与生态文明建设紧密相关的国家中长期目标做了规划。

为了促进我国生态文明建设战略目标的实现，学术研究同样必须为之付出相应的努力，以对我国生态文明建设做出积极贡献。正因为此，我们在业已出版的《生态文明建设思想文库》第一辑、第二辑基础上，进一步拓展了与生态文明建设相关的课题研究范围，并组织撰写和出版了《生态文明建设思想文库》第三辑（以下简称"《文库》第三辑"）。《文库》第三辑是在前两辑基础上对生态文明建设所做的具有创新意义的进一步探讨,故此,选题内容既同可持续发展的国际前沿理论紧密关联,又与我国生态文明建设实践要求相结合,旨在从学理上深入研究生态文明建设的内在法则,及与之密切相关的多学科间的逻辑联系。基于这一前提,《文库》第三辑的著作具体包括《从生态正义向度看"资本主义精神"外部性短板——马克斯·韦伯的理论不足》《环境破坏的"集体无意识"——从荣格心理学角度对环境灾变的认知》《区域经济生态化建设的协同学探析与运作》《大数据时代下的决策创新与调控》《生态环境保护问题的国际进程与决策选择》《生态文明建设中的电子政务》《共生理念下的生态工业园区建设》《生态社会学》《生态旅游论》九本书。

其中,《从生态正义向度看"资本主义精神"外部性短板——马克斯·韦伯的理论不足》一书,由山西省社会科学院助理研究员马君博士撰写。马君女士是山西大学哲学社会学学院博士。现已发表的学术论文有《论新教伦理中的职业精神》等。在她攻读博士学位及于山西省社会科学院工作期间,对韦伯的著述多有关注,并认真研究了《新教伦理与资本主义精神》一书,指出了其理论上存在的问题与不足。

《新教伦理与资本主义精神》被西方学界奉为经典,是较早研究欧美"理性经济人"及其"资本主义精神"得以形成的伦理学依据方面的著述。在书中,韦伯力图说明经基督教新教改革,尤其是经加尔文清教思想改革后的伦理学对欧美资本主义发展的促进及影响。即如韦伯在书中所说:"在清教所影响的范围内,在任何情况下清教的世界观,都有利于一种理性的资产阶级经济生活的发展……它在这种生活的发展中是最重要的,而且首先是唯一始终一致的影响,它哺育了近代经济人。"[1]韦伯还进一步揭示出这种经济秩序与技术进步紧密相关的"效率主义"逻辑,指出:"这

---

[1] 马克斯·韦伯:《新教伦理与资本主义精神》,生活·读书·新知三联书店,1987,第135页。

种经济秩序现在却深受机器生产技术和经济条件的制约。今天这些条件正以不可抗拒的力量决定着降生于这一机制之中的每一个人的生活……也许这种决定性作用会一直持续到人类烧光最后一吨煤的时刻。"[②]不难看出，《新教伦理与资本主义精神》一书所阐述的经新教改革后的"理性经济人"及其"资本主义精神"，确实成了近代欧美资本主义世界的主流趋势。它不仅对追求自身利益最大化理性经济人的"效率主义"逻辑发挥着巨大作用，而且在韦伯这一经典著述中也占据着绝对分量。相反地，"理性经济人"及其在资本主义发展中形成的"负外部性"，亦即马克思理论意义上的"异化自然"，或庇古所说的"外部不经济"，该书则根本未予体现。然而，正是由于后者，却凸显出韦伯著述的不完备性，因为它严重忽略了"理性经济人"及其"资本主义精神"追求对自然生态系统形成的巨大戕害。故此，仅仅强调"理性经济人"及其"资本主义精神"对社会进步的意涵而忽略其行为酿成"负外部性"结果，无疑也显露出韦伯著述对"理性经济人"行为认知的不完备性，抑或其认知的非完形特质。因而，更不可能适应可持续发展战略时代对"理性经济人"整体行为认知与了解的现实要求。

马君女士的《从生态正义向度看"资本主义精神"外部性短板——马克斯·韦伯的理论不足》一书，正是从新的理论视角对韦伯学术思想进行了全方位剖析。她不仅对韦伯著述的概念体系进行了梳理，而且对这种"资本主义精神"酿成的不良后果——加勒特·哈丁所说的"公地悲剧"予以了批判性分析。为了加大对韦伯著述外部性短板的证伪力度，在书中，她还以国外著名思想家的大量经典著述为依据，进一步强化了对韦伯学术思想的否证。具体说，她不仅参考了马克思主义经典中对资本主义"异化自然"的理论批判，而且依据"法兰克福学派"赫伯特·马尔库塞《单向

[①] 马克斯·韦伯：《新教伦理与资本主义精神》，生活·读书·新知三联书店，1987，第142页。

度的人——发达工业社会意识形态研究》一书，对"资本主义精神"进行抨击；不仅依据法国学者安德瑞·高兹"经济理性批判"对"理性经济人行为"展开详细剖析，而且依据生态马克思主义者詹姆斯·奥康纳的《自然的理由——生态学马克思主义研究》和约翰·贝拉米·福斯特的《生态危机与资本主义》，对"理性经济人"行为进行的理论证伪。总之，马君女士这一著作，为我们重新认知《新教伦理与资本主义精神》提供了新的理论视角。尤其是在我国政府力推生态文明建设发展战略期间，该书对批判性地了解韦伯理论意义上"理性经济人"及其"资本主义精神"的"负外部性"来说，有着一定的参考价值。

《环境破坏的"集体无意识"——从荣格心理学角度对环境灾变的认知》一书，由山西省社会科学院副研究员王文亮撰写。王文亮毕业于浙江大学心理学专业，现在山西省社会科学院能源研究所从事研究工作。该书是涉及生态文明建设方面的一本社会心理学专著，旨在探讨造成环境破坏的社会心理学原因。在书中，作者详细剖析了环境破坏与"集体无意识"的联系。

"集体无意识"概念由瑞士精神分析学派心理学家荣格较早提出，在社会心理学上有着非常重要的价值和意义。但是，荣格心理学中的"集体无意识"概念，似乎更偏重于发生学意义上理论建构与界定，带有十分明显的"历时性"含义。从另外的角度说，荣格式"集体无意识"概念，也与我国李泽厚先生所说的"积淀"具有相似性。对于"集体无意识"概念的深入研究，后经弗洛姆的工作，使之对"共时态"社会群体"集体无意识"现象的认知成为可能，其界说可被认为：一种文化现象（比如前述"新自由主义"的经济文化现象），对群体行为浸染而成的一种无意识模式，亦即人类群体不假思索便习以为常的一种生活方式。《环境破坏的"集体无意识"——从荣格心理学角度对环境灾变的认知》一书，正是结合精神分析学派这些思想家的理论和方法，剖析了由新自由主义经济政策导向形成的、与生态文明建设极不合拍的环境灾变原因——一种引发环境破坏的

"集体无意识"现象。该书对处于生态文明建设实践中的社会群体反躬自省来说，将大有裨益。尤其是，在生态文明建设实践中，它便于人们借助精神分析学派的"集体无意识"概念和理论，反思发展过程中人类与自然生态系统平衡不合拍的"集体无意识"行为。

《区域经济生态化建设的协同学探析与运作》一书，由山西省社会科学院研究员黄桦女士撰写。该书是她在之前业已出版的《区域经济的生态化定向——突破粗放型区域经济发展观》基础上，以哈肯"协同学方法"，超越传统"单纯经济"目标，而对区域性"经济—社会—生态"多元目标的协同运作所做的进一步创新性探索。在书中，作者对区域经济生态化建设协同认知的基本特征、理论内涵、运作机制、结构与功能等方面做了全方位分析，并建设性地提出这种区域协同运作方式的具体途径。其理论方法的可操作性，便于我国区域性生态化建设实践过程参考借鉴。

《大数据时代下的决策创新与调控》一书，由王晓东女士撰写。王晓东女士是吉林大学经济学硕士。现任太原师范学院经济系讲师。

该书系统探讨了大数据快速发展所掀起的新一轮技术革命，指出数据信息的海量涌现和高速传输正以一种全新的方式变革着社会生产与生活，也重新构建着人类社会的各种关系。这些前所未有的全新变革，使得传统政府决策与调控方式面临严峻挑战，也倒逼政府治理模式的创新与变革。事实上，大数据的出现，也是对市场"看不见的手"的学说思想的理论证伪。因为，在大数据时代，更有利于将市场机制与国家宏观调控有效结合，并科学构建政府与市场二者的关系，进而使之在本质上协调一致。大数据的出现，已经成为重新考量西方经济学理论亟待解决的关键性问题。书中指出，大数据的出现，同时给政府决策与调控开拓了新的空间，也创立了新的协同决策与运作的机制。因此，顺应当今时代的经济—社会—生态协同运作的数字化转型，以政府决策、调控的数字化推动生态文明建设的数字化，就成为政府创新与变革需要解决的新问题。

《生态环境保护问题的国际进程与决策选择》一书，由重庆移通学院副教授杨阳撰写。杨阳曾就读于英国斯旺西大学，获得国际政治学专业硕士学位。国外留学的经历，使其对国际环保问题有更多的关注。《生态环境保护问题的国际进程与决策选择》一书，正是他基于对国际前沿的观察与研究，同《文库》第三辑主题相结合进行探讨的一本著作。该书从环境保护的国际进程角度出发，指出了人类所面临环境危机的严重性。进而，强调了可持续发展战略追求的现实紧迫性，并借此方式实现生态文明建设和美丽地球的现实目标。此外，他还在人类与环境互动中确立生态正义观念、环保政策的制定与实施方面，做了深入探讨，并指出：若要确保解决环境危机的有效性，必须摒弃新自由主义的"效率主义"逻辑，克服理性经济人"自身经济利益最大化"的片面追求，将自然界与人类社会视作统一的有机整体是至关重要的。唯此，才能使人类社会步入与自然界和谐共生的新路径。

《生态文明建设中的电子政务》一书，由山西省社会科学院助理研究员刘碧田女士撰写。刘碧田女士是山西大学公共管理学院硕士，进入山西省社会科学院工作后，研究方向主要为"电子政务"。《生态文明建设中的电子政务》主要阐述了在物联网、大数据、区块链、人工智能等新技术高速发展的时代政府职能发生的改变，及其对生态文明建设所产生的多维度重构。在书中，她较完整地阐明数字化技术进步对政府职能转变的理论意义和价值——将促进政府转变传统低效能的"人工调控方式"，相应地，取而代之的则是"数字化高效运行"管理手段。这种新技术变革影响的电子政务，无论是生态数据共享，还是环保政策的制定；无论是生态系统监控，还是公众服务水平反馈等，都将高效能地服务于我国生态文明建设。无疑，这种与数字化新技术紧密关联的"电子政务"，既可促使政府工作效率的革命性转变，也将促成我国生态文明建设工作的迅猛发展。

《共生理念下的生态工业园区建设》一书，由山西省社会科学院副研究员何静女士撰写。何静女士是山西财经大学 2006 年的硕士研究生。同年，她进入山西省社会科学院经济研究所工作，主要从事"企业经济"方面的相关研究。其代表作品主要有《共生理念视角下城市产业生态园》《山西省科技型中小企业培育和发展的路径》《供给侧视域中企业成本降低问题分析》。《共生理念下的生态工业园区建设》一书，主要阐述了在共生理念前提下，依据瑞士苏伦·埃尔克曼《工业生态学》的基本原理，通过"生态工业园区建设"的相关研究，进而推进我国企业资源利用效率的提高，及对生态环境保护综合治理的相关内容。尤其是在实现"碳达峰""碳中和"方面，"生态工业园区建设"将是必经之路，将发挥不可或缺的重要作用。十分明显，本书为企业积极顺应我国生态文明建设，对实现习近平同志提出的"碳达峰""碳中和"刚性目标，都有着建设性的作用。此外，它对我国企业未来发展走向，在理论和实践两个方面给出的建议，也有一定参考价值。

《生态社会学》一书由重庆财经学院讲师贺双艳和颜萌萌二位女士撰写。贺双艳女士是西南大学教育心理学博士，现在重庆财经学院从事"大学生思想政治理论"和"大学生心理健康"等课程教学工作；颜萌萌女士，同属该学院专职教师。二人所学专业，均便于投入本课题——"生态社会学"研究之中。其中，贺双艳女士还主持出版了《大学生心理健康教育》《文化与社会通识教育读本》等著作。此外，她撰写并发表了一些与"社会心理学"专业相关的学术论文。除此，贺双艳女士对"社会学""文化人类学"等学科的交叉研究也较为关注。对"文化人类学"中"文化生态学派"的理论尤为重视。所谓"文化生态学"，是从人与自然、社会、文化各种变量的交互作用中研究文化产生与发展之规律的学说。显然，其关注的内容，正适合于《文库》第三辑中《生态社会学》的理论探索工作。《生态社会学》一书，对应对我们面对的生态危机，对助力人类社会可持续发展而建构合理的社会秩序等，提供了建设性的方案。因此，它也是《文库》第三辑较有亮点的一部学术著作。

《生态旅游论》一书由罗琳女士撰写。罗琳女士是重庆师范大学硕士，重庆外语外事学院讲师。主要从事生态旅游方面的教学工作。在教学之余,对生态旅游做了大量研究,并发表了《关于我国发展生态旅游的思考》《我国生态旅游资源保护与开发的模式探究》等不少前期学术论文。《生态旅游论》一书,阐述了生态旅游的理论基础,探讨了生态旅游的理论与实践,指出了生态旅游的构成要素及其形成条件,揭示了生态旅游资源开发与管理的内涵,也研究了生态旅游的环境保护及环境教育的关系等。《生态旅游论》一书,不仅从旅游角度为《文库》第三辑增添了新的内容,同时也为我国生态文明建设提供了新的视角。

不难看出,《文库》第三辑涉及的内容,既有对被西方奉为经典的《新教伦理与资本主义精神》的批判性分析,又有对新自由主义酿成环境灾变之"集体无意识"行为的心理学解读;既有以"协同学"方法在区域经济生态化建设方面的理论尝试,又有借"大数据"使决策主体在生态文明建设创新与协调方面的整体思考;既有对国际永续发展前沿理论的历史性解读及借鉴,又有对"电子政务"与生态文明建设工作相关联的系统认知;既有对企业未来发展方向——"生态工业园区建设"的积极思考,又有对生态社会学及生态旅游论的创新性理论建构。

总之,文库从不同专业角度奉献出对"生态文明建设"的较新的理论认知和解读。即如《文库》前两辑一样,《文库》第三辑,同样旨在从不同专业领域,为推动我国生态文明建设事业做出贡献。

至此,由三辑内容构成的《生态文明建设思想文库》,经参与其撰写工作的全体作者,及山西经济出版社领导和相关编辑人员的共同努力已经全部完成,它们具体有:

第一辑:

《自然的伦理——马克思的生态学思想及其当代价值》

《新自由主义经济学思想批判——基于生态正义和社会正义的理论剖析》

《自然资本与自然价值——从霍肯和罗尔斯顿的学说说起》

《新自由主义的风行与国际贸易失衡——经济全球化导致发展中国家

的灾变》

《区域经济的生态化定向——突破粗放型区域经济发展观》

《城乡生态化建设——当代社会发展的必然趋势》

《环境法的建立与健全——我国环境法的现状与不足》

第一辑于 2017 年业已出版发行。

第二辑：

《国家治理体系下的生态文明建设》

《生态环境保护下的公益诉讼制度研究》

《大数据与生态文明》

《人工智能的冲击与社会生态共生》

《"资本有机构成"学说视域中的社会就业失衡》

《经济协同论》

《能源变革论》

《资源效率论》

《环境危机下的社会心理》

《生态女性主义与中国妇女问题研究》

目前，第二辑全部著作现已经进入出版流程，想必很快也会面世。

第三辑：

《从生态正义向度看"资本主义精神"外部性短板——马克斯·韦伯的理论不足》

《环境破坏的"集体无意识"——从荣格心理学角度对环境灾变的认知》

《区域经济生态化建设的协同学探析及运作》

《大数据时代下的决策创新与调控》

《生态环境保护问题的国际进程与决策选择》

《生态文明建设中的电子政务》

《共生理念下的生态工业园区建设》

《生态社会学》

《生态旅游论》

目前，第三辑也已经全部脱稿，并进入出版流程。

《生态文明建设思想文库》三辑著作的全部内容业已完成，这也是《文库》编委会全体作者及山西经济出版社为我国生态文明建设所做的贡献。但是，囿于知识结构和底蕴，及对生态文明建设认知与把握的不足，难免会有不尽完善之处，故此，还望学界方家及广大读者惠于指正。

2021 年 8 月

前　言

一

近代西方社会经历了一场深刻的理性化运动，现代西方文明的一切成果都是理性化的结果：只有在理性的行为方式和思维方式支配下，才会产生出经过推理证明的数学和通过理性实验的实证自然科学，才会相应地产生出理性的法律、社会行政管理体制以及理性的社会劳动组织形式——资本主义。西方近代资本主义的产生与发展就是人类行动由非理性逐步向理性发展的过程，理性化成为近代资本主义的根本特征。在一定意义上，人类历史的演进和社会变迁也是理性化的过程——人类的行为由非理性走向理性。从笛卡尔到黑格尔，西方哲学整体呈现崇尚理性的特点，人的认识能力和道德实践能力被放在至高无上的位置，人也就从认识主体和道德实践主体转变成人格化的逻辑范畴和道德规范。在这一过程中，"理性主义将人的注意力导向对外部世界的理性控制，在理性的指引下，以工具、技术和自然科学为标志的人驾驭自然界的能力空前发展了。"[①]理性化在发展过程中所包含的价值合理性和目标合理性（也称工具理性）以及实质合理性和形式合理性之间无法消解的冲突和分化正是马克斯·韦伯（Max Weber, 1864—1920）思想的核心范畴。

但是，到了19世纪下半期至20世纪初期，哲学社会科学出现了以阿图尔·叔本华、弗里德里希·威廉·尼采和亨利·柏格森为代表的非理性主义哲学思潮，这是西欧理性主义遇到深刻危机的发展阶段。韦伯就生活在这个时期。作为一名新康德主义社会学家，韦伯深刻地吸收继承了欧洲理性主义的传统，

[①] 苏国勋：《理性化及其限制——韦伯思想引论》，商务印书馆，2016，第47页。

也亲身体验到了理性主义的危机。作为一个理性主义者,他坚信理性原则;作为一个自由主义者,他目睹了由资本主义的掠夺而造成的种种社会问题。因此,作为百科全书式的学者,韦伯一方面受世人仰慕,另一方面是内心处于不安宁状态。有学者指出,韦伯"以其精神面貌把西欧理性主义危机人格化了"[1]。

于是,韦伯对现代西方文明中的理性主义抱持一种矛盾的态度。他毫不犹豫地打破了启蒙时代建立的那种对于现实的理论化和实践的合理化的乐观信任。在韦伯看来,无论就生活的哪一方面来说,我们都不能肯定地断言合理化促进了人类的幸福,正如他在《新教伦理与资本主义精神》中所言:"禁欲已从僧院步入职业生活,并开始支配道德,从而助长近代经济秩序那个巨大宇宙的诞生;而这宇宙秩序如今以压倒性的强制力,决定着出生在此一机制当中的每一个人(不只是直接从事经济经营活动的人)的生活方式——而且恐怕直到最后一车的化石原料燃尽为止,都还是如此。"[2]于是,韦伯充满悖论的思想在两个层面展开:一是将韦伯的"理性化"视为现代世界现代化发展之路的起点,二是将"理性化"视作现代化过程中工具理性肆无忌惮的扩张之源。

在探究资本主义理性化源头这一问题时,韦伯通过论述认为:"近代资本主义扩张的动力首先并不适用于资本活动的资本额的来源问题,更重要的是资本主义精神的发展问题",而理性的资本主义精神却孕育于西方基督教宗教改革后所形成的新教伦理之中。他进一步提出,新教伦理之理性所奠定的追求救赎证据的世俗化、条理化的职业、生活方式,及其在社会诸多领域的贯彻,出现了理性以及工具理性扩张的结果,理性化逐渐开始在经济、社会文化诸领域将原来意义上的神、灵怪以及其所代表的广义价值都驱逐了出去,世界历史的发展进入了一个"祛巫"[3]的状态。"祛巫"就其本质而言是理性侵占了一切社

---

[1] 苏国勋:《理性化及其限制——韦伯思想引论》,商务印书馆,2016,第53页。
[2] 马克斯·韦伯:《新教伦理与资本主义精神》,康乐、简惠美译,广西师范大学出版社,2010,第187页。
[3] 祛巫,是韦伯理论中的一个重要概念。该词的重点是祛除巫术,而并非祛除神的力量以及神秘的力量。这就是说,新教废除一切试图对上帝施加影响的仪式和行为——在新教看来这就是巫术。当然,这也就承带废除一切试图通过各种行为求助于审理力量的做法的正当性。

会领域,在理性化过程中,人的本性被彻底释放,人变成了一个形式理性、知性的人,而不是"灵魂"意义上的人。

韦伯对此有着清醒的认识:"我们的时代是一个理性化、理智化的时代,世界祛除巫魅是这个时代的命运,一切终极、崇高价值从公众生活中隐遁或遁入神秘生活的超领域","今天要真正理解生活、生命的内在意义,要看见和发现整个理性化、专业化和职业化给我们带来的内在困顿,以及它们对我们内在热情的影响、价值的取缔。因为,经过了新教伦理的洗礼后,人们已经成为一个纯粹内在的禁欲的人,又是一个纯粹精神的构成,不再模仿和被感染"。[1]

韦伯在《宗教社会学论文集·绪论》中开宗明义地表达了东西方文明的差异,"身为欧洲文明之子,在研究普遍历史问题时,总会不可避免地和理所应当地问到如下特殊问题:哪些情境因素共同作用产生了那些在西方,而且仅仅出现在西方的,并且在历史发展进程中(至少我们倾向认为)具有普遍意义和有效性的文化现象?韦伯认为,西方文明较其他文明的不同之处在于其'理性'精神,并且正是基于这样一种精神,才有了灿烂的西方文明,才有了最终能决定我们现代生活之命运的力量:资本主义。"韦伯对此有这样的看法:"宗教上认为不休不歇的俗世职业劳动,是制欲的最高技术并且是重生与纯正信仰的最确实、最彰明的证据;而这个宗教思想,对于本文所称资本主义精神的那种人生观之扩张,必然成为想象中最有力的杠杆。"关于资本主义的特质,韦伯认为:"资本主义的特质就是通过追求利润体现出来的,而且实际上是在资本主义企业中以一种理性的、持续的方式来追求利润,因此它追求的是获利性。"[2]

韦伯敏锐地洞察到了资本主义的发展史,认为传统资本主义正在向现代资本主义转向。斯蒂芬·卡尔伯格(Stephen Kalberg)在《新教伦理与资本主义精神》一书的导读中谈道:"韦伯在'资本主义'与'现代资本主义'之间做出的区分是他在《新教伦理》里全部分析的基础。"如果从商品交换的角度谈资本主

---

[1] 马克斯·韦伯:《中国的宗教:儒教与道教》,康乐、简惠美译,广西师范大学出版社,2010。
[2] 马克斯·韦伯:《新教伦理与资本主义精神》,斯蒂芬·卡尔伯格英译,苏国勋等中译,社会科学文献出版社,2010,第4页。

义，那么任何文明都有其存在的角落。从手工业者到贩奴者，再到行业经济、新航路开辟以及殖民贸易，无不充斥着资本贪婪的味道。然而韦伯所讲的资本主义显然与此不同，"西方在现代还发展出一种完全不同的资本主义类型……这种资本主义是和投机主义一同出现的，却是以对（形式上）自由劳动力之理性的、资本主义的组织为基础的。"这两点（理性的工业组织和市场取向）并不构成西方资本主义仅有的显著标志，还需要家户与经营场所的分离，这种分离绝对支配着我们今日的经济生活；以及与这种发展密切相关的理性簿记的产生。

韦伯对现代资本主义起源的分析并不局限于经济史的角度，对于普遍文化史核心问题的解释转向了对现代资本主义精神的阐释：西方文化特有的"理性主义"。肇始于新教伦理的西方文化理性对人类生存境况产生了重要影响：它是西方社会之所以率先走上资本主义道路的内在动力，表明了西方文明的独特性，这是韦伯通过东西方宗教伦理对资本主义的实际影响得出的结论。文化理性产生了现代意识结构，导致了文化统一性意义的丧失，以及人类生存意义的丧失，随之而起的是多元化价值对立局面，这是社会行动渐趋理性化的结局，是目的理性日趋强大而价值理性日渐衰微的结果。在这意义上，韦伯夸大了文化理性对人类生存造成的负面影响。

在韦伯看来，现代西方资本主义的合理性实质上依赖技术上的可计算性，而这种可计算性又依赖西方科学，资本与科技二者相互支撑联系。同时，经济上对科技应用的支持源于西方独特的社会秩序，在这种社会秩序的诸构成要素中，法律和行政管理的理性结构无疑是最重要的。因为在现代理性中，工业资本主义不仅需要便于组织劳动的可计算的技术手段，而且需要一种可信赖的法律和依据形式规则办事的行政机构。而这些都是西方文化中特有的"理性主义"。韦伯将这种经济活动中所表现的"理性主义"归结为（现代）资本主义精神：在一种天职中系统而理性地获取合法利润而努力的特质。

因此，在经济领域，资本主义制度所要求的理性的、非人格化的、计算性的行动颠覆了传统的同胞爱的伦理系统；在管理领域，社会的合理化导致了社会生活的普遍非人格化：那些不能被计算的东西被彻底从政治事务中去除了，所有的爱、憎和一切纯粹个人的，从根本上来说一切非理性的、不可预计的感觉因素。官僚管理体制越是合理化，个体就越发地成为那界定了他最终行进路线的巨大的无休止的机械装置里的一个小齿轮。

文化心理领域也发生了同样的改变,现代科学的兴起导致了世界的"祛巫",从而制造了一对日益紧张的矛盾:一方面,人性深处的对生活和世界有一个一贯的整体的意义与统一的价值体系这一基本需求;另一方面,这样一种对意义与价值体系的需求在现代世界中不断被证实是难以通过科学抑或技术手段给出的。科学与技术的进步无疑增强了人类对社会和自然进程的理性认知,在提高人类物质生活水平的同时,却导致科学和技术对政治、社会、教育、伦理等各个社会领域的一种技术性支配和操纵。

因此,在资本主义生产方式下,只考虑经济活动内部的合理性的资本家,利润最大化问题是其主要考虑的问题,而造成"外部不经济"以及生态环境遭破坏等问题则不是他们考虑的问题,更不会为了修复"外部不经济"问题而主动买单。在这样的社会价值观下,生态问题便成为资本主义社会的固有特性。生态马克思主义学者福斯特一针见血地指出:"生态与资本主义是相互对立的两个领域,这种对立不是表现在每一个实例之中,而是作为一个整体表现在两者的相互关系之中。"

二

本书试图以韦伯探寻影响理性化发展的因素为起点,深入韦伯所言经济活动中的"理性主义"——资本主义精神:在一种天职中系统而理性地获取合法利润而努力,并将韦伯的合理性问题与人类生存境况联系在一起进行考察。将落脚点放在生态正义对资本主义外部性问题的审视上,在这一过程中,详尽阐释了韦伯合理性思想及其对西方社会价值观、资本主义制度和社会命运的影响。并在"合理性"思想的基础上探讨资本理性的本质,进而阐释资本理性和生态理性对社会发展的不同影响。需要注意的是,韦伯对合理性诸范畴的使用并不是系统化的,甚至难以成为明晰的,在其诸宗教社会学、法律社会学、经济社会学以及社会科学方法论的著作中,韦伯以不同的形式使用了"合理性"的概念。

第一章主要完成关于理性与西方现代社会错综复杂的关系的文献综述工

作,着重厘清韦伯"合理性"观念产生的渊源,并从西方理性化程度与方向问题着手,阐释西方理性主义对韦伯合理性思想的影响,以及在这一影响下形成的理性经济人及其影响、理性的资本主义及其相关问题以及理性主义在近代西方社会的逐渐衰微等。现代社会在笛卡尔所奠定的理性中开端,通过一套完整、严密的对自然进行控制的观念,理性强行将自己作为"衡量一切的标准",从而实现了对自然的绝对统治。韦伯在这个过程中描画出"意义层次上"促进理性化的因素。他坚持认为,要探寻影响理性化的发展程度,更要找到深受其影响的社会关系的交叉点。因此,在韦伯看来,最重要的问题不只是理性化的"程度",更在于促进社会关系与制度形成之间的特殊连接模式。

在西方,尤其在科学传播方面,出现了韦伯所说的一种具有根本重要性的现象——"祛巫",即把理性的技术逐步应用到生产上,从而使科学工作与进步过程联系在一起的过程。在这个意义上,资本主义是理性地对经济行为、政治行为等的全面渗透,进而发展为追求理性主义的资本主义。与之相应,资本主义的扩张逻辑导致了一系列的社会问题,资本积累又成为遏制解决问题的内在原因,而这些都离不开资本主义新教伦理中理性主义的帮腔。

第二章是对资本主义精神这一概念的梳理、诠释。韦伯认为,社会经济发展需要伦理道德的支撑,新教伦理不仅孕育了资本主义精神,而且在封建经济向资本主义经济形式过渡过程中发挥了自己的作用,从而促进了资本主义经济的发展。缺少成本效益计算的前资本主义时期的"投资",生产组织没有什么效率,在财富创造和累积上远敌不过资本主义企业。对此,韦伯主张资本主义的成立有赖于对营利行为的"规制",即一种披着"伦理"外衣,并服从规范之约束的特定生活形式,这正是奠定现代资本主义"精神"的重要基础。

经过深入讨论,韦伯确信,只有庞大人群中极端严格而连续的条理性活动,才有可能引发一场对传统经济伦理[①]的"革命"。基督新教的"天职"思想在

[①] 传统经济伦理(经济传统主义),是指一种劳动心态,劳动被视为必要,仅仅是生活领域之一,并不比闲暇、家庭和友情更重要。"传统需求"是指:一旦得到满足,劳动即可休止。这种心态与现代资本主义的发展背道而驰。在韦伯那个时代,"传统主义"指的是以惯常方式从事活动的行为。

滋生条理性活动或理性组织的同时,也催生了现代资本主义精神。因此,在这个意义上,韦伯所说的资本主义精神就包含两个层面——作为现代经济组织形式的资本主义制度和主导现代人的心理动力。因而,在研究的开始去厘清资本主义精神这一重要概念乃是必要的和必需的。具体而言,从与传统主义的历史博弈开始,分别阐释了与传统主义的历史决裂、与传统主义的不同构成、与传统主义的不同形态特征、与传统主义的不同宗教源和发展等若干方面。而资本主义精神作为塑造西方理性主义精神的关键要素,在全面渗透到社会的进程中,表现出了外部性特征——资本主义经营的经济理性化等诸多问题。

第三章将进入更为具体的微观进行探讨,开始对韦伯的合理性面貌及其合理性理论形成过程进行深入探讨,最终揭示出合理性内在冲突的一面以及韦伯合理性理论所导致的问题。韦伯用以解释现代社会结构样式的"合理性"远非一个意义单一明确的概念。由"合理化"而至"合理性"的完成,正是"合理性"这一概念的生发而不可避免地达至自身的理性化的过程,即通过对自由劳动力目的的合理组织,经由市场的合理交换对利润目的的合理性的追求。在这个过程中,"祛巫"成为使世界理性化的关键一步。所谓"祛巫",就是指把魔力从世界中排除出去,世界逐渐理性化的过程。而"祛巫"后的世界无论在经济、政治、法律乃至科学上都呈现出一种可计算性为特征的形式化风格,上述各领域合理化呈现出伦理要求的边缘化、计算技术的精确化、社会关系的非人格化,专门性知识在社会中的支配地位不断提高,技术理性对自然进程和社会进程的双重控制呈现出不断扩张的倾向。

此时,"合理化"表现为宗教上的"祛巫",继而延展为这个世界的"祛巫"。在宗教中表现为个体(信徒)不再相信和借助神秘的、巫术性的手段和仪式去求得灵魂上的救赎,在社会中表现为人们不再用巫术和宗教的观念去解释和看待世界,而是科学地将世界视为一个因果性的链条。但到后来,作为破除迷信神话解毒剂的理性跃而升为一种新的神话,甚至成为一种新的迷信。而一度解放人类的科学技术也演变为统治人类的新工具。

韦伯对西方社会合理化的分析借助形式合理性与实质合理性两个概念,以文化合理性与社会组织合理化为描述对象,揭示了西方现代社会变迁的本质——合理化和现代化。现代化是世俗化、祛巫化、理性化的过程;同时,也暴露了西方社会合理化过程中的不合理性——意义的丧失和自由的丧失。在韦伯看来,现代社会追求理性原则,确切地说,追逐工具—目的合理性原则所造成的异化现象:意义的丧失和自由的丧失,是现代人无法逃避、必须面对的现实。而这在现代资本主义社会是无法克服的,就是在资本主义以外的社会形式中,也无法从根本上消除。由此,韦伯对现代文明的前途感到无奈与遗憾,乃至悲观失望。

然而,可计算性固然是形式合理性内在的重要特征,却并非现代西方社会秩序的合理性概念中的唯一特征。现代社会中专门知识重要性的增长;传统的宗教、习俗和伦理对社会行动的影响力的削弱;抽象和普遍的规范对社会生活的规范;由新教禁欲主义所引发的现代社会生活中的系统化的自我控制;志业伦理带来的祛人性化的伦理风格;技术的发展对人与自然的控制的不断增长以及支配关系中日益淡化的个人色彩都是韦伯所强调的。所有这些因素都与可计算性相关联,因而都强化了形式合理性,都增强了用一种有意识的、精确计算了的方式去实现和完成所有主观的、个体的目的能力。

现代社会对人与自然的有效支配恰恰依赖于可计算性,正是可计算性将资本主义、形式法和官僚制管理连接为一个整体。现代工业资本主义依赖于做出正确计算的可能性,越是资本集中型的工业资本主义,越是这样。工业资本主义必须依靠法律秩序的一贯性、可靠性和客观性,以及法律和管理体系的合理性、可预测性和功能性;形式化的法律体系,能够如同机械性装置一样精确运行,从而使得经济主体能够明确预测到其行为所可能引发的法律后果,因而是特别适合资本主义经济行动的;同样的,官僚科层制的管理体系,也适应了资本主义经济活动的要求,在这样一个管理体系中,经济活动所需要行政系统提供的精确和高效的服务都能够得到最大限度的保证。

第四章探讨在经济理性横行的西方社会,学界是如何对其进行批判的,这种批判是否能成就一种真正的生态正义,抑或生态理性。具体而言,从两个层面进行批判:面向资本主义及其合理性的理论批判和面向资本主义外部性问题的理论批判。

就资本主义及其合理性的批判而言,马克思、恩格斯的资本主义社会批判理论是对资本主义的整体批判。马克思、恩格斯的生态批判理论是他们对资本主义社会批判理论的一个逻辑的延伸，是从揭示人与人的异化到揭示人与自然的异化理论的延伸。而格奥尔格·卢卡奇是从韦伯的理论无法准确揭示社会现实的存在，以及社会中非理性依然存在的原因为开始着重审视韦伯《新教伦理与资本主义精神》中的相关问题。进而指出，现代合理化导致物化的这一弊病是造成"铁笼"社会的主要原因，并以物化理论展开了对资本主义的批判。尤尔根·哈贝马斯则是以交往行为理论提出了对韦伯合理性理论的系统批判。

作为西方生态正义理论体系中非常成熟的一个理论派别——生态学马克思主义，提出了对未来生态社会目标的展望。赫伯特·马尔库塞的"总体解放理论"中"自然解放论"是其资本主义社会批判理论中的一抹亮色，前瞻性地提出了对资本主义的生态批判理论。他指出，表面繁荣的资本主义工业社会，实质上是一个普遍异化的病态社会，这种单向度的文明在人与自然关系问题上却表现出十足的不文明。马尔库塞敏锐地观察到现代社会中被污染的自然界正在成为资本主义统治的"新工具"，于是自然界成了控制人类社会而伸展出的"一双可见的手"，于是"自然"这个新工具成了条理化理性生活的"经济人"进行劳动的重要载体。

就资本主义外部性问题的理论批判而言，安德烈·高兹、约翰·福斯特和詹姆斯·奥康纳等人对资本主义经济理论性的批判是最具有代表性的现代理论。他们分别从资本主义片面追求经济理性、自然资本化理论和当代资本主义双重危机理论论述了合理化中的伪合理性和非理性。

高兹在反思现代化、合理化时认识到，人们在追求现代化的过程中，过分彰显了经济理性，而忽视了生态理性。二者恰恰是现代化中的"软肋"，是合理化中的伪合理化和非理性的表现。他明确指出："经济理性发端于计算和核算。从我的生产不是为了自己的消费，而是为了市场那一刻起，经济理性就开始启动了。于是，计算和核算就变成具体的合理化的典型形式，计算与核算关心的是单位产品所包含的劳动量，而不是劳动带给人的活生生的感受。因此，当前资本主义社会普遍面临的生态环境危机不是现代化本身的危机，而是追求经济理性的非理性动机的危机，是生态理性严重迟滞的危机。所以，为了寻找生态环境危机的思想根源，我们必须考查经济理性在资本主义社会的运作情况。对此，高兹在《经济理性批判》和他的其他许多著作中多次提到"经济理性"或者"经济合理性"这个概念。他说:"计算机和机器人具有一种经济的合理性,确切地讲,它以尽可能有效地使用生产要素的经济需求为主要特征。这种合理性的目的在于使生产要素发挥作用是更加经济化的,它要求用简单的度量衡单位标准对生产要素的使用加以衡量、计算和规划。

美国生态学马克思主义的重要代表人物福斯特则提出对传统经济学应对环境危机的经济措施和"自然资本化理论"的批判。他指出:"生态与资本主义是互相对立的两个领域,这种对立不是表现在每一个实例之中,而是作为一个整体表现在两者之间的相互作用之中。"[①]他还强调生态学是反对资本主义的,生态学的学理主张与资本主义逻辑相抵牾,这种逻辑抵牾不是表现在环境公害的个案上,而是生态系统与资本主义经济体系在整体上的对抗。因此,他主张应该从资本主义制度的扩张主义逻辑中寻找导致生态危机的根源。

美国当代著名的生态学马克思主义理论家詹姆斯·奥康纳在分析资本主义的生态危机时,将经济因素和环境因素结合起来,将马克思关于资本主义的经济危机理论与生态学马克思主义关于资本主义的生态危机的理论联系起来,提出了当代资本主义双重危机理论。

第五章将在"合理性"思想的基础上探讨经济理性的贪婪本质及异化与外部不经济等系列问题,在此基础上阐释经济理性和生态理性的不同路径。作为形式合理性重要内核的可计算性为资本主义生产方式注入了强大的理论动能,也为经济理性的形成奠定了基石。经济理性的膨胀势必会出现异化,以榨取剩余价值为唯一目的的生产在一定意义上就是破坏,结果是断送了财富积累的自然基础。阿瑟·塞西尔·庇古指出,自由市场经济条件下的"经济人"导致了"外部不经济"现象——某个经济主体的经济活动对他人和自然造成的不合理的、有危害的影响。在资本主义生产方式下,资本家只考虑经济活动内部的合理性,只考虑利润最大化问题,而不会自觉考虑到生态环境等外部情况,造成"外部不经济"的资本家并没有为遭到破坏的生态环境负责任,更没有为了解决"外部不经济"问题而主动"买单"。

[①] 约翰·贝拉米·福斯特:《生态危机与资本主义·前言》,耿建新译,上海译文出版社,2006,第1页。

于是在外部不经济的社会价值观下，生态的急剧恶化便成为历史上资本主义社会及其阶级斗争在具体积累过程中所表现出的固有特性。生态资本主义理论从哈丁"公有地悲剧"——资本理性导致的生态悲剧开端，理性经历了从资本理性到经济理性再到生态理性的变迁。这一系列资本主义的生态实践都表明学者在积极地抵抗资本主义精神所带来的宿命——要么积累，要么灭亡。可以肯定的是，在资本逻辑不改变的情况下，"生态资本主义"的理念和实践只能是泡影。一句话，在资本主义制度下这些并不能解决上述问题，因为资本主义是内在地"对环境不友好"的社会。对此，生态马克思主义学者福斯特一针见血地指出："生态与资本主义是相互对立的两个领域，这种对立不是表现在每一个实例之中，而是作为一个整体表现在两者的相互关系之中。"于是，生态正义和生态理性的建构呼之欲出，成为解构资本主义合理性问题和外部性问题的价值诉求和理论自觉。

　　综上所述，韦伯"合理性"思想乃是整个世界"祛巫"这一合理化过程的内在动力，然而合理性一旦脱离发生学范畴，必然走向例行化的宿命。在合理性已经支配了现代生活，各种神秘、超验、宗教的因素都已从公众生活隐退的处境下，现代生活似乎已经丧失了冲破例行化的束缚而达成新的进步和成就其中个体生命自由的能力。合理性就这样走向了自己的反面。

目　录

第一章　理性与西方现代社会 …………………………………（1）
　　第一节　西方现代社会中的理性 ……………………………（1）
　　第二节　追求理性主义的资本主义 …………………………（24）

第二章　资本主义精神及其外部性特征 ………………………（35）
　　第一节　资本主义精神的嬗变：韦伯命题的形成 …………（35）
　　第二节　资本主义精神的两大基石 …………………………（69）
　　第三节　资本主义精神的外部性特征 ………………………（77）

第三章　韦伯"合理性"理论与人类的生态牢笼 ……………（93）
　　第一节　韦伯的"合理性"及其局限 ………………………（93）
　　第二节　韦伯对"合理性"的理论阐释 ……………………（106）
　　第三节　合理性的内在冲突 …………………………………（118）

第四章　一个批判：面向资本主义合理性及其外部性的批判 ………（137）
　　第一节　面向资本主义现代性及其合理性的理论批判 …………（137）
　　第二节　面向资本主义外部性问题的理论批判 …………………（157）

第五章　两条不同的道路:经济理性与生态理性 …………………（183）
　　第一节　经济理性与生态问题的相关性 …………………………（183）
　　第二节　资本主义外部性问题的解构 …………………………（193）

参考文献 ………………………………………………………………（201）

后记 ……………………………………………………………………（206）

第一章　理性与西方现代社会

西方现代社会的发展在某种程度上就是一部理性化的发展史。韦伯"理性铁笼"的命题正是对西方现代社会问题诊断后的一个重要隐喻。自笛卡尔为现代哲学所奠定的"纯洁的开端"的理性开始,现代文明建立。在理性的全方位观照下,人们完成了对自然的征服、改造,最终创造出高度发达的现代文明。恩格斯曾指出,在现代世界中,"一切都必须在理性的法庭面前为自己的生存做辩护或者放弃存在的权利。思维着的知性成了衡量一切的唯一尺度。"[①]罗素对此也有明确的观点:在科学技术的激发下产生的各种哲学向来是权能哲学,往往把人类以外的一切事物看成仅仅是有待加工的原材料。目的不再被考虑,只崇尚方法的巧妙,这又是一种疯狂。

然而,理性及其所构建的秩序先天不足,在这种情形下,资本主义就成为对人的非理性欲望的一种"理性"梳理,即以合理性的、严密计算的方法为手段的"理性化"为主导,通过持续、合理的商业活动产生利润并重复的过程。其主体经济人则是在具有完全认知理性的前提下,通过获得完全信息以敏锐眼光和深思熟虑的选择进行正确判断,最终完成资本主义的获利行为。至此,与其他社会形态相比,资本主义社会中追求利润的行为达到了登峰造极的地步。

第一节　西方现代社会中的理性

近代以来,西方以理性主义的心态冲破了传统主义的桎梏,完成了现代化转型。现代人在对理性的崇拜和实践中享受着资本主义工业文明的胜利果

[①] 中共中央马克思恩格斯列宁斯大林著作编译局:《反杜林论》,载《马克思恩格斯选集》第三卷,人民出版社,1995,第 355 页。

实,但时日不长便发现环境资源和原料的惊人消耗,资本主义工业发展完全割断了人与自然和谐相处的可能,一场前所未有的生态破坏和环境污染已悄然而至。

一、西方现代化进程中的理性

理性,与分析联系在一起。因为分析是对事物的"分崩离析",所以分析的理性站在特定立场上按照特定的标准对事物特定方面做出认识,所以理性所认识的只是事物的某一方面或某些方面。即使理性采取了尽可能多的角度、侧面,它所认识到的仍然只是事物的某些方面,而不是事物的全部或整体。这正像亨利·柏格森(Henri Bergson,1859—1941)曾经说过的那样,即使是我们从一切可能的角度将一座城市拍摄成照片,不管这些照片之间如何相互补充,它们也不能与我们生活的现实的城市相等。

理性的先天不足导致其所构建的秩序的片面性、不完整性。它不可能将完整的自然纳入其中,而只能涵盖其中极少的方面和部分,然而,理性的僭妄在于,它强行将自己确立为"衡量一切的唯一尺度",并将一切不符合理性原则的事物都宣布为混乱无序,在这样一个具有严重能力缺陷但又自以为是的反观面前,自然只能接受不合文明秩序的判决,所以自然的混乱是由现代文明的主观造成的,而不是由自然的本性造成的。

1.西方现代化中的理性化程度与方向问题

韦伯在宗教领域描画出"意义层次上"促进理性化的因素。然而,他坚持认为,不但要探寻影响理性化的发展程度,而且要找到深受其影响的社会关系的交叉点。从这个意义上来说,最重要的问题不只是理性化的"程度",而且还涉及其结果在促进社会关系与制度形成之间的特殊连接模式。因此,在西方,或者更确切地说,在资本主义中,不仅仅是理性化的程度,还有理性的"方向"都不同于其他主要文明。

在现代西方资本主义的许多不同领域,理性化发展的方向及其发展程度是其他地方未曾有过的。首先是在科学传播方面,这是一种具有根本重要性的现象:它不仅完成了"祛巫"的过程,而且能够把理性的技术逐步应用到生产上。此外,科学工作与进步过程联系在了一起……每一件科学工作的"完成"都会导致新的"问题",它要求被超越和被淘汰。因此,科学的制度化使现代生活与革新和变化的固有动力交织在一起,但其本身不可能提供"意义"(除了职业的科学工作者,即那些科学探究就是其活动组织规范的人)。把科学上的创新运用到技术上,在现代经济中就是与引进理性计算的方法相结合,簿记就是其中的例证,它使得企业的经营活动成为有方法可循的行为,这表现出当代资本主义的鲜明特色。

理性资本主义的行为反过来导致了社会组织领域内不可避免的结果,同时不可避免地造成了官僚制的蔓延。当然,韦伯并不否认现代资本主义必然会形成一个以资本和劳动力为基础的阶级制度,并且也认识到剥夺农民利益在历史上的重要性,马克思十分强调这一点。但根据韦伯的观点,这本身并不是作为资本主义特征的、分化的社会分工的主要结构轴。他强调作为现代资本主义特征的活动理性化的重要意义,也强调它部分独立于阶级关系。因此,他把资本主义的阶级制度与社会分工的分化加以区分。换句话说,韦伯把官僚制中的任务专门化,看作资本主义最基本的特征。韦伯对在政治和经济中可以部分区分开来的官僚化进程做了区分,因此使这一点在更为经验性的层次上得到了加强:拥有官僚制的理性国家的发展并不完全源于经济上的理性化,而是在一定程度上先于资本主义的发展,还的确创造了促使它兴起的条件。

因此,韦伯明确否认,剥夺工人的生产工具仅限于直接的工业领域,应把这一观念应用到其他的相关领域。在韦伯的论述中,任何具有权威等级的组织形式都可能经历一个"剥夺"的过程:韦伯将马克思"生产工具"的概念替换成了"管理工具"。简言之,韦伯突出的是支配与服从关系的组织,而马克思突出的则是生产关系。前者认为,任何政治群体都可以以一个"地位集团"的形式组织起来,其中,官员本身拥有自己的管理工具。这样,在中世纪,诸侯直接控制着各自辖区内的金融,并各自负责提供士兵和军事设备。古代君主将这些方式集中到自己手里,从而加速了现代国家机器的形成。没有哪个官员个人拥有他所付出的金钱,或他控制的房屋、仓储、工具和武器。在当代"国家"——而且这一点是国家概念的根本——管理人员、行政官和工人都与管理组织的物质工具完成了"分离"。这些发展是促使现代国家兴起的最重要因素。在现代国家,"建立在社会分工基础上的专门官僚"与其管理工具的所有权完全分离了。总的来说，社会分工的发展进程是与管理的不断集中同步的，而且也与对官员的"剥夺"相伴相随。

在西方资本主义制度下，受管理不断集中和工作任务的理性配置的双重影响，剥夺过程由管理工具渗透到了其他许多领域，不仅包括军事领域，还进入其他专业分工更加明确的大学和医院机构中。这在协调管理工作中比其他类型的组织更具有技术上的优势，便导致了官僚制专门化的蔓延。这反过来又部分依赖于根据所持专业学历进行的官僚任职。"只有在现代官僚化获得完全发展的条件下，才会使理性的、专门的考试制度不可避免地置于首要地位。"因此，官僚化的扩展必然会导致对专家教育的需求，并日益割裂人道主义的文化，这种文化在过去使"通才"成为可能，"通才"即涂尔干所说的"通达而完整的人"。韦伯表达了一种相似的观点，认为早些时期的"文化人"正为现在接受过训练的专家所代替。既然资本主义的官僚化趋势是不可逆转的，职能专业化的训练也就成了现代社会秩序发展的必然伴生物。

韦伯认为，"官僚机制的进一步发展"是现代社会"不可抗拒"的潮流。但是官僚化的进程日益彰显出一种张力：一方面，要求管理技术的效率不断提高；另一方面，人的主动性和自主价值受到压制。官僚制的劳动分工形成了一个"牢笼"，现代职业人被迫在里面生存："清教徒想有个职业，我们却被迫这样。"为迎合劳动的专门化以促进现代生产效率的提高，浮士德式的"通才"不得不被放弃——代之以"没有精神的专家，没有情感的享乐者"。按照韦伯的观点，主要问题并非官僚化的进程如何被扭转，因为在一个各部门的管理都需要精确计算的社会中，这是不可能的。"于是，最大的问题是，我们怎样才能对付这种机械化，才能在支离破碎的灵魂里，以及在这种完全处于支配地位的观念生活的理想中，保留住一点点人性？"

显而易见，在韦伯看来，通过发生社会主义革命来转化官僚化的社会生活是不可能的。确切地说，情况恰好相反。在资本主义经济中，许多运作都是通过市场力量来实现的；而在一个社会主义经济中，这些都将由国家来完成，这样就要受制于官僚制的管理。因此，社会主义社会不可避免地要比已经官僚化的资本主义社会更加受制于官僚制的制约：消灭生产工具的私有制并不能扭转这一过程，反而会进一步加速这一过程。马克思的官僚政治制度与此大相径庭,差异首先体现在马克思所建立的市场异化和技术异化之间的联系方面,也就是说,阶级结构和官僚专门化之间的关系。马克思关于官僚制的思想早已在他同黑格尔关于统一问题的著述时有所阐释。①

2. 理性化推进中的资本主义

资本主义社会从本质上来说是一个阶级社会。资产阶级存在一个由不占有财产的工人所组成的从属阶级制度,与其先前社会形式中的阶级制度都截然不同。在封建社会中,支配当然是建立在对生产工具(即地产)控制的差异程度上。但是,身份差异所体现出的封建阶级结构,并没有完全使个体脱离于共同体的关系,"社会"领域与"经济"领域之间并没有明确的分界线。资本主义的出现把市民关系变成纯市场关系:个体成为抽象意义上的"社会共同体"成员,在该共同体中,个体在一个独立的"政治"领域中享有作为公民的权利。因此,现代社会秩序将"人的主体本质"与人类的控制相"分离",从而把人自身的能力转为"外化"的形式。工人在物质上被剥夺了生产工具,从历史的角度来说,这与资产阶级中阶级制度的形成是一回事。因此,这与工人同其才能和技艺运用的异化是共生共长的,这些才能和技艺本来是他们在参与社会活动时可能获得的。换句话说,资本主义极大地提高了社会生产力,但只是以异化的最大化为代价来实现的。这也正印证了"随着理性逐渐渗透到社会的各个角落,规范着、控制着人们的日常生活,理性愈益膨胀,走上了工具化和形式化的道路。理性的工具化造成了理性对社会、文化、个体的日益严重的侵蚀,最终必然引发非理性的后果。现代化几乎成了文化平面化、低俗化和社会单面化、异己化的同义词"②。

在资产阶级社会,用科学对世界理性的解释,大大地削弱了宗教的世界观,根据后者可知,现实世界最终是由神灵来统治和控制的。但是,这种形式的异化被另外一种形式取代了,在这种形式中,人被市场经济的力量控制。"神灵

---

① 安东尼·吉登斯:《资本主义与现代社会理论:对马克思、涂尔干和韦伯著作的分析》,郭忠华、潘华凌译,上海译文出版社,2018,第318页。

② 彭列汉、黄金来、肖祖火:《现代西方合理性思想的演变——从韦伯到后现代主义》,《武汉理工大学学报(社会科学版)》2017年第1期。

准则"被"市场准则"取代:人们的目标和意图因此似乎建立在经济力量的外部表现基础上。具体来说,这明显表现在服从社会分工的专职人的无助上。《资本论》从经济的角度表明了这一点,资本主义是一个商品生产体系,该体系的驱动力是要寻求交换价值的最大化。交换价值而非使用价值,是资本主义生产逻辑的基本点,而这一点甚至适用于人类劳动本身:劳动自由只有作为劳动力、作为抽象的能量在消耗时才有价值。

资本主义金币所固有的基本"矛盾"直接来源于它建立在交换价值生产基础上的体制特征。维持或扩大利润率的需要与利润呈不断下降趋势的规律相对立;生产者与消费者的分离(即资本主义的生产是要使交换价值最大化,而非为已知的需求进行生产)成为资本主义周期性危机发生的主要原因;而资本主义市场的运作既需要劳动力不能以高于其交换价值的价格出售(这样劳动阶级的大多数处于维持的经济困境中),也需要产生大量生活贫困的"剩余劳动大军"。资本主义生产的"运动规律"所导致的经济转变,既从内部改变了该体制,同时,也为它被一种新的社会秩序辩证地取代做好了准备。按照马克思的观点,资产阶级社会的阶级制度的超越会带来一种新的社会发展,在该社会中,现行的社会分工将会发生根本性的变化。

对涂尔干和韦伯来说,阶级结构与社会分工的不断分化并不存在必然联系。两位学者都接受现代社会形式是一个阶级社会的观点,但是他们都否认这些阶级的划分表明了阶级结构的内在本质这一观点。在涂尔干看来,"强制性"社会分工是一种"病态的形式",但并不是社会分化本身的必然结果。当代社会中的阶级斗争是这样一种事实的结果:"阶级制度……不对应于或者不再对应于天然才智的分配。"换句话说,它主要是利用经济力量来实施不公平的契约,这些不公平的契约导致了阶级冲突的发生。现代社会中的特定阶级特征不是它与传统社会类型之间形成差异的因素,普遍的有机团结才是。现代社会的基本组织原则不应该从作为一个由有产者和无产者构成的阶级体系的"资本主义"特征中去寻找,而应该到职业分工合作的"有机"专业化中去寻找。

与涂尔干形成对照的是韦伯使用了"资本主义"一词,但他对现代社会形式的基本特征的界定一样不同于马克思。在韦伯看来,理性计算是现代资本主义企业的主要因素,一般来说,社会生活的理性化是现代西方文化最本质的属性。马克思形容为资本主义支点的阶级关系,事实上只是更为普遍的理性化的一个因素而已,普遍的理性化使"剥夺工人生产工具"的进程延伸到当代社会的大多数机构中。从"资本主义"向"社会主义"过渡可能会给工人阶级带来经济收益,但这只有在官僚制进一步发展的情况下才能实现。官僚化的社会分工所带来的人性的"分割"是这种人类行为理性化的必然产物。世界的"祛巫"既是理性资本主义出现的前提条件,又因为它的出现而得以完成,这将先前仅是人类活动"手段"的东西(专门职业中对利益的理性追求)转变为人类活动的"目的"。在一个基于理性化分工而组织起来的社会世界中,体现个人自主性和自发性的途径被限制在社会机构的有限空间里。在当今世界,任何别的事情都在逃离理性的非理性控制。一个"无法忍受时代命运"的个人可以在已有的宗教或新的神秘主义形式中寻求庇护,但这些都只能是对现代社会秩序要求的一种逃避。韦伯自己的社会科学方法论要求与这种分析紧密契合:一个面对"时代命运"的人应当具有"正视现实生活时训练有素的冷静,以及面对该现实及内在地适应该现实的能力"。

因此,资本主义内部的"矛盾"并不形成解决这种"矛盾"的历史必然性。相反,理性化的推进虽然创造了极其充裕的物质生活,但是不可避免地进一步加剧了西方文明的特有价值观(即自由、创造性与主动性)与禁锢现代人的"铁笼"这一现实的分离。[1]

3. 具有理性化心态的基督教

理性精神是基督教信仰的重要内核。正如罗德尼·斯达克在其《理性的胜利:基督教与西方文明》一书结论部分所写的那样:"人们之所以信仰基督教有很多理由,包括它能提供情感上和存在上的深刻满足。但是另外一个重要因素是,它诉诸理性,与西方文明崛起有不可分割的联系。"[2] 基督教是信奉理性的(尽管其所指向的是一种抽象层面的理性思考),但没有对抽象理性的深刻思

---

[1] 安东尼·吉登斯:《资本主义与现代社会理论:对马克思、涂尔干和韦伯著作的分析》,郭忠华、潘华凌译,上海译文出版社,2018,第323—324页。
[2] 罗德尼·斯达克:《理性的胜利:基督教与西方文明》,管欣译,复旦大学出版社,2011,第183页。

考,也不会有对技术理性的崇拜。特别是如果基督教神学将对上帝的理性认知转化成为对自然界和人类社会关系的理性认知,资本主义以及相辅而成的科学技术、人权观念、民主思想、自由理念、平等精神就很难获得孕育的土壤,新教伦理自然无以生发。

"理性化"是贯穿于西方数百年经济社会发展和文化发展变迁的大方向,其中宗教的角色特别微妙,它曾激起过人们对上帝和天国的无限向往,凝聚起信徒们的行动决心,成为改造世俗凡尘的原动力。但是这样的信仰形式本身埋下了宗教抵不过世俗诱惑的因子,因为科学昌明、物质不虞匮乏后,宗教反像是不合时宜的古董,被人打入"非理性"的角落。韦伯形容这样的发展为"理性化的吊诡",亦即"人们行为的结果违反其原始意图"。基督新教教义教导信徒要把世俗的财富视如敝屣,却没想到新教徒勤奋工作和讲求实践义务的"精神"促发了经济行为的理性化。资本主义盛行的结果,一切以金钱为计算标准,这正是宗教教义最初反对的! 韦伯是怎么样证明这迂回曲折的历史经验的呢?[1]

韦伯在对基督教的新教伦理考察之后,又将视角转向亚洲的各大宗教,其目的在于通过比较进一步论证西方理性主义崛起的独特原因。在《中国的宗教:儒教与道教》中,韦伯花费了大量的篇幅分析中国社会的经济系统、行政系统以及社会、氏族等社会组织系统,在韦伯看来,中国的传统社会在管理形式上已经达到了极高的组织形式,中国人历来以勤俭著称于世,其社会形态是极为适合为资本主义的生发提供条件的。但韦伯的问题是,为什么资本主义没有在中国发展起来,相反随着时间的推移,中国传统社会日益建立起一种停滞凝固的结构呢? 韦伯对此的看法是——中国"传统主义"的心态,而非"理性主义"的心态支配着社会发展的方向。这种"传统主义"的心态源自中国的儒教与道教所提供的一种"适应现世"的价值诉求,由此现存的结构秩序与传统被刻画为神圣不可侵犯的。尊重权威,拒绝改变和创新,追求社会稳定成为这种宗教伦理塑造的世界观。

---

[1] 顾忠华:《韦伯〈新教伦理与资本主义精神〉导读》,广西师范大学出版社,2005,第21页。

因此，韦伯指出，中国在17—18世纪出现的人口大幅增长和贵金属的增加不但未能促发资本主义的诞生，反而进一步强化了社会的保守力量。以家产官僚制为基础的利益分配格局、居于权力顶层的士大夫阶层对于自身利益的诉求、自给自足的小农经营方式以及以血缘方式搭建的社会组织结构，既孕育了传统主义的经济伦理，也使得中国社会在传统主义的支配下长期停滞不前。由儒教与道教所塑造的"传统主义"的心态无法像基督教所塑造的"理性主义"心态那样，释放经济活动中的经济冲动，并进而生发资本主义。韦伯客观地指出了这样一个事实：资本主义之所以产生于欧洲而非世界其他宗教文明地区，是因为在其他各大宗教中，只有新教给人们提供了积极追求财富、节制物质消费的道德观念，而正是这样一个道德观成了近代资本主义精神的核心。

在韦伯看来，其他世界性的宗教（包括改革前的基督教——即天主教和东正教）总体而言是禁欲主义的，进而导致对商业和市场的压制，即便对财富的追求也是以享乐为目的的，这都不利于资本主义的发展。而新教则创造了一种新的商业伦理，企业家们在大胆追求财富并节制消费的同时将利润重新进行投资，进而获取更大的财富。同时，新教崇尚劳动的尊严，努力工作被视为"天职"，节制消费则成为一种美德。韦伯认为，这正是资本主义兴起的关键所在。

中国在社会发展过程中并非没有类似西方的经济活动与资本运作，但由于社会的组织结构建立在以血缘和皇权为纽带的基础上，缺乏自由的市场交换机制，使得经济的潜力无法释放，这种情况与西方在中古世纪的经历是一致的。只不过得益于新教伦理对社会生活的塑造，西方在近代以后逐渐冲破了传统主义的桎梏，以理性主义的心态完成了现代化的转型。韦伯通过对中国以及世界其他宗教的经济伦理的考察证明，"合理性"是西方文明独有的文化与制度特征，资本主义唯有在这种"合理性"的心态下才能生发出来。然而，一旦资本主义获得制度上的自足性，其发展与传播就摆脱了最初催生它的精神动力，可以借由纯粹的"形式化"而普遍传播和发展。

西方现代社会的理性主义特质。现代性是当代人反思自己所处时代的问题意识，因而关于现代性的探问总是带有"为什么今天不像过去那样"的焦虑。由于启蒙主义开启了现代社会精神时代，对于主体性与自我意识的确证成为新时代的特征。现代社会的理性化动力必须归于新教伦理中严谨、冷静、有条理的禁欲主义精神,其中存在的问题是,资本主义经济合理性的传播并不需要文化的土壤和价值观的根源。因为这种经济合理性所到之处,具有摧枯拉朽之势,它必须建立在对"传统主义"的社会结构、文化价值的彻底摧毁之上。

"合理性"是韦伯界定现代西方文明的核心概念。他试图用合理性的这两个相互对立的侧面分析近代欧洲理性主义的演进过程及其本质。价值合理性与工具合理性以不同的方式联结以及与其他因素联结时,就出现了现代文明所固有的问题。

西方文化的现代转型,正是得益于理性精神的确立,在社会生活的各个方面改变了人的基本生存状态。在神与人的关系问题上,它摆脱了中世纪以来神对人的笼罩,树立了人的自主性;在人与自然的关系上,从过去人是自然的奴隶、把自然看作不可理解的神秘对象,转向把自然看作完全是机械的、可控制的体系,使得人成为具有支配自然、统治自然之能力的"主人";在人与人的关系上,改变了占据人类历史绝大部分时间的、一部分人奴役另一部分人的状况,不仅使"人"获得了"公民"的身份,能够明确地意识到自己作为一个公民的权利,并且有能力自主地行使这些权利,自我决策,从而最终成就了民主社会的架构。

然而,历史的吊诡就在于:尽管启蒙主义的学者曾经满怀希望地想通过理性观念的确立求得人类在价值合理性与目的合理性上双重维度上的解放。但是,正如韦伯所指出的那样,启蒙精神所选择的只是理性的一个维度,而舍弃了另一个维度,最终,现代化的实际进程是目的合理性消解了价值合理性,理性的解放异化成为理性的独裁。当西方文化精神主导下的"现代化"成为一把不折不扣的"双刃剑",它在取得巨大历史成就的同时,也给人类社会带来了深重的问题和危机。"随着现代化进程的不断推进,人类固然享受到了前所未有的文明成就,但资源枯竭、环境污染、生态破坏、个人与社会的对立、国家与国家之间的战争以及人生意义的迷失等也给现代社会造成了空前困扰,自由不仅未能真正实现,在某种意义上,现代人距离自由反而越来越远了。"[①]

[①] 刘莹珠:《资本主义与现代人的命运——马克斯·韦伯合理性理论研究》,人民出版社,2014,第188—189页。

应当承认，韦伯的分析在逻辑上契合了近代资本主义发展中的商业伦理观，与近代世界经济版图中的发展格局相印证，所以得到较多的赞同。尽管后来很多学者从经济史的角度论证了韦伯理论中某些"致命的"论据缺陷，但其学说依然被广泛认同，原因就在于韦伯将宗教文化与经济社会的发展联系起来的思想方法切中了"宗教文明"与"物质文明"发展成果之间的某种关键"联系"。在韦伯之前，它并未被思想家们认真思考。虽然在严格的学术意义上，韦伯的论证存在某种缺陷，但这并不妨碍他的研究思路与视角为人们提供一个新的观察领域，而这个领域所蕴含的价值将被历史证明是无比巨大的。

韦伯的批评者们正确地指出了资本主义的商业伦理并非宗教改革后新教的独有发明，这也是有道理的。从欧洲社会经济发展史上看，资本主义的兴起先于宗教改革好几个世纪，资本主义所具有的一些基本要素——个人企业、信用的发展、投机等——在12世纪的威尼斯、热那亚、佛罗伦萨等意大利的城市中都可以找到，而且无数的事例也能够表明，资本主义最早的范例出现于中世纪大修道院的土地上。虽然我们以资本主义的"温床"来描述资本主义的"修道院经济"不一定准确，但不可否认的是，资本主义的萌芽及其基本形态在欧洲中世纪晚期已经出现，且它与基督教教义的发展过程呈现出一定的契合关系。不过，另一个事实表明，欧洲资本主义发展的"高潮"的确出现在宗教改革以后，虽然说"新教伦理"是否属于其决定性因素尽可见仁见智，但二者之间显然具有较多的耦合，在这个意义上，韦伯的论证依然是具有实证价值的。

二、理性经济人及其影响

"经济人"这一概念最初是约翰·穆勒（John Stuart Mill，1806—1873）在"每个人都希望以尽可能小的牺牲使财富最大化"的经济学基础上提出的。这一概念是从人类行为的各种动机中抽象出来的经济动机。这一概念后来成为西方经济学理论体系的基石，是一切经济学理论推导的最基本前提。在这个意义上，一部西方经济学理论发展史就是一部关于经济人主体之理性能力探讨的发展史。

1. 古典经济学中的经济人

有关经济人主体认知理性能力的不同认识，构成了不同经济学流派理论体系架构的基石。在古典经济学和新古典经济学中,经济人主体是具有完全认知理性的。经济人主体能获得完全的信息,具有敏锐的眼光和深思熟虑的、对事物及其所面临选择的现在和未来后果的正确判断能力;能够根据自身的认识与判断,在利益最大化动机的驱使下采取行动,而不受其他非经济利益目标的诱惑。古典经济学和新古典经济学就是在这一经济人主体具有完全认知理性的基础上完成了其经济自由主义和微观经济理论的建构。

古典经济学的经济人主体具有完全理性,这一认识是西方哲学唯理论认识论的产物。它强调从事经济活动的"经济人"在主体上具有完全的认知理性,在此基础上产生了"理性经济人"学说。该学说认为,经济人是理性的,在主体上具有完全的认知理性,对经济现象掌握完全的信息,因而能根据市场的情况、自身处境和自身利益做出最佳的判断,从而使自己追求的利益达到最大化。古典经济学中"理性经济人"概念主要包括两层含义:第一是"自利",即追求自身利益是驱策人的经济行为的根本动机,而人们在追求"自利"的同时,又可以带来社会的"公利";第二是"理性行为",经济人是理性的,他能根据市场情况、自身处境和自身利益之所在做出判断,并使自己的经济行为适应从经验中学到的东西,从而使所追求的利益尽可能达到最大化。古典经济学的"理性经济人"这一学说显然是受西方唯理论的影响。对于斯密的"理性经济人"和当时哲学认识论唯理论的关系,经济学家康芒斯曾有所概括:"他(指斯密——引者注)的理论是神赐恩惠、普遍丰裕、理性的时代和明辨是非理性主义的产物。"

大体来说,西方哲学唯理论认识论从以下两方面共同影响了古典经济学的"理性经济人"学说。第一方面,古典经济学的经济人自私自利的思想是接受霍布斯的道德理性原则影响的产物。霍布斯认为在人性中有一种深谋远虑的自私自利,并将此概括为欲望和理性的人性原则。斯密就深受霍布斯这一思想的影响,认为人的本性是由利己的欲望和互利的道德理性共同组成的。他认为每个人的自利倾向都是"合理性的、正当的","自利"是人类行为的一个主要动力本源。斯密提出人是有理性的,人的理性就在于能从各项利益的比较中选出自我的最大利益。因此,经济人在从事经济活动中就要不断估算自己拥有财富的用处,就要进行不断的计算。第二方面,古典经济学家所倡导的抽象演绎法是深受当时自然科学家所倡导的实证科学的理性方法影响的结果。熊彼特对此有所概括,他认为当时实证科学的理性方法对古典经济学家产生了重要影响,主要表现为古典经济学家把经济行为、经济现象看作一个按照严格计划塑造出来的、逻辑上协调一致的整体存在,认为经济秩序服从于一种内在逻辑,有一只"看不见的手"指引以达到某种确定的目的。这是典型的经济学上的唯理性主义。

斯密清楚地认识到,社会经济现象具有可以被人认识的并被解释说明的自然规律,但要以逻辑分析的形式展现出经济运行的机制和图景,就要设定某些完整的观念和原理,设定某些经济活动的抽象前提。斯密还效仿牛顿力学的实证方法,建立了他的社会经济观。他把社会经济现象视为一个可以通过自由竞争即可趋于平衡的关系链,反复强调市场自由竞争是国民财富增长的一个重要原因,经济人内在的经济利益驱动日益引起经济人之间的自由竞争,而这种自由竞争可以大大提高劳动效率,增加国民的财富。新古典经济学又进一步提出"效用最大化原则"和"利润最大化原则",并将这一理论广泛应用于经济分析之中,从而进一步发展了古典经济学的"理性经济人"学说。

在古典经济学和新古典经济学的理论新体系中,经济人主体是具有完全信息的,对事物及其所面临选择的现在和未来后果具有正确的判断力。基于对经济人这样的认识,他们强调对经济现象的均衡分析和静态分析,在经济政策上强调自由放任和自由竞争。自从斯密以来,均衡分析、静态分析就一直统治着西方的经济学界。在这些经济学家看来,市场机制就犹如一只"看不见的手",支配着每一个行为人(消费者与企业)去追求各自最大化的利益,在市场价格灵活而迅速调整下,各个市场的供给与需求总能正好相等,结果使资源得到充分利用和合理配置,人们各得其所,整个经济就沿着均衡的轨迹稳步向前发展。这一经济均衡的思想经过几代经济学家们的努力,逐渐发展成为一套日趋完善的理论体系。

2. 现代西方经济学中的经济人

现代西方经济学中的合理预期学派所提倡的合理预期分析也是如此。它在认识论上继承了古典经济学的"理性经济人"的观点,其特点是强调"理性预期"的认识能力对经济行为与经济政策的作用和影响。合理预期分析者首先假定，经济活动的个体是能够进行合理的选择的，即人们在能够利用可能得到的最新数据和经济理论的基础上形成的。这就肯定了理性经济人对整个经济结构的运行所具备的知识，他们能计算出实际价格将会以何种概率分布，还肯定了各个经济人具有一种能力：明确地预测未来的经济形势，能对政府的政策变动做出明智、准确的判断，并据此对未来可能发生的变化采取种种防范措施，从而使政府的政策失效或走形。因此，政府应该尊重个人的经济行为，放任自流，不要横加干涉。

"理性经济人"学说认为经济人主体具备完全理性，能够掌握完全信息，能够对未来的经济趋势和发展做出正确判断的结论是与经济事实相矛盾的。事实上，人们对经济现象所掌握的信息是不完全的，市场更是不确定的。因此，"理性经济人"的学说在解释现实的经济问题时，也就逐渐遇到了越来越多的矛盾，受到了越来越多的经济学家们的质疑和批评。以追求物质利益的价值观为依托的"经济人"假设的思维方式和行为方式也成为人类砍杀自然的一把屠刀。

凯恩斯经济学就是建立在对古典经济学"理性经济人"学说进行否定的认识论的基础上的。凯恩斯深受康德有限理性认识论思想的影响，并在此基础上提出了经济理性的有限界定。[1] 经济理性的主要特点如下：①经济理性指的是一种理性化的能力，主要表现为一种寻求确定性的原则，即在市场不确定的情况下，理性要求对任何选定行为结果可能的变化做出正确评价，设定理性分析、理性行为模式解释和预测市场实际行为有着可能性；②理性是在追求自身利益时所采取极大化形式的设定，对现代经济理论中某些重要结论的提出和认定都是重要的；③经济理性是一个手段—目的概念，手段理性服从于现实的目的理性，了解市场行为者在既定情况下怎样合乎理性地行动是令人感兴趣的。

由此可见，西方经济学中的理性概念是在西方哲学理性概念的影响下发展起来的。考察一下经济学史就不难发现，经济理性概念的发展离不开哲学理性的渗透和作用。对此，著名经济学家熊彼特曾有如下分析和概括，在哲学领

---

[1] 马涛：《理性崇拜与缺憾——经济认识论批判》，上海社会科学出版社，2000，第11—12页。

域内几乎没有一种概念不是从希腊流传下来的，而这些概念虽然与经济分析没有直接关系，但却和分析家的一般态度与精神有较大关系。如我们从中世纪经院哲学那里就可以看到古典经济理性概念胚胎发育的早期形式。古典经济理性概念的前身是"审慎的经济理性"概念，此概念是中世纪经院哲学家圣托马斯首先创造的，后来通过德·卢戈的解释，经济理性最初被定义为"用一切合法手段获利的意图"。"审慎的经济理性"概念的核心内容是自然理性（自然法）概念。① 韦伯曾指出，清教的理性主义在于理性地支配这个世界，只有清教的理性伦理及其超世的取向，才能彻底地贯彻现世的经济理性主义。②

三、理性的资本主义及其问题

韦伯从社会历史经验中得出这样的认识："资本主义的发展过程就是一个从传统的非理性的资本主义向合理的现代资本主义的转化过程，具体表现为传统社会掠夺型、奴隶型、政治型等的资本主义向现代具有合理簿记会计制的企业按照市场原则和平、持续谋利的资本主义转化的过程。"③

1. 以合理性为手段的资本主义

人们获取财富是通过双手进行的，在这种活动的背后是人的欲望动机在起作用。韦伯说，活力的欲望，对盈利、金钱的追求，存在于并且一直存在于所有人身上，侍者、车夫、艺术家、贪官、士兵、贵族、十字军战士、赌徒、乞丐均不例外。不管其实现欲望的客观可能性如何，全部具有这种欲望。韦伯继而认为，对财富的贪欲根本就不同于资本主义，更不是资本主义精神。韦伯认为，资本主义更多的是对这种非理性欲望的一种抑制或至少是一种理性的缓解。

追求利润在资本主义社会达到了登峰造极的地步，但在资本主义社会中这种追求与其他时代或社会的追求的不同之处在于它是"理性的"，是对非理

---

① 马涛：《理性崇拜与缺憾——经济认识论批判》，上海社会科学出版社，2000，第7页。
② 马克斯·韦伯：《儒教与道教》，洪天富译，江苏人民出版社，1997，第276—277页。
③ 张旱林：《"理性化"与"铁笼"：西方20世纪主流学术话语和批判理论的重要出发点——马克斯·韦伯对现代资本主义兴起及存在状态的论断》，《唐山师范学院学报》2013年7月第35卷第4期。

性欲望的"一种抑制或理性的缓解"。这也就是说,资本主义是对人的非理性欲望的一种"理性"梳理,等同于通过持续的、合理的商业活动来产生利润并使利润再生,并将资本主义的经济行为定义为依赖于利用交换机会来谋取利润的行为,亦即是依赖于(在形式上)通过和平的获利机会取得预期利润的行为,而以合理性的、严密计算的方法为手段的称为"理性化"。

"靠勤勉、禁欲,利用健全的会计制度精于计算(合乎理性),把资本投入生产和流通过程,从而获取预期利润,所有这一切构成了经济合理性的观念。这种合理性还表现在社会生活的其他领域,形成了一种带有普遍性的社会精神气质或社会心态,然后在近代欧洲蔓延开来,这就是韦伯所说的'资本主义精神'。它作为近代欧洲独具的价值体系,推动着人们按照目的合理性进行社会行动,最终导致资本主义的产生。韦伯全部经验社会学研究的中心议题就是论证现代资本主义的合理性和合法性,而他的宗教社会学则通过东西方宗教的比较研究,主要目的在于,论证现代资本主义的合理性。"[1]

韦伯认为,经济形态在近代西方演变出了两种资本主义形式:其一,是保险、战争等非理性和投机行为所引起和推动的经济发展形式,如果仅从不断再生的角度看,它是资本主义的性质和特征;其二,是自由劳动之理性的资本主义组织方式,它形成的理性工业组织,使劳动得以理性地运用,使之与固定的市场协调,而不是与政治的非理性的投资盈利活动相适应。由此可见,"一种经济体制或形态,它必须遵循自身内在的规律,必须采取理性的组织与运作方式,才能在实际的发展中不断地壮大。在我们看来,韦伯对资本主义内质的界定孕育了初步的可持续发展的思想。"[2]

虽然韦伯把现代化的资本主义模式与社会合理化完全等同起来,并加以积极地推销,却陷入一种狭隘的地域主义,呈现制度单一化倾向,在实践中没有得到他所期望的文化认同回报。但撇开韦伯写作时间和论述上的特殊性,这又何尝不是我们市场经济得以健康发展、持续发展的必然要求呢?这些论断从

---

[1] 苏国勋:《理性化及其限制——韦伯思想引论》,商务印书馆,2016,第109—110页。
[2] 徐俊川:《理性、经济与现代意义——读〈新教伦理与资本主义精神〉导论有感》,《福建论坛(社科教育版)》2009年第8期。

经济本身、经济人素质、政治制度保证以及文化意识方面体现了现代经济可持续发展的各项要求。

这是一种与通过战争、掠夺以及高利贷等非理性形式获取利润迥然不同的经济行为。韦伯努力将这种经济行为与非理性获取利润形式区别开来。韦伯指出，几乎所有的人都不免会把靠暴力来谋取与他所说的那种通过交换来谋取利润的行为相提并论，"这其实是很不适宜的"。他认为不该将通过劫掠来获利和通过经营一个工厂来获利这样如此不同的事物相提并论，更不该将所有获取货币的倾向说成是可与其他类型的获利相对照的资本主义精神。这样的说法会使概念含糊不清，而将巧取豪夺与经营工厂混为一谈，更可能弄不清楚西方资本主义同其他形式的资本主义之间的明确具体的差别。韦伯在《新教伦理与资本主义精神》中首先阐明这种观点。

人的非理性的欲望能量非理性地释放是不可能产生迅猛发展的资本主义的，战争、巧取豪夺便是这种非理性的释放，本能能量的释放是不可能增加社会总财富的。韦伯认为，具有前资本主义性质的冒险精神在世界各地都一直存在着，但他们除去买卖、信贷、银行交易性的和投资的性质，或凭借武力以获得，尤其是获取劫掠品是直接通过战争或是以剥削附属国长期劫掠其财政收入的形式而获得的。这些地方并没有迅速稳步地发展，从而形成大规模的资本主义。这是一种非理性的获利方式，韦伯所称道的是与这种形式截然相反的致富之道，我们可称之为"理性的资本主义"。

2. 理性的资本主义

"理性的资本主义"中的"理性的"主要指以下两个方面：一方面是社会的理性化，即经济、政治、日常生活诸方面都在理性的统治之下；另一方面是理性地征服自然。后者意指更好地将自然中的财富转移到社会中去，并通过人的双手转化成人们需要的商品。前者意指更好地利用人的本能能量，有效地实施将自然中的财富理性地分派给每一个人，以防止人的本能能量的非理性释放。社会理性化是理性地从自然中获取财富的前提和保障；同时，从自然中获取能量又是社会实现理性化的前提。因为，根据弗洛伊德的理论，人的破坏本能是天生的，是人的两大本能之一，这种本能转移到对自然的"攻击"上（理性意义的）是人的这种本能能量转移性的释放，从而不会在社会中产生非理性的破坏行为,这两方面是密切联系的。

对于理性的资本主义的两个方面,韦伯认为,西方在近代发展了一种极其不同的资本主义形式,这种资本主义在其他地方还从未出现过,这就是(在形式上)自由劳动之理性的资本主义组织形式。这是经济行为理性化的表现。同时,韦伯也指出理性的工业组织与固定的市场相协调,而不是和政治或非理性的投资盈利活动相适应。即将人的本能能量理性地组织起来通过市场有效地自然索取财富并分配。

韦伯用了大量的笔墨分析社会的理性化在资本主义发展中的作用。他认为,资本主义企业的现代理性组织在其发展过程中若没有下述两个重要因素是不可能的。这两个因素就是:把事物与家务分离开来,以及与之密切相关的合乎理性的簿记方式。前者是社会的进一步分工,后者是将理性贯穿于经济行为之中。但这种理性的生产组织若没有理性的行为和法律机构,社会同样会产生非理性的行为,所以韦伯在论述现代资本主义发展过程中得益于西方科学的同时,认为对资本主义起重要作用的有"法律和行政机关的理性结构"。因为近代的理性资本主义不仅需要生产技术手段,而且需要一个可靠的法律制度和按照规章办事的行政机关。

若没有这种理性的法律和行政机关,便没有投机性和掠夺性的以及受政治控制的经济行为,此时社会便不能很好地积累财富。因此,韦伯所说的资本主义是理性化的生产组织理性地进行财富积累,以及为这种活动提供保障的理性化的法律和行政机关的理性运用。从这个意义上说,资本主义是理性地对经济行为、政治行为等的全面渗透。正因为如此,韦伯说:"资本主义精神的发展完全可以理解为理性主义整体发展的一部分,而且可以从理性主义对基本生活问题的根本立场中演绎出来。"[①]

韦伯虽然认为资本主义精神是资本家诞生的主要精神力量,是自由资本主义兴起的原因,但敏锐地意识到,整个资本主义生产被理性组织起来,不管是政治、经济、文化,还是语言、思维都充满了理性。但这种理性随着资本主义

[①] 马克斯·韦伯:《新教伦理与资本主义精神》,马奇炎、陈婧译,北京大学出版社,2012,第110页。

社会的发展,又失去了理性的批判维度,只剩下工具指涉这一个向度,反而使整个社会陷入了巨大的非理性漩涡之中。"资本主义社会本应阻止这种非理性,但资本主义的根本目的不是使社会崇拜重新趋向理性,而是不遗余力地追求利润,这就使整个资本主义陷入了两难境地。"①"对于这种非理性的欲求,资本主义甚至完全是一种抑制力量或者至少是一种理性的缓解力量,但是,资本主义旨在通过可持续的、理性的、资本主义的企业运作追求利益并且永久性地再生利益。"②

因此,韦伯认为必须对工具理性的统治进行深刻反思。对此他有这样的判断:"资本主义一开始就是以工具理性为前提而建立起来的算计和以目的为核心的思维方式与资本主义追求利润的目的不能很好地调和,从而使整个资本主义社会呈现工具理性被异化为非理性的状态。可见,韦伯是从资本家的角度探索了资本主义的兴起,并指明了理性在资本主义社会被工具理性代替并导致非理性的结果。"③这也正是因为经济理性在资本主义社会获得了前所未有的统治地位以及统治范围,即绝对统治和对社会所有方面的控制。处于这个系统中的个人在教育、工作、消费、交通等各个层面都屈从于经济理性的全面控制,从而使得资本主义社会陷入整体性的异化状态。

四、理性主义的衰微与非理性主义的兴起

"生为欧洲现代文明之子"的韦伯生活的时代正值 19 世纪下半期至 20 世纪初期。此时的哲学—社会科学的一个重要特点,是以叔本华、尼采和柏格森为代表的非理性主义思潮的兴起,它标志着西欧理性主义的发展遇到深刻的危机。这一现实西欧理性主义危机看起来是在学术领域中突然发生的,实际上是一个渐进过程,并且是与 19 世纪历史同步发展起来的。在一定意义上可以说,整个 19 世纪是西欧理性主义危机不断产生、不断深化的一个阶段。

19 世纪初,欧洲社会意识的一个特征就是法国启蒙运动理想的破灭。众所

---

① 郭先红:《资本主义社会的产生与异化》,《安徽行政学院学报》2018 年第 2 期。
② 马克斯·韦伯:《新教伦理与资本主义精神》,北京大学出版社,2012,第 7—8 页。
③ 郭先红:《资本主义社会的产生与异化》,《安徽行政学院学报》2018 年第 2 期。

周知,法国1789年资产阶级革命正是在启蒙运动的理想旗帜下酝酿、准备和实现的。可是,法国大革命过程中资产阶级残杀的血腥事件,把启蒙思想家奉为"高踞于一切现实事物之上的唯一法庭"——理性变成了十足的非理性。卢梭的社会契约论在雅各宾专政的"恐怖时期"得到了实现。法国革命后建立起来的"理性国家"——资产阶级国家,本质上具有的阶级对立、压迫和剥削,对自由、平等、博爱原则进行无情嘲弄,彻底粉碎了伏尔泰、狄德罗等人讴歌的"永恒性"以及建立在这一理性上的"永恒世界",这一切都使人们对启蒙思想家所说的"意见支配世界"的正确性表示深深的怀疑,促使知识界进一步思考人类社会是否真有一般的"合理性"基础。

在这种情势下,黑格尔哲学就成了唯一能拯救西欧理性主义,使之免于崩溃的理论形式。按照黑格尔的观点,启蒙运动理想之所以在法国大革命中遭到贬损,是因为这一理想还不具备充足的合理性,因而启蒙运动所崇仰的理性还不是真正意义上的理性,而只是一种知性。尽管知性具有理性的因素,但它还不能完全满足理性的规定,因而不能真正代表理性。黑格尔认为,一般意义上的知性,特别是启蒙运动的知性,据其本质讲是形式的、抽象的思维,却是一股强大的精神力量,即它是一种分析的、批判的、否定的力量。可是,它还不属于具体的、辩证的思维,因而是一种不能把对立的方面联合起来、综合起来的肯定力量。这也就是法国大革命时期启蒙运动理性必然失败的原因:单靠这种知性只能加剧互相矛盾着的力量、趋势、因素之间的斗争,还不能肯定地解决当时面临的问题;通过知性只能否定,但不能实现对这一否定的否定。前一否定仅仅是辩证的发展过程中暂时起作用的要素,辩证的发展则使启蒙思想家所关注的理性发展具有更高意义上的合理性。

黑格尔试图把启蒙思想家的知性王国变成辩证的、绝对的理性组成中的一个要素,以此来拯救19世纪初衰落的理性主义。但是,这种新形式的理性主义也不长久,正如1789年法国大革命使理性启蒙运动(黑格尔所说的知性)遭到破灭一样,1848年欧洲风起云涌的革命浪潮也使黑格尔的绝对理性彻底破灭。1848年欧洲革命是欧洲资产阶级革命的最后一次激荡。革命遭到镇压后,在激进的知识分子中引发了深深的沮丧情绪,继之而来的是对用革命手段改造社会的可能性表现出悲观失望,从而失掉对辩证理性的信心。因为正是这些人在革命爆发前把辩证理性理解为"革命理性",认为它将通过流血的社会动荡推进历史向前。可是现在流血的社会动荡已经过去,却丝毫未感到"世界精神"有相应的同步运动。于是,一些知识分子开始倾向于把历史过程看成是进化的哲学学说:在社会观点上由激进分子变成自由分子,在哲学观点上由迷恋黑格尔变成了实证主义。那些不满意实证主义方法论的肤浅之人,则追随李普曼"回到康德去"的口号,站到了新康德主义立场上。

社会意识中理性主义的这种不断衰微还因现代非理性主义哲学的崛起而急剧深化。从笛卡尔到黑格尔的哲学,都把人的认识能力和道德实践能力放在至高无上的位置,人只有具备认识主体和实践道德主体的资格,才有其存在的价值,人在这里已经变成人格化的逻辑范畴和道德规范。理性主义把人的注意力集中导向于对外部世界的控制。在理性精神的指引下,以工具、技术和自然科学为标志的人驾驭自然界的能力空前发展了,作为人类自我控制的社会组织、经济组织、政治组织形式和国家机器也日趋严密。与此同时,人本身的精神生活和内心要求却遭到了漠视。现代非理性主义竭力地突出人作为主体的个别性和不可重复性,把人的心理因素中的非理性成分,如意志、情绪、直觉、本能等提到首位,并强调非理性的心理因素对人的认识活动和行为的决定作用。

作为对理性主义哲学的反对,现代非理性主义表达了人们生活在资本主义制度下要求关注个人命运和内心生活的强烈愿望。如果说叔本华的"生存意志"、尼采的"权力意志"和弗洛伊德的"力比多"都着重从生物学上突出人的生存本能、竞争本能和性本能,并在很大程度上将这些本能心理学化和本体论化,那么,柏格森的"生命之流""绵延的自我"、克尔凯郭尔的"孤独的个体"则更多是把人所特有的心理学属性绝对化。他们共同的讨伐目标是依据感性材料进行推理判断的能力和用逻辑推导知识的思维方式,即理性和理性精神,这标志着欧洲理性主义普遍危机的开端。到了19世纪下半叶,这种危机已经不再局限于理性主义的形式,而是直接关系到理性主义本身的基本前提。

面对理性主义江河日下的趋势,新康德主义者试图挽狂澜于既倒,强烈反对非理性主义和思辨的自然主义,要求回到康德的精神和立场上去,认为只有这样才能使哲学成为科学。作为黑格尔哲学之后继起的一种理性主义形式,新康德主义带有对过去理性主义形式的批判和自我反思性质。它把过去理性主义形式中的辩证因素都当作过去时代残留的非科学痕迹而摒弃,在与新黑格尔主义者的争论中,新康德主义者力主把理性从追求道德本身目的的伦理原则(自律)中解放出来,并把这一思想与自然科学和技术的进步联系起来,在这一进步中寄托了对人类理性的无限发展、持续进步的希望。

由于康德哲学本身内部的复杂性和矛盾性,不同的新康德主义者从中汲取了不同的养分,致使在这一个统一的名称下包含有不同的学术观点。

韦伯的主要思想观点和世界观正是在19世纪后期形成的,他所致力研究的"理解的"社会学的一般哲学基础也正是在这样一种思想背景和气氛中奠定的。作为一名新康德主义社会学家,韦伯以极其深刻的形式吸收了欧洲理性主义的传统,同时也亲身体验到了19世纪欧洲理性主义危机的新的精神思潮。韦伯的世界观是由自然主义、自由主义和主观主义三者互相矛盾复杂地交织而成的综合体。他的社会学方法论表明受到了英国实证主义、德国浪漫主义和德国古典哲学这三种哲学体系的影响:从实证主义吸收了客观性、价值中立,从出发点上拒斥任何脱离经验的、抽象的观点;从浪漫主义中学到了敏锐地关注个体性、意志自由的原则;从形而上学(黑格尔唯心主义体系)中借鉴了它的历史性。

这些彼此对立的思想有时在韦伯的外在行为中显得十分融洽,以致人们会认为他凭借博大精深的知识和坚毅的个人品格具有以行动化解冲突和紧张的能力,坚守人格的首尾一贯性,作为一名百科全书式的德国学者使人仰之弥高。但在内心深处,使韦伯的精神永不安宁的正是由上述思想造成的两种对立思潮的冲突和紧张:一方面作为一个理性主义者,他坚信不能消除最高和最根本的理性(真理性)的原则;另一方面作为一个自由主义者,他目睹了两个世纪之交由于资本主义的掠夺、侵略酿成的人类互相残杀的战争,清醒地意识到历史的发展正在经历着严重威胁自由主义根基的过程。作为一名具有深厚人文教养的自由派知识分子,他痛苦地感受到已不能为自己的任何一种理想找到"科学的根据",同时由于特定历史条件的局限性,他又排除了用其他方式论证自己理论的可能性。简言之,韦伯以其精神面貌把西欧理性主义危机人格化了。只有在这样一种思想背景下,才能认识韦伯这个人,特别是当涉及他的社会学的哲学基础时,离开了世纪之交这一特定社会背景,就无法全面而深刻地理解韦伯其人及其思想。

韦伯指出，我们的时代是一个理性化、理智化，总之是"世界祛除巫魅"的时代；这个时代的命运，是一切终极而最崇高的价值从公众生活中隐退——或者遁入神秘生活的超越领域，或者流于直接人际关系的博爱。韦伯的全部宗教社会学主旨在于研究世界几大宗教的理性化程度和过程，他尤为关注基督教和新教是怎样在漫长的发展过程中逐步消除巫术和迷信的成分而引发出一种普遍性的社会伦理的，以及这种伦理又是怎样影响人们的经济行为的，最终导致了现代资本主义在西欧的产生。

首先，韦伯通过宗教研究社会，从特定的宗教角度追溯宗教怎样通过伦理促动人们的社会行动，并影响到整个社会的变迁过程。他在精神因素和物质因素相互作用的层面上，考察在特定的时刻和情境下宗教观念是怎样通过经济伦理而成为社会变迁的促动力量的。

其次，有学者认为，从内容上看，宗教类型和社会行动类型相互关系的图式指明了宗教和社会发展方向、两者亲和关系的内在逻辑。在韦伯看来，尽管一切宗教在本质上都有排斥世界的倾向，但源于不同先知类型的宗教伦理构成了不同的世俗（经济）伦理——责任伦理和信念伦理，促使人们做出不同类型的社会活动。宗教的发展过程是一个从非理性宗教向理性宗教的进化过程。"所谓非理性宗教就是充斥着大量神秘的、巫术的、情绪的、传统的力量，总之是不可计算的、不能由人控制的因素在起作用的宗教，此外这种宗教伦理与世俗伦理无涉或对人们的行动影响甚少。反之，摆脱了各种神秘的巫术力量，一切可以通过计算的、可由人控制的因素起作用的宗教被称为理性的，这种宗教伦理密切地与世俗伦理结合并从内部对人们的行动发挥强大的影响。"[1]"判定一个宗教理性化的程度，就是看宗教本身摆脱巫术的程度和宗教伦理与世俗伦理体系相结合的程度。"[2] 所有神学，都代表着对神圣价值着魔在理智上的理性化。韦伯把这种宗教的理性化称为"世界祛除巫魅"，这意味着，在任何时

---

[1] 苏国勋：《理性化及其限制——韦伯思想引论》，商务印书馆，2016，第87页。
[2] 马克斯·韦伯：《中国的宗教：儒教与道教》，康乐、简惠美译，广西师范大学出版社，2010，第226页。

候人如果想知道或相信某些东西,就能学到这些东西。就是说,原则上没有神秘的、不可计算的力量在起作用,人可以通过计算支配一切事物。这就意味着世界是祛除巫魅的。人不必再像野蛮人那样相信有种神秘的力量存在,因此不再诉诸巫术手段去支配或祈求神灵。技术手段和计算可为人效力。这是理智化的要义。

正是在这个意义上,韦伯把宗教的理性化和理智化的程度视为社会行动和社会组织理性化程度的标志。宗教的理性化从根本上制约着人的行为方式和社会组织的发展;反过来,社会的发展又进一步促进了宗教理性化的趋势。韦伯这里把历史上出现过的不同类型的宗教作为一种既成的社会事实来研究,撇开宗教的真伪优劣不论,专注于它与人的行为方式的关系和相互影响,目的在于考察他所处时代的社会发展最高形式——资本主义,与理性主义的关系,探讨资本主义为什么首先发生在西方而不是东方的原因。简言之,论述资本主义的"合理性"问题。从马克思主义的立场上看,人们肯定不会同意韦伯的宗教与社会关系中宗教是决定性的这一观点。但是,马克思主义绝不是旧唯物主义,正如马克思在批判费尔巴哈时写道:"从前的一切唯物主义——包括费尔巴哈的唯物主义的主要缺点是对事物、现实、感性,只是从客观的或者直观的形式去理解,而不是把它们当作人的感性活动,当作实践去理解,不是从主观方面去理解。所以,结果竟是这样,和唯物主义相反,能动的方面却被唯心主义发展了,但只是抽象地发展了,因为唯心主义当然是不知道真正现实的、感性的活动的。"[①]韦伯的宗教研究是否值得我们借鉴呢?答案是肯定的。

第二节 追求理性主义的资本主义

韦伯在《宗教社会学论文集·导论》中指出:无论在东方,还是在西方,都存在一种不断理性化的倾向:"各式各样的理性化早已存在于生活的各个部门和

[①] 苏国勋:《理性化及其限制——韦伯思想引论》,商务印书馆,2016,第88页。

文化的各个领域了;要想从文化历史的观点来说明其差异的特征,就必须明了哪些部门被理性化了,以及是朝着哪个方向理性化的。因此,我们的当务之急就是要寻找并从发生学上说明西方理性主义的独特性,并在这个基础上找寻并说明近代西方形态的独特性。"[1]资本主义正是西方社会在追求理性主义过程中出现、发展的,可以说,理性主义已将其价值观深深烙在了资本主义发展的各个阶段和层面上。丹尼尔·贝尔在《资本主义文化矛盾》一书中指出:"无论早期资本主义的准确地理位置能否确定,有一点很明显,即从一开始,禁欲苦行和贪婪摄取这一对冲动力就被锁合在一起。前者代表了资产阶级精打细算的持家精神;后者是体现在经济和技术领域的那种浮士德式的骚动激情,它声称'边疆没有边际',以彻底改造自然为己任。这两种原始冲动的交织混合形成了现代理性观念。"[2]这就是资本主义所追求的浮士德精神——贪婪摄取。因而它的禁欲苦行与前资本主义的禁欲主义不同。

一、资本主义扩张逻辑导致的环境问题

有许多原因可以说明这种普遍否认人类生态基础的重要性。许多人将此归结为西方文化中根深蒂固的缺陷,它发源于"支配大自然"的观念。这种观念认为自然的存在就要为人类服务并成为人类的奴仆。但为什么现代社会要拒绝承认人类也需要依附于自然,则很大程度上还要从资本主义制度的扩张主义逻辑中寻找答案。这种制度把以资本的形式积累财富视为社会发展的最终目的。

传统经济学是以有效利用稀有物品为主要特征的。但这里所说的物品仅狭隘地界定为市场商品。发展经济所造成的生态资源匮乏和不可逆转的生态环境恶化(在人类生存的时限内)则不在正统经济学的考量范围内。在绝少顾及所谓"外部"或"社会"成本这一点上,它与该理论蓄意为其辩护的制度是一脉相承的。

---

[1] 韩水法编《韦伯文集》上,中国广播电视出版社,2000,第246页。
[2] 丹尼尔·贝尔:《资本主义文化矛盾》,赵一凡、蒲隆、任晓晋译.生活·读书·新知三联书店,1989,第29页。

资本主义及其经济学家们通常将生态问题视为某种尽力回避而不是应该严肃对待的问题。在关于"增长的极限"的著名大辩论期间,经济增长理论家罗伯特·索洛(Robert Solow)于1974年5月在《美国经济评论》上撰文,如果其他东西可以轻而易举地替代自然资源的话,那么原则上就真的"没有什么问题"了。世界就可以不需要自然资源,资源枯竭也只不过是一个事件,而不是什么灾难。索洛后来获得了诺贝尔经济学奖。他当时的那番话不过是假设,并没有说这种近乎完美的可替代性就是事实,或者认为自然资源完全是可有可无的东西。但是在这一假设的基础上他进一步论述道,替代性如今已经达到了很高的程度,生态预言家们对世界末日的担忧完全是杞人忧天。虽然价格系统存在着各种各样的瑕疵,使其未能计算出环境成本,但完全可以通过市场激励的手段加以解决,只要对于这种激励手段的形成,政府尽量少介入。

然而,使索洛这类传统经济学家大为恼火的是,麻省理工学院的一些喧嚣后生在20世纪70年代初首次提出增长限度的问题时,其论点竟然是建立在同样的数学预测模型上,以及经济学家经常使用的增长趋势指数。但这里的焦点是在有限环境中需求的增长指数,而不是经济增长的神奇魔力。即使"增长有限"理论家们的预测还有许多问题,但它至少强调了一个资本主义及其经济学家极易忽视的事实,即在有限的环境中实现无限扩张本身就是矛盾的,因而在全球资本主义和全球环境之间形成了潜在的灾难性的冲突。

资本主义经济把追求利润增长作为首要目的,所以要不惜任何代价追求经济增长,包括剥削和牺牲世界上绝大多数人的利益。这种迅猛的增长通常意味着迅速消耗能源和材料,同时向环境倾倒越来越多的废物,导致环境急剧恶化。一如资本主义注重毫无节制的经济扩张一样,它投资的短期行为也值得关注。资本的拥有者在评估投资前景时,总是计算在预计的时间内(通常在很短时间内)得以回收投资以及今后长久的利润回报。诚然,在采矿、油井和其他自然资源领域里的投资商通常也会考虑较长的利益。显然选择投资这些领域的主要动机是为生产某种最终产品获得稳定的原材料供应,从长远的角度看,其回报率也是极其可观的。但即便是在上述投资领域,其回报周期也不会超过10—15年,这同生态保护至少需要50—100年(甚至更多)相比差距很大。

至于那些对人类社会具有最直接影响的环境条件和因素,在发展经济过程中则需要更长远的总体规划,诸如水资源及其分配、清洁水源、不可再生资源的分配与保护、废物处理、人口影响以及与工业项目选址相关的特殊环境的均衡问题,这与冷酷的资本需要短期回报的本质是格格不入的。资本总要在可预见的时间内回收,并且确保要有足够的利润抵消风险,并证明好于其他投资机会。

实力雄厚的投资商需要关注股票市场,它是资本扩张的源泉,也是企业重组兼并的助推器。股份公司期望维持股东收益的价值并能定期分派红利,公司高层主管获得财富的渠道,相当一部分就取决于他们所持股票市场价格的增值。而且公司高管获得的巨额红利,不仅得益于公司利润的增长,而且也常常得益于公司股票市值的增加。长远的规划与波动的股票市场是毫不相干的,股票市场上的所谓价值前景,是指近年来的盈利率、亏损率,或是今后的利润率。即便是前景看好,投入新经济的大量资金,暂时可以忽视公司亏损,也已经得到了应有的报偿,投机商们为从股市或风险投资中获得丰厚回报,也许能耐着性子等候一两年,但公司业绩如果连续亏损,这种耐心将很快蒸发。除了可以将公司盈余用于再投资外,公司通过长期债券进行投资。为此,他们必须投入足够的钱来支付利息并为偿付债券而预留出资金。

这样一来,资本主义投资商在投资决策中短期行为的痼疾便成为影响整体环境的致命因素。控制某些有害污染物的排放(通常采用管道出口控制方式),对人的生活几乎可以产生直接的正面影响。但是,真正意义上的环境保护需要考虑几代人以后的需要。大量为促进可持续发展而制定的长期环保政策不得不与第三世界相关联,因为在这些国家和地区,源于富裕国家的资本需要最迅速的回报,通常在一两年之后就要收回原始投资。在这些领域决定投资决策的回报周期也同在其他领域一样,并不是什么"善良"投资商愿意为社会和后代放弃利润追求或是"丑恶"投资商唯利是图的问题,而是这一体制的本质使然。即便是那些着眼长远的行业早晚也必须满足投资人、股东和银行的利益。

以上提及的资本主义制度对环境的种种弊端,在当今我们通常称之为"环境危机"的领域里是显而易见的。"环境危机"囊括了以下形形色色的问题:全球变暖、臭氧层遭到破坏、热带雨林消失、珊瑚礁死亡、过度捕捞、物种灭绝、遗传多样性减少、沙漠化、水资源日趋短缺、清洁水不足以及放射性污染等,不胜枚举。这一长长的清单还在增加,而且影响范围也在日益扩大。

二、资本积累遏制在解决环境问题上的相关行动

为了更清楚地理解生态与资本主义之间的矛盾冲突,仅局限于列举一些具体的生态问题还不能说明问题,比如多数人认为最紧迫的全球性生态问题是全球变暖。这是由于二氧化碳和其他温室气体大量排放,在大气层内积聚热量而产生的"温室效应"。目前全世界范围内已达成科学共识,那就是如果不遏制全球变暖的趋势,21世纪内将会发生全球性的生态与社会灾难。但到目前为止,人们还没有采取有效措施,特别是在解决化学燃料排放问题方面成效甚微。

是什么阻止了解决问题的必要行动?要回答这一问题,我们只需看一看资本积累过程在签署《京都议定书》(以下简称《协议》)中是如何具体设置障碍的,就一目了然了。而《京都议定书》正是国际社会为减缓和遏制全球变暖趋势所做的重要努力。

国际社会为控制温室气体排放所做的努力始于20世纪90年代初,这些试图达成一个气候协议的早期努力推动了1992年通过《联合国气候变化框架公约》(以下简称《公约》)。《公约》包括各签署国自愿制定的温室气体减排指标。未能完成减排指标的国家又开始了新一轮的谈判,最终在1997年出台了《京都议定书》。《京都议定书》第一次从法律上确定了从2008年至2012年,所有工业化国家温室气体排放总量必须在1990年的基础上减少5.2%。按照《协议》,欧盟要在1990年的基础上减少8%,美国减少7%,日本减少6%。按照先前在气候谈判中达成的协议(《柏林授权书》),包括中国在内的发展中国家,虽然是签署国,但在初级阶段不承担减排义务。

随后关于实施《京都议定书》1997—2001年度指标所进行的谈判,主要聚焦在两个棘手问题上:排放许可的交易条款,以及"碳汇"津贴,对森林和农田提供排放信贷。欧盟对两项建议均持反对意见,认为这不过是试图掩饰不愿履行减排义务而已。美国、日本、加拿大、澳大利亚和新西兰对两项措施则持赞同意见。2000年11月在海牙举行的谈判破裂,因为双方都不愿让步。2001年3

月问题仍然悬而未决,加之没有任何重要工业国家批准协议,布什政府宣布《京都议定书》存在"致命缺陷",决定单方退出气候协议。

然而,旨在为通过《京都议定书》铺平道路而设计的谈判于2001年7月在波恩重新启动。要使《协议》生效,签署国的温室气体排放必须达到世界总量的55%,这就意味着美国、日本、加拿大和澳大利亚必须加入。在这种情况下,欧盟被迫在谈判中一点一点地让步,最终还是接受了美国(与日本、加拿大、澳大利亚和新西兰一起)最初在海牙提出的建议。

虽说在美国退出的情况下《京都议定书》在波恩得以通过,但由于减排指标与实际背离,《京都议定书》已被抨击得千疮百孔。农田和森林被视为具有碳汇的作用,所以可以得到排放的信贷,其效果是那些被认为已履行"减排"的国家只要其森林植被茁壮成长就可以了。《协议》还允许污染排放许可指标的交易,使日本、加拿大、澳大利亚这些自1990年以来已增加温室气体排放的国家可以向俄罗斯这样的国家购买排放许可指标。俄罗斯因苏联的解体,现存工业体系自1999年以来温室气体排放锐减。对未能达到减排指标的国家,唯一的惩罚也不过是在第二轮制定标准时给该国多加几个百分点。此外,要求未达指标的国家对破坏气候行为进行补偿的建议未被采纳。其中对日本的一个重要让步是,原协议具有"法律约束"一词被删除,用合其心意的"政治约束"取而代之。这样,《京都议定书》原本区别于《联合国气候变化框架公约》最核心的东西——设立减排的法律约束,便被如此抛弃了。

单美国一国温室气体的排放量就占世界温室气体排放总量的1/4,作为气候公约的签署国,它拒不接受在波恩达成的协议,可以说这是《京都议定书》最大的失败。2001年6月11日,乔治·布什总统发表了一篇演讲,再次重申他的政府在3月采取的强硬态度,绝不重返《京都议定书》。这样一来,他就更明确了美国政府在克林顿执政期间就已经十分明确的立场——面对美国汽车工业集团的反对,所有试图让美国通过协议的行为都是枉然的(这也意味着在美国参议院中没有一人支持通过协议)。

何以促使布什政府于2001年6月重申美国反对气候《协议》的立场,从他处置来自声望极高的美国国家科学院(NAS)的一份报告的方式上就一目了然了。布什政府最初认为有必要对气候变化做进一步的研究,并责成美国国家科学院调查气候科学的研究现状（具体指联合国关于气候变化政府间协作小组〔IPCC〕的研究成果），其向政府提交了一份报告。布什政府为寻找科学依据，证明其阻止全球变暖的国际气候协议毫无根据的主张具有某种合理性，可以说是费尽了心机。他在给美国国家科学院的回复中表达了如下立场：本届政府正在审查美国关于气候变化的政策，我们需要科学院在气候变化的科学领域提供帮助以确定在哪些方面已经获得了最大的确定性，哪些方面还存在最大的不确定性。另外，就政府间协作小组的研究报告及其概要之间有何实质性区别，希望倾听你们的意见，回复为盼。

布什政府就是这样责成美国国家科学院来确定政府间协作小组是否得出了某些政治性的结论。研究报告均由顶级气候科学家撰写，他们根本不屑做这类政治性结论。或更糟的是，就像全球气候联盟（GCC）（为反对《京都议定书》的企业进行游说的主要组织）所一贯声称的那样，政治已玷污了科学。就在布什政府2001年6月11日发表演讲的前几天，美国国家科学院已向总统提交了一份报告《气候变化科学：若干关键问题分析》。该报告坚定地确认了联合国政府间协作小组在数份研究报告中已明确的观点：人类活动使全球变暖是现实，并对生物圈的稳定性和我们所了解的地球上的生命构成了日益严重的威胁。

对此，美国国家科学院的报告以毋庸置疑的口气开门见山地宣称：由于人类的活动，温室气体在地球的大气层中累积致使表面空气温度和海水下温度上升。事实上温度一直在上升。从以往数十年的观测数据看，这些变化很可能是人类活动的结果，但我们不能排除其中相当一部分是自然变异的反映。人类活动导致的气候变化，以及由此而出现的海平面上升将持续整个21世纪。计算机模拟和基础物理推导已得出这种变化将产生的副作用，其中包括降雨频率的增加和半干旱地区彻底干旱的可能性增加。这些变化的影响程度主要取决于气候变暖的程度和发生的频率。美国国家科学院不仅支持了政府间协作小组的报告，而且证实了协作小组为决策者提供的总结性意见并没有曲解科学发展；报告的主要作者及与会代表对报告文本没有做任何重要修改，一些文笔上的小小改动也经过了与会主要作者的同意。所有认为政府间协作小组的主张受到政府左右的说法均为不实之词。

三、新教伦理中的理性主义倾向

韦伯认为新教伦理与资本主义精神之间具有高度的"亲和性",其实质就是西方文化中特有的"理性"。换言之,由于理性的作用,新教伦理与资本主义精神形成一种特有的"亲和"关系——各自保持独立性的亲和。事实上,一个经济体系的资本主义形式与在其中起作用的精神通常不存在于那么决定性的关系中,即一种彼此"合适"的关系,而非存在于"法则性"的依赖中。韦伯借用本杰明·富兰克林生活组织中的伦理取向格言:时间就是金钱,信用就是金钱,善于付钱者是别人钱袋的主人……来表明资本主义精神中所蕴含的理性主义。富兰克林的道德告诫有一定的功利色彩,而这种功利恰好限制了传统资本主义中的非理性因素,即获得多多益善的金钱,这同时又严格摒弃一切对金钱的自发享受。

韦伯观察到,这种支撑现代资本主义发展的现代资本主义精神的理性内核关联着一种"非理性"的宗教因素。他转述富兰克林加尔文教派的父亲从小对其灌输的观念:"你看见在其职业的天职中勤恳努力的人吗?他必须站在君王面前。这种职业的天职观念作为现代资本主义文化社会伦理"特征的观念,意味着一种个人应当对他们的"职业"活动的内容进行体验与承担责任的概念。有学者指出,资本主义与宗教信仰之间的联合会炸毁旧的经济传统主义。而在传统资本主义时代,"商人不能取悦上帝",逐利是人道德上堕落的表现。这种巨大的转变使得韦伯提出这样的疑问,哪些观念导致某种具有纯粹营利取向的活动被归类于"天职"范畴,而个人面对这一天职又具有义务感?韦伯认为,"天职"观念的由来不能简单地归之于整体的理性主义(生活各方面的理性化过程),"理性主义"是一个历史概念,它自身就包含着一个充斥着各种矛盾的世界,它的历史绝不是以单线条的历史进步呈现。韦伯更进一步要探讨的是"天职"观念这一"非理性"要素背后的谱系。

1. 对劳动态度的转变

清教徒不只是正面地赞美劳动,亦要求以一种有规律、有方法的态度来从事职业工作。如教友派的伦理将人的职业生涯视作"始终如一的制欲美德之实习",是借由"有良心地"执行职业,也就是表现出"周到而有秩序"的工作方法,来证实自己的神宠状态,这使得工作的纪律性大大增强,等于为工业化的进展铺路。

清教徒将劳动视为人生的目的,同时极力反对无节制地享受人生。对于他们来说,努力通过自己的劳动为社会和自身获得财富是其道德标准,韦伯认为这种世俗的新教禁欲主义与自发的财产享受强烈地对抗着:一方面,它束缚着消费,尤其是奢侈品的消费;而另一方面,它又有把获取财产从伦理禁锢中解脱出来的心理效果,即培养一种获取财富的内在冲动力,并克制或压抑浪费这些财富的非理性消耗的冲动。这正如韦伯所说,这种新教禁欲主义不仅使获利冲动合法化,而且将之看成上帝的直接意愿,它打破了对获利冲动的束缚,但它同时又是禁欲主义的。所以,韦伯用教友派辩护士巴克莱的话说,这场拒斥肉体诱惑,反对依赖身外之物的运动,并不是一场反对合理地获取财富的斗争,而是一场反对非理性地使用财产的斗争。他们把中产阶级家庭中那种纯净而坚实的舒适奉为理想,反对封建主义那种没有稳固的经济基础的华而不实,那种喜好污秽的优雅,那种拒斥合度的简朴态度。

资本主义文化的这种内在冲突,反映了资产阶级上升时期的内在矛盾。一方面,"贪婪摄取"的原始冲动使资本主义商品经济否认原动力,因为商品经济"它事实上就是通过经济界适者生存的过程教育、选择着它所需要的经济主体"。另一方面,资本主义的原始积累又不允许把大量的资金用于生活消费。因此,它既不能像中世纪发怒的人们那样追求物质财富,也不能像资本主义工业文明后期那样激励张扬挥霍性的消费。①

拒斥非理性地使用财产的同时,新教徒又赞同对财产的理性和功利主义的使用,要求人们出于需要和实际的目的使用自己的财产、反对那种奢华、虚荣不合度的浪费。因此,新教禁欲主义一方面培植了新教徒从事经济活动获取财富的内在冲动力,同时禁止非理性地耗散所累积的财富。这样获取的财富反过来又可以作为获取更多财富的手段,资本主义便得以迅猛发展。因此,韦伯说,当浪费的限制与这种活力活动自由结合在一起的时候,这样一种不可避免

---

① 刘福森:《西方文明的危机与发展伦理学——发展的合理性研究》,江西教育出版社,2005,第125—126页。

的实际效果也就显而易见了：禁欲主义的节俭必然会导致资本用于生产性投资成为可能，从而也就自然而然地增加了财富。这样，韦伯也就在禁欲主义与财富增加之间建立了因果关系。

宗教改革后一种特殊的资产阶级的经济伦理逐渐形成。从资产阶级的商人角度看，他们意识到自己充分受到上帝的恩宠，实实在在受到上帝的祝福。他们觉得，只要他们外表正确得体，只要他们的道德行为没有污点，只要财产的使用不致遭到非议，他们就可以随心所欲地听从金钱的支配，同时还感到自己是在尽责任。此外，禁欲主义的宗教提供了有节制的、态度认真的、工作异常勤勉的劳动者，他们在心理上接受了劳动是天职，是最善的，并且是获得恩宠的唯一手段。韦伯指出，把劳动视为一种天职成为现代工人的特征，如同相应的对获利的态度成为商人的特征一样。无论是资本家还是工人，其本能冲动之能量都被转移到经济活动中来了，社会在这种强大推动力的推动下得以迅猛前进。

综上所述，西方资本主义获取财富的心理冲动力以及压抑或限制非理性耗散能量的心理来源就是新教伦理。"新教伦理这种长远的理性精神，确实适合资本家阶级在开拓疆域之初对自身进行激励，这也是由当时资本家还未处于统治阶级的地位所决定的。为了获得一定的资本积累，他们必须具有新教伦理所宣传的工具理性这种精神，这也是他们获得统治地位的手段。"[①] 简言之，新教伦理是一种强调入世的伦理，同时还是一种禁欲主义的，在释放人们获取财富本能的同时一直对财富的非理性使用。"获取财富在心理上得到认可，以及在伦理上限制对财富的非理性消耗构成了资本主义发展的内在动力，这种内在动力辅之以社会的全面理性化的外在条件，资本主义以异乎寻常的速度发展着它的经济，在这个意义上，资本主义对于人类的文明进步做出了贡献。"[②]

但是，韦伯也认识到，资本主义这种全面的理性化对人身造成的巨大伤

[①] 郭先红：《资本主义社会的产生与异化——论韦伯与马克思思想的异同》，《安徽行政学院学报》2018年第2期。

[②] 杨春瑰：《理性化的社会及其经济发展——对韦伯〈新教伦理与资本主义精神〉的新解读》，《广西梧州师范高等专科学校学报》2000年第11期。

害。他认为自从禁欲主义着手塑造尘世并树立起它在尘世的理想那一刻起,物质产品对人类的生存就开始获得了一种前所未有的控制力量,这力量不断增长,且不屈不挠。这也就是说,理性正逐渐演变成非理性,演变成对人性的过分压抑和扭曲的异化力量,这一点也可以说是将人的内在冲动力过分理性化的结果。

2. 对世俗之业的态度转化

清教徒不反对对世俗之业的更换,只要这样的转业"更合神意"。说起来,合神意与否的标准除了职业的道德水准和对公众的助益外,最容易衡量的是个人经济上的"收利性",而这实际上变成了最重要的标准。韦伯在此转述了巴喀斯特的名言,当上帝指示你一途径,比其他途径可以合法地赚取更多利益(而于你灵魂和他人均无损害时),假使你不取这条,而选别条利益较少的途径,你就违背了你天职的一个目的,拒绝作为上帝的管事,拒绝接受上帝的恩赐。于是,在履行职业时致富,不仅是道德上允许的好事,而且还是上帝的"命令"。巴喀斯特的结论是,你可为上帝劳动而致富,唯不可为肉欲与罪恶而致富。

3. 对固定职业的态度

清教徒推崇固定职业的制欲意义,给予"专家"一种伦理上的鼓励,同样地,视"营利"为上帝之安排的思想,也给予近代新兴的"事业家"一种伦理上的荣耀。清教徒厌恶封建诸侯的奢侈放纵和暴发户的浮华虚饰,却对有节制而白手起家的中产阶级加以祝福。他们认为上帝在今世即会在物质上赐福其子民,因此确信自己的成功乃是上帝恩宠的反映。这种为了身为选民而感谢上帝的念头,在韦伯眼中,反映出清教徒中产阶级的生活氛围,并且促使资本主义英雄时代的代表者们展现出那种特殊的整齐、严正且坚强的性格。

受这种教义的导引,传统社会中不合现代生活的习俗和规定逐渐被废除,代之以形式上严谨的合法精神,经济上的特权和投机作风,也为一种"合理的中产阶级经营及合理的劳动组织"所取代,奠定了资本主义得以兴起的基础。

第二章　资本主义精神及其外部性特征

在韦伯看来,资本主义精神是一种"理性而有系统地追求利润的态度",它作为欧洲理性主义发展的一部分,是"资本主义必需的、人以其天职为任务的这一关系的土壤"。换言之,现代资本主义精神就是人以其天职为任务,合理而有系统地追求预期利润的一种态度。其核心是合理性和禁欲——通过严密的计算和使用正当方式达到预期目的,表现在经济行动中就是利用交换机会以和平方式取得预期利润。这就是韦伯所说的现代资本主义精神的本质。在舍勒看来,这种精神是一种已经异化的精神——一种计算精神。的确,资本主义在其发展过程中依靠新教伦理中的"工作伦理",亦即以敬业精神为核心的伦理取向取代了生产力低下的传统劳动观念,给资本主义注入了新的强劲活力。但随着资本主义及其制度具有了自持性,这种内在驱动力就完全丧失了其最初的伦理意义,只留下作为手段的经济上的追求。对财富的追求完全剥离了所有快乐和所有享受。尤其在第二次世界大战后资本主义在得到空前发展的同时,资本主义精神也出现了严重的危机。

第一节　资本主义精神的嬗变:韦伯命题的形成

韦伯认为,资本主义精神的发展是理性主义整体发展的一部分。任何形式的社会经济发展都离不开伦理道德的支撑,孕育了资本主义精神的新教伦理在由封建经济向资本主义经济形式过渡中发挥了自己的作用,促进了资本主义经济的发展。而严密的资本主义经济达到了高度形式理性化的程度,经济利益将人牢牢地束缚于其中,也导致了传统社会的改变以及人类的异化。

一、与传统主义的历史博弈

前资本主义是指一种状态,即长期运转的企业对资本的理性使用,以及理性资本主义劳动组织形式尚未成为决定经济活动的支配力量的状态。而这一态度正是人们在适应有秩序的资产阶级资本主义经济环境的时候,所遇到的最大内在障碍之一。当资本主义精神作为一种要求获得伦理认可的生活准则时,它最为强大的对手就是对那种新环境的态度和反应,我们称之为传统主义。

相较于资本主义,"前资本主义的最大特点在于资本运营的理性化,资本的劳动组织形式的理性化都没有成为支配社会经济的力量,只有在新教伦理成为资本主义精神之后,才大大促进了资本主义企业现代理性的飞速发展。"[1]缺少成本效益的计算、生产组织没有效率,一度是前资本主义时期"投资"的特点,这使得在财富的创造和累积上远敌不过资本主义企业所展现的威力。韦伯的一个重要命题便是主张:资本主义的成立有赖于对营利行为的"规制",不是毫不受节制的劫掠和冒险,而是一种披着"伦理"外衣,服从着规范之约束的特定生活形式,奠定了现代资本主义的"精神"基础。这种精神在成长过程中,曾与许多敌对的势力进行殊死战,它的强敌乃是韦伯称之为"传统主义"的一套行为习惯,想要破除这类根深蒂固的行事作风绝非易事。[2]

所谓"传统主义",在韦伯的用法里,是"资本主义"对立面的总称,因为它基本认为,"只有打破了人类数千年以来习以为常的传统制度和行为,才能够进入到'现代'的境地,而'传统主义'的特征在于将传统'神圣化',不允许任何创新的尝试,所以也封杀了进步的可能性"[3]。

韦伯从他对世界各大文明的研究中,得到一个印象,即文明发展到一定阶段后,"传统"便成为固定下来的模式,几乎每个社会都有种种禁忌与限制,不

---

[1] 郭先红:《资本主义社会的产生与异化——论韦伯与马克思思想的异同》,《安徽行政学院学报》2018年第2期。
[2] 顾忠华:《韦伯〈新教伦理与资本主义精神〉导读》,广西师范大学出版社,2005,第33页。
[3] 同上。

准人们逾越传统的界限。中国人过去常常讲的"祖宗之法不能改",即是标准的传统主义心态。其他的文化也一样,都多少对创新者存有很深的戒心,在西方最有名的例子是哥白尼提出了"日心说",结果遭到教会打压,这表明人们总以为过去的经验比较可靠,不愿接受新的观念和未知的变动。韦伯在他的"社会行动理论"里,把"传统式行动"和"目的理性行动""价值理性行动""情感式行动"并列为最根本的行动类型,即是看到这种传统力量的无所不在,绝不能等闲视之。

不过,在《新教伦理与资本主义精神》里,韦伯最关心"经济传统主义"形成的阻碍,他以"计件工资"在实施上的困难为例,也就是不少有传统主义作风的劳动者十分"知足"。当老板提高计件工资后,他的工作量却会减少,理由是少做一些即可以赚到供他"传统"需要的工资,于是当然不必更努力工作。我们在今天还可以见到类似的情形,譬如若干地区的劳工赚到一日所得后,就去寻欢作乐,要等到钱花光了再回来工作。这种"一天打鱼,十天晒网"的生活方式看似悠闲,但注定发展不出资本主义!亦因此,韦伯特别留意西方能早一步突破"传统主义"的条件,他排除了低工资和廉价劳动力在这方面能起的作用,最后还是回归到劳动者要有一种以劳动为目的的本身的"精神态度"。但这种精神态度并非天然的产物,也不系于工资的高低,它"完全是一段恒长的教育过程的结果"——我们不免要问,这是一种什么样的教育呢? 韦伯回答说:"是基督新教的宗教教育,因为新教的'天职'观念灌输给劳工勤劳工作的责任感,他们克服传统习惯的可能性也成为最大。"[1]

在韦伯眼中,基督新教的教育造就了一批批堪为资本家、企业家所用的劳工,不仅于此,在企业家这方面,新教所传播的"天职观"也有助于新兴的资产阶级以更合理和系统的方式,追求"正当"的经济利益。韦伯同样举传统经营的惯例来和"资本主义"相比较,在这个领域里,"传统主义"往往还更难打破,像欧洲中古时代的货庄,舒适而安闲,看不出有什么改变的必要。韦伯形容道:"传统的商业活动一样是纯粹营利性的,只是在大家习惯于既定的条件下,传

---

[1] 顾忠华:《韦伯〈新教伦理与资本主义精神〉导读》,广西师范大学出版社,2005,第34页。

统的利润率、传统的工作量、传统的营业方法、对劳工和顾客的传统关系等,都支配了营业的准则。"① 直到有一天,这种有限的生活步调却突然遭到了破坏,在新的"企业家精神"加入竞争后,生产、销售和经营的游戏规则逐渐改变,不能迎头赶上的人节节败退。新的压力来自讲求"合理化"经营的企业家,他们累积下可观的财富,却没有坐收利息,而是不断投资改良产品,他们不愿消费,一心只顾事业经营更上一层楼。"在传统商人看来,这群人像是赚钱机器似的怪物,可是他们掌握了市场的经济机会,你不及时改弦更张,采用新的经营模式,就注定要被淘汰出局。"② 于是在韦伯这里,禁欲主义伦理一定程度上就是培育"经济人"的最佳手段。

对此,韦伯知道有人会对此不屑一顾,因为历史上总有一些人唯利是图,以不道德的手法巧取豪夺,他们的成功代表着道德约束力的减弱,让他们有机可乘。对这些不服气的说法,韦伯逐项反驳,强调这批"新式"的企业家既不属于任何时代的投机客或冒险家,更非"大规模的金融家",而且他们始终保持冷静的自我克制,避免道德上和经济上的破产。韦伯这样形容创造以上变革的人:"他们通常在艰苦的生活训练中长大,做事小心大胆,特别是有节度而可置信赖,敏捷而专心于事业,并且具有严格的中产阶级之见解与'原则'。这些'伦理'的气质也与适合过去传统主义经营的人完全不同。"③

韦伯将资本主义的生发视为宗教的理性主义精神世俗化的过程,具体表现为宗教—伦理—世俗化—制度化—去伦理化的逻辑演进。作为生活合理化资源之一的新教精神有助于创造出我们所谓的"资本主义精神"。韦伯指出,西方文明的产生与西方文化所独有的新教伦理和理性主义传统有着密切的因果关联。韦伯认为,资本主义精神源于入世禁欲的基督新教伦理。资本主义精神并不是单纯的营利欲,而是对人类普遍具有的营利欲进行伦理和理性的规制。基督教禁欲主义伦理的最初目的是期望通过世俗的功业来确证神恩的状态,

---

① 顾忠华:《韦伯〈新教伦理与资本主义精神〉导读》,广西师范大学出版社,2005,第35页。

② 同上。

③ 同上书,第36—37页。

然而资本主义制度一旦具有了自持性,这种内在的驱动力也就丧失了其最初的伦理色彩,只剩下当初作为手段的经济上的追求。

全力以赴的精神、积极进取的精神或者其他可能称之为精神的觉醒都倾向归功于新教教义,而坚决不应该随一种惯常的趋势,将其与生活享乐联系,也不要在任何意义上将其与启蒙运动联系在一起。在任何宗教派别复杂的国家中,你只要稍稍留意一下有关职业的数据统计,就能经常发现一个十分明显的现象,这一现象多次在天主教的出版物和文学作品中、在德国的天主教大会上引起讨论,那就是:大部分商界领袖、资本所有者和商业培训的职员,基本上是新教教徒。这一现象不仅出现在那些宗教信仰差异和民族差异相重叠,进而又造成文化差异的地方,比如德国东部的德意志人和波兰人;这一现象也体现在资本主义世界里有关宗教信仰的数据中,资本主义在其迅速扩张期间可以根据自身的需要自由改变人口的社会分配,进而决定人口的职业结构。在这其中,资本主义越是能自由行事,这一效应就越发明显。新教教徒相较于其他教徒能够更多地参与到资本所有权、商业管理和工商业企业的高级技术领域中,有深远的历史原因。在当时的历史环境下,宗教信仰并不是影响经济状况的原因,在某种程度上更像是经济状况引发的结果。若想参与到上述那些经济职能中去,通常需要参与者具有一定的资本原始积累,又需要接受过高成本的良好教育,这两个背景常常缺一不可。

在今天看来,要具备这两个条件,大部分情况下要依靠继承家族财富,或者至少参与者要有一定的物质财富。在16世纪的古代帝国中,许多经济最发达、自然资源最丰富和环境最好的地方,特别是大部分富饶的城镇,都转而信仰新教。这种信仰的改换使得新教教徒在争取经济地位的努力中受益匪浅,甚至到了今天这一效应依旧发挥着作用。事实上,新教对于放松和享乐持十分严厉的态度,呼吁人们接受一种比天主教要求更加严格的行为规范。那么,新教与合理性的关系是什么?"铁笼"社会如何建构?这涉及新教信仰的特殊性。

韦伯详细分析了在资本主义社会生产过程中,原先只存在于新教徒心中的宗教伦理转变为资本家个人的责任伦理,也就是后来霍克海默和阿多诺所指的工具理性。这些责任伦理导致价值和意义的丧失,最后导致整个资本主义社会"铁笼"的形成。韦伯的创新并不在于指出宗教改革和现代资本主义之间存在关联，因为以恩格斯为代表的经典马克思主义早已经揭示出新教是一种资本主义早期发展所带来的经济变革在意识形态上的反映。韦伯并不认同这种观点，他富于创新性地阐释了新教如何渗透进教徒的现实生活，进而逐渐走向资本主义合理化的过程。宗教指向"非物质世界"，而现代资本主义社会忙于经济活动的逐利本性则指向"物质世界"。他们对宗教的态度要么是漠不关心，要么就是坚决反对。但是，新教不但不放松教会对日常生活的监管，反而制定了比天主教更为严苛的清规戒律，新教因此就将一种宗教因素渗透进信徒生活的各个领域。

不仅新教在某些方面不同于以往的宗教形式，现代资本主义也呈现出区别于传统资本主义活动的特点。一旦新教徒把尘世的责任与对上帝负责的伦理责任联系在一起，宗教伦理就转化为责任伦理了。"对于一个信奉新教的资本家来说，光有追逐利润的愿望是不够的，他还必须严格地以市场为取向，以合理化的计算为手段展开生产和经营活动。现代资本主义并非建立在不道德地追求个人财富的基础上，而是建立在对工作义务约束的基础上。韦伯认为，通过正当经济活动而全力投入财富追求，与严格避免所有天性的享受，这两者独特的结合便是现代资本主义精神的特征。"[①]

二、与传统主义的历史决裂

韦伯对资本主义的原动力问题探究得出结论："凡是资本主义精神觉醒并且能够发挥作用的地方，它就会自己创造所需的资金作为活动的手段，可是，资金却不能创造资本主义的精神。"[②] 韦伯对新式企业家的性格特质有深刻的认识——他们是资本主义精神的承载者和实践者，也是冲破经济传统主义藩篱的主要因素。

《新教伦理与资本主义精神》一书中的精神气质的某些主要特征，已在韦

---

① 杨琴冬子：《超越"合理性"的铁笼——重审马克斯·韦伯对卢卡奇物化理论的影响》，《新疆大学学报（哲学·人文社会科学版）》2016年第1期。

② 顾忠华：《韦伯〈新教伦理与资本主义精神〉导读》，广西师范大学出版社，2005，第36页。

伯对农业劳动者的研究中得以说明。关于契约制劳工和按日雇用的劳工在生活状况和人生态度上的对比，大体体现在两个方面：一方面，接受服从和庇护的传统模式；另一方面，则是一种经济个人主义的态度。然而，这里所说的态度显然不仅仅是按日雇用劳工的经济状况的结果，而是某种伦理观念的体现，这种观念本身有助于打破土地私有的旧有传统结构。

韦伯一开始便用一个统计事实来解释：在现代欧洲，商业领袖、资本所有者以及高级熟练工，甚至还包括现代企业中受过高等技术和商业训练的人员，绝大多数都是新教徒。这不只是一个当代的事实，也是一个历史事实：追溯社团组织的历史，可以看出，在16世纪早期，一些资本主义的早期发展中心，新教徒的势力都很强大。这种现象可以这样解释：在这些发展中心出现了与经济传统主义决裂的现象，这也就形成了对一般传统尤其对旧有形式的宗教制度的扬弃。但是，这种解释经不起仔细推敲。把宗教改革看成摆脱教会的控制，这种看法是相当错误的。事实上，天主教会对于日常生活的监管很宽松，而新教运动呼吁人们接受一种比天主教要求更加严格的行为规范。对于放松和享乐，新教持十分严厉的态度——这种现象在加尔文教中尤其突出。因此，可以得出结论，我们如果想要解释清楚新教与经济理性之间的关系，就必须认清新教信仰的特殊性。

当然，韦伯所作解释的新颖性并不在于指出了宗教改革与现代资本主义之间存在着关联。早在韦伯的著作问世之前，就有众多学者指出过这种关联。主要以恩格斯著作为经典代表，马克思主义认为，新教是一种资本主义早期发展所带来的经济变革在意识形态上的反映。韦伯视之为一种站不住脚的观点而不予接受，因此，他在著作的一开始便提出明显不同的观点，对该观点进行证明和解释变成了写作《新教伦理与资本主义精神》的真正动因。

新教和现代资本主义之间显然存在着某种关联，这种关联并不能完全说后者是前者的"结果"，毕竟新教的信仰和行为准则在性质上毕竟不同于那种表面上看来可能会激发经济活动的东西。

要阐明这种不同的观点，不仅要分析新教信仰的内容，评估其对信徒行为的影响，而且要详细地说明作为一种经济形态的现代西方资本主义的特征。不仅新教在某些重要方面不同于先前的宗教形式，而且现代资本主义呈现出了有别于先前种种资本主义活动的基本特点。韦伯区分出来的各种其他形式的资本主义存在于以"经济传统主义"为特征的社会中。现代资本主义,雇主已尝试把当代生产方法引入了人们原先不了解他们的社会,他们的经验生动地表明了人们对传统主义劳动特征的态度。如果雇主旨在确保最大利益,采用一种计件付酬的方法,工人本可能获得比以往更高的报酬,但结果往往是完成的工作量反而减少了,而不是增加。传统主义的工人想的不是最大限度地获取每天的报酬,而是只考虑干多少工作才能满足日常要求。一个人并非天生就希望挣越来越多的钱,而只是生活下去,并且按以往的生活习惯生活下去,挣的钱够生活的需要就行了。

传统主义也不是与贪图钱财完全不相容。获取财富的过程极端,而且存心的冷酷无情往往与最严格地遵循传统息息相关。自私自利、贪得无厌存在于所有社会中,而且事实上,在前资本主义社会比在资本主义社会表现得更加明显。举例来说,通过军事征服或海盗行为获取财富的"冒险者资本主义"存在于历史上的所有阶段。然而,这跟现代资本主义很不相同,后者并非建立在不道德地寻求个人财富的基础上,而是建立在对责任性工作的义务约束的基础上。

韦伯认为现代资本主义"精神"具有如下主要特点:获取越来越多的钱财,加上严格地避免所有天性的享受……完全被视为自成目的的本身,而个人的幸福或利益,则看起来是完全超验的和非理性的。挣钱成为生活的目标。挣钱不再是满足人的物质需要的手段。公平地说,这种我们可以称之为自然现象的颠倒,完全是毫无意义的,但它显然是资本主义的一条主要原则,这是没有受到资本主义影响的人们所无法理解的。

因此,通过正当的经济活动而全力以赴地投身于财富的追求,与避免把这样得来的钱财用于个人享乐,两者独特地结合在了一起,这便是现代资本主义精神的特征。这种精神根植于这样一种信仰,即相信在一个选定的职业中有效地工作是一种义务和美德。

韦伯强调,传统主义的观点并非与经济企业的现代形式完全不相容。例如,有许多小型企业就是按照传统固定的程序模式、传统的交换和利润率等进行经营的。韦伯指出,有的时候这种悠闲从容的生活就突然被摧毁了……而且这种情况常常发生在没有经过任何技术改革的企业中。这类企业一旦结构重新调整，就会进行生产的理性化重组，重组的目标就指向生产效率最大化。在大多数情况下，这种变化不能用资本突然流入该企业来解释。倒不如说这是向企业引入了一种新精神——资本主义精神——的结果。

因此，资本主义突出的特征是：它因建立在精确计算基础上得以理性化，以远见和谨慎寻求经济得以成功。这与传统主义的农民过一天算一天的生活形成鲜明的对照，而且也与中世纪行会工匠的生活、与旨在利用政治机会获得非理性投资的冒险资本家形成鲜明的对照。由此可见，经济理性化主要体现在理性的经济行动以及理性的货币和资本计算上，它在西方社会的兴起是多种因素综合作用的结果，其中宗教、法律和政治的因素不可小觑。而西方城市的独特性以及货币和工业技术的迅速发展也是西方经济理性化产生的重要影响因素。

当然，资本主义精神不可能单纯从西方社会整个理性主义的发展中推导出来。这种分析问题的方法往往假设理性主义是一种进步的、单线性的发展。实际上，西方社会中不同制度的理性化程度呈现出不均匀的分布。例如，某些国家的经济理性化程度超前，但在法律理性化程度方面，比起某些经济落后的国家还要滞后（在这方面，英国就是个显著的例子）。理性化是一个复杂的现象，呈现出许多具体的形态，而且在不同的社会生活领域中的发展也各不相同。《新教伦理与资本主义精神》一书意在探讨那种特殊的、具体的理性思想和生活方式到底从何而来，由此衍生出天职观念和在天职观念中为劳动而献身的思想……

韦伯指出，"天职"观念是到了宗教改革时期才出现的。在天主教中或是在古代，都未发现有这种概念或它的同义词。天职概念的重要意义以及它在新教信仰中的使用方式，是要将日常生活中的世俗事务置于无所不包的宗教影响中。个人的天职就是要通过其日常生活中符合道德的行为来完成他对上帝的义务。这就迫使新教远离天主教排斥世俗而隐修遁世的理想，进入对世俗的追求。但是，路德教的教义不能看作资本主义精神的主要来源。宗教改革在引进天职观念和由此将世俗活动的义务性追求置于人生舞台的中心方面起了根本性的作用。

然而，路德教关于天职的思想在某些方面还保留有传统主义的特点。天职思想的进一步发展完善是后来新教诸教派努力的结果，它们形成了韦伯称为"新教禁欲主义"的各种不同分支。

韦伯把新教禁欲主义分为四个主要分支：加尔文教、卫理公会、虔信派和浸礼派。这几个教派之间关系密切，往往无法清楚地区别开来。韦伯关于新教禁欲主义的讨论并不是要对其教义做全面的历史性描述，而只是关注其教义中那些对个人的实际经济行为有重要影响的因素。他分析的最重要部分集中在加尔文教上，但不仅仅集中在其教义上，还集中在大约16世纪末以及17世纪的加尔文教徒身上。

三、与传统主义的诉求不同

当列出赞成资本主义的种种理由时，经济学理由会立即出现。从19世纪前半叶直到现在，那些掌控资本主义制度的人岂不是一开始就着眼于经济学——特别是它的主流（古典与新古典）——来寻求正当性吗？他们发现其论点的力量，正在于它们是作为非主流意识的，并非直接听命于道德动机，尽管他们提到的最终结果一般都符合最为公正和大多数人福利的理想。正如路易·迪蒙所表明的，经济学的发展，不论是古典经济学，还是马克思主义，都有助于构建一项对世界的说明，它与传统思想相比是极其新颖的，标志着社会结构的经济方面同它们最为独立领域的构成彻底分开了。这就有可能在实质上相信，不认为这种看法本身就是一种意识形态行为的产物，而且它的形成也结合了正当性的理由，然后用科学话语来局部加以伪装，而今继续的实际法则则由此服务于共同福祉。

尤其是，追求个人利益可服务于总体利益的观点，始终是一项巨大的、持续不断努力去实现的目标。它在古典经济学的整部历史上被提出来，并贯彻始终。道德与经济学之间的分离，以及将基于实用计算的一种结果主义道德的同样姿态结合进经济学，就有可能完全凭借经济活动有利可图这一事实而提出对他们的道德鼓励。如果为了更清楚地解释我们所感兴趣的经济理论是发展的目的，就可以把功利主义结合进经济学，就能够自然地认为有利于个人的，必有利于社会。以逻辑推理，产生利润的（从而有利于个人资本家的）也有利于社会。

在这种情况下,不问受益者是谁,增加财富是共同福祉的唯一标准。在日常用语中,以及主要负责说明经济活动的人们——公司领导、政客、记者等——的公开谈论中,这种文本就能够把个人(或本地)利润同总体福利结合起来,即以一种既紧密又含糊的方式避开对接力活动的正当性要求。它认为,不言而喻,建立一个贪婪社会所付出的特定(但并非容易计算的)道德成本(为物质利益付出的情感,这种成本仍然为亚当·斯密所关切)已被积累的可记利益(物质福利、保健等)充分抵偿。也可以指出:财富的总体增加,不问其受益人是谁,是共同福祉的一项标准。正如一国的公司以利润率、活动和发展的水平来衡量日常健全情况,它是该国社会福利的衡量标准。为把个人物质提升作为社会福利的一种标准而付出的巨大社会努力,已经使资本主义取得空前的合法性。

经济学的著作同样能辩称,在追求物质福利的两大不同经济组织间,资本主义组织是最有效的。自由企业和生产资料私有制,事实上从一开始就把竞争或竞争风险引入。从它存在的那一刻开始,竞争就是顾客们以最低花费取得最佳服务的最确实的手段了。同样,虽然资本家着眼于资本积累,但他们发现,自己要达成这一目标,就必须满足顾客。因此,竞争性的私人企业总是认为比非营利组织更有成效和效率更高。一切服务的私有化和最大限度的商品化看上去是社会的最佳解决办法,因为它们减少资源浪费并要求预见顾客的期望。

除了效用、总体福利与进步的主题(它们在两个世纪中以不变的方式被应用,并因能以无比的效率提供货物与服务而具有正当性),显然应提出资本主义的解放力,以及伴随经济自由的政治自由。这里提出的种种论点指的是:与奴隶制相比的工资制所代表的解放,私人财产所允许的自由范围,或者当代政治自由只零星存在于公开和根本反对资本主义的国家的事实——即不是每个资本主义国家都拥有政治自由。显然,在资本主义精神中不把资本主义的三大中心支柱包括在内是不现实的,即物质进步、满足需求的效能与效率,以及有助于实行与自由政治制度相一致的经济自由的社会组织形式。

这正是由于它们长时间以来非常普遍和稳定的性质,在我们看来,这些理由并不足以使普通老百姓在生活于具体工作的环境中参与资本主义,或者使他们掌握某种资源来面对可能向他们现场提出的谴责或批评。工薪收入者个人显然并不会由于其劳动增加了国家的生产总值、改善消费者福利，或者由于自己处于一个能为自由企业和生意提供地盘的制度中而真的欢欣鼓舞。这是因为，他们发现难以把这些总体好处同他们及其亲密者所管理的生活条件和工作条件联系起来。除非人们充分利用自由企业的可能性而直接致富，而这只是保留给极少数人的，或者由于他们乐意挑选工作、享有宽裕财力而能充分利用资本主义提供的消费机会。对于参与资本主义的建议，还缺乏大量的中介来开发想象力，并体现在日常的事业和行动之中。

相比所谓的(以韦伯的用语)教授式资本主义，它是在高处炫耀新自由派教义，而我们所关心的资本主义精神的表达，必须结合非常实在和详尽的描述，并包含充分的收益内容，以使得听众"兴奋起来"。换句话说，它们必须既合乎人们日常生活的道德经验，又提出他们能掌握的行动模式。我们将看到，资方管理话语(它说得既形式又历史，既普遍又局部，把一般概念同典范榜样混合起来)在今天成了资本主义精神结合和接纳的卓越形式。

资本主义精神在历史上变化极大，因此，每个时代特有的资本主义精神必须提供办法来缓和以下三个问题所激发的焦虑。其一，如何使参与积累过程的承诺具有热情，甚至对那些非营利的主要受益者而言。其二，卷入资本主义世界的人们在多大程度上能保证自己和子女最低限度的保障。其三，如何以共同福祉为条件来维护经营参与资本主义公司的正当性。当被谴责为非正义时，如何来捍卫其所作所为和经营方式。

四、与传统主义的形态特征不同

资本主义精神的第一种特征：19世纪末，存在于小说和社会科学中，它关注于资产阶级企业家任务及资产阶级价值观的描述。企业家形象、产业界巨头、征服者，涵盖了这些肖像的英雄成分，强调的是赌博、投机、冒险、创新。在更广的范围内，以更多的社会类型，资本主义冒险者首先体现在地域或地理上的解放，这是由于交通和雇佣劳动手段的发展而造成的。它使年轻人可以从当地社区解放出来，从被束缚的土地和家庭中解放出来，挣脱村庄、贫民区及种种形式的人身束缚。回过头来，资产阶级人物与资产阶级道德在处事的组合中提供了保障的成分，使新颖的经济倾向（贪婪或吝啬，积蓄的精神，把日常生活各方面加以合理化的倾向，发展记账、计算、预测的能力）与传统的素质癖性相结合：重视家庭、血缘、遗传、女儿的贞操，以避免不适当的结合和资财分散；与雇员的家族式或宗法式关系——后来被驳斥为家长制；在一般小型公司中，这种形式仍然是人身从属，其作用相当于救济穷人疾苦的慈善事业。

至于追求更大普遍性和建构共同福利的正当性，较少归功于经济自由主义、市场或科学的经济学，而更多的是由于对进步、未来、科学、技术的信仰及工业的种种好处，在追求进步时使用一种庸俗功利主义，以证明市场所要求的牺牲是正当的。正是这种把非常不一样的、不相容的倾向与价值观混为一体——渴求利润与道德、贪婪与慈悲、科学主义与家族——才是佛朗索瓦·菲雷提到的资产阶级自我分裂的根源所在，是资产阶级精神中最受长期、一致谴责的东西：伪善。

资本主义精神的第二种特征，在20世纪30年代和60年代之间得到了充分发展。这里强调的主要不是企业家个人，而是组织。20世纪初集权的、科层主义化的工业大公司，规模巨大，它的英雄人物是管理者。不像股东设法增加个人财富，他关心的是无限扩大他所负责的公司的规模，为了发展大规模生产，以规模经济、产品标准化、工作合理组织及新技术为基础，来扩大市场（销售）。尤其使年轻毕业生"激动"的是，这些组织提供取得权利地位的机会，并可借此来改变世界；对大多数人来说，大规模生产和必然的大规模消费，可以摆脱需求束缚，并实现种种欲望。

根据这种看法，提供保障是靠理性和长期计划的信念，那是管理者们的主要任务。组织的巨大，不但能为管理者事业前途构建保护环境，而且能以军队方式照顾职工日常生活。至于所谈到的共同福利，要提供它，就不但要和工业秩序的理想做妥协，而且要和一种公民理想做妥协。前者由工程师体现，信仰进步，寄希望于科技、生产率和效率；后者则强调制度性团结，生产、分配和消费的社会化，以及大公司和国家在追求社会公正方面的协作。带薪经理的存在和各类技术人员的发展，或者因工薪收入者权利的发展，以及在员工管理方面存在限制雇主特权的科层制规章，只是公司所有权受到限制。这些事态的发展都被解释为自我不能治愈深刻变化的诸多标志，其表现为：阶级斗争的冲淡，资本所有权与公司控制权之间的分离(转移至技术结构),以及由社会公正的精神所推动的一种新资本主义出现的迹象。我们将回过头去来谈资本主义"第二种"精神的特性。

资本主义精神的变化,就这样与工人的生活状况、工作状况和期望(不论是对子女还是对自己)的深刻改变协同前进,工人在公司的资本主义积累过程中起作用,但不是它的特权受益者。今天,学术资历提供的保障已经缩小,退休金遭受威胁,事业不再得到保证。"第二种"精神的动员力是成问题的,而积累的形式已再一次发生深刻的转型。如果接受我们的分析,就可以看出当前形势中一个可能的意识形态趋向,因为它的基础是制度的生存能力,并限于在资本主义体制架构内进行调整。在共产主义幻想破灭后,现在已不存在可行的出路,即使是在理论上。在发达国家中形成一种资本主义精神,更能吸引支持(从而也更加导向公正和社会幸福),以期在最低程度上促使中产阶级重新奋起。

我们看到,"第一种"资本主义精神是和资产阶级人物相关联的,是在很少追求巨大规模的时代里,与主要是家族形式的资本主义相一致的。老板和雇主个人都是他们的雇员所认识的,公司的命运和生存都和家族兴衰紧密相连。至于"第二种"精神,它是围绕董事(或带薪经理)和干部等中心人物组织起来的,是与大公司资本主义紧密相连的,这些公司已经充分实现了科层化,并使用为数众多的和学术上日益称职的管理人员作为其中心成分。但是,只有少数公司可以被称为多国公司。持股越来越非个人化,许多公司发现自己脱离了特定家族的名字和命运。接下来,"第三种"精神必须与全球化资本主义同型和实用新技术,这两方面是今日资本主义最常谈的特点。

20世纪30年代后半叶出现的意识形态危机,导致"第一种"精神的势头消退,危机的出路难以预测。我们当前正在经历的危机也一样,需要恢复积累过程的意义,并把它同社会公正结合起来。没有一个市场经营者首先愿意向他雇用的人提供美好生活,因为他的生产成本会因此增加,他在和同行竞争中会处于不利地位。另一方面,就整体而言,资本家阶级在总体方案上信守对创利职工(特别是干部)的承诺却又是其利益所在。因此,我们可以估计,资本主义"第二种"精神的形成及其在各种机制中的体现,主要取决于当前占主导地位的多国公司的利益,它们在世界体系的中心保留一个和平地带,用作干部培植,干部在那里成长发展、生儿育女、安稳生活。

五、与传统主义不同的宗教渊源及其发展

现代资本主义精神——总的来说也是现代文明——的构成成分之一,就是在天职观念基础上对生活进行的理性组织,它产生于基督教的禁欲主义精神。

1. 从传统经济伦理到新教伦理

如前所述,前资本主义精神和资本主义精神之间的差异并不在于某种赚钱动力的发展程度。对于金钱的贪婪古已有之,但是我们应该看到,那种完全屈从于这一贪婪并使之成为一种不受控制的冲动的人,比如"为了寻觅财宝甘愿下地狱,纵使地狱之火烧焦了船帆也在所不惜"的荷兰船长,绝对不可能成为(富兰克林)那种心理状态的代表人物。正是这种心态孕育了独特的资本主义精神,而这正是问题的关键。韦伯在宗教和经济之间找到了一个交错点,他把这个现象当作"历史的事实"来处理,提出了不少相关佐证。基督新教伦理中的"天职"思想,促成了新教徒积极地向传统主义挑战,激发"资本主义精神"而彻底改变了世界的面貌。

韦伯在探寻资本主义精神之祖的过程中,从两个角度分析研究了中世纪的加尔文教、路德教以及禁欲主义新教的教会和教派:宗教信仰在多大程度上能够形成推动力,从而产生出一种条理性的理性生活组织;它又在多大程度上对系统的经济活动给予了心理上的回报。随着讨论的展开,他确信:"只有庞大人群中极端严格而连续的条理性活动,才有可能引发一场对传统经济伦理的'革命'。为了某种目标而积累财富的工具主义行为,不可能具备引发这种革命所必需的持久能量。"[①] 由此可见,韦伯所论及的资本主义精神,并不是仅仅作为现代经济组织形式的资本主义制度本身,他关注的重点是作为决定和主导现代人的基本生活方式的心理动力。在韦伯看来,这种心理上的动力就是资本主义精神。因而在他对新教伦理与教派的考察中也明确指出,它的目的并非在

---

① 马克斯·韦伯:《新教伦理与资本主义精神》,阎克文译,上海人民出版社,2018,第103页。

宗教信仰领域有所发现或梳理，而是在于考察那些经由宗教信仰与宗教生活的实践而产生出来的心理动力，此种心理动力为生活样式制指定了方向，并让个体固守这样的方向。

韦伯强调，天主教会承认人的不完整性，并提供了一种缓解人焦虑感的机制：告解圣事。通过向教士倾吐良心上的负担并践行教士强加的补赎，虔信者就以"簿记"方式管理自己的生活，即罪行可以通过践行善举作为补赎而被抵消。这样，平信徒天主教的特征是罪、苦修和宽恕的循环。这是"一系列单独的行为"，而非严格系统指导下的生活方式给予的不间断的心理回报。言外之意，只有那些"宗教'精英'"——修道士和修女——才会按照一种条理化的理性方式阻止自己的生活，但他们却始终隐身于"尘世之外"的修道院里。"天主教始终以高度消极的态度看待商人和实业家，认为他们贪得无厌，把财富置于上帝、王国之上，从而陷灵魂于危境，而且他们剥削他人以牟取经济利益也与博爱和群体的休戚与共等基督教伦理格格不入。一个毫不含糊的箴言可谓尽人皆知：商人的为人也许无罪，但却不可能令神愉悦。在韦伯看来，天主教奉行的是传统主义经济伦理。"[①]

路德教废除了天主教为僧侣信徒铺设的忏悔及平行的救赎之路，从而拉开了与中世纪天主教的距离。不仅如此，路德还引进了通过信仰层面而得救的观念作为教义的支点，即忏悔的谦恭，一种内敛的虔信心态和对上帝的信赖，这就给予信徒一种不同质的心理回报。此外，在韦伯看来，尤其突出的是，路德还引进了这样一种观念："天职"中的劳动乃是上帝的安排，信徒实质上是奉上帝之召从事某种职业或者特殊的劳动，因而是应尽的义务。然而，韦伯在这里并未发现资本主义精神的宗教来源，因为在路德看来，所有天职都具有同等价值，对职业流动并没有给予心理回报。

另外，路德从来没有赞美过职业"成就"或者天职标准之外的劳动强度。相反，人的宗教义务就意味着可靠、正确、有效地完成职业本身所要求的任务和责任。实际上，这里出现的是一种"职业生活的道德合法化"，而且所有信徒的

[①] 马克斯·韦伯：《新教伦理与资本主义精神》，阎克文译，上海人民出版社，2018，第104页。

世俗活动与生活都为一种宗教尺度所渗透。由此便迈出了与天主教分道扬镳的关键一步。但是,把生活作为一个整体加以系统化在路德那里并没有出现。终于,由于上帝牢牢确定了每项职业以及人生地位的界限,路德认为,超出这个水平的获利在道德上就是可疑的,而且是有罪的。韦伯的结论是,归根结底,路德教的经济伦理基本上都是传统主义的,这尤其是因为,它保留了天主教的博爱伦理,因此与市场关系的非个人交换特性格格不入。于是,"韦伯转向了禁欲主义新教——17世纪的清教教派和教会,其中最突出的是加尔文宗、虔信派、循道宗以及为成人洗礼的各个教派(浸礼会、贵格会及门诺派)。他相信,加尔文宗的新教伦理最为清晰地体现了资本主义精神的起源"[①]。那么,这种新教伦理又是如何产生的?

加尔文宗与清教主义:16世纪,约翰·加尔文系统阐述了一套教义——得救预定论。"绝对超验的上帝"一劳永逸且不可改变地"预先确定"了只有极少数人能够得救,其他所有人将统统被罚入地狱。无论信徒是忏悔罪孽、力行善举,还是热心慈善公益事业,他们的活动都不可能改变这种双重天命(即少数人得救,其他人统统被罚入地狱)。换言之,人得救的身份是事先注定的。忏悔罪孽或者由教士为罪人赦罪都已不再可能,因为加尔文废除了"告解圣事"。韦伯认为,得救预定论教义导致信徒产生大规模的宿命论、孤独感和焦虑感。于是,他转向了加尔文以后的禁欲主义新教徒——清教徒,他们始终在竭力以各种方式应对得救预定论的这种凄凉结局。

韦伯发现,在17世纪对加尔文教义进行的重新阐述,引人注目却又出乎意料地导致信徒们最终认可了一种"尘世主宰"的精神气质,并使自己的全部生活都以劳动和物质成就为取向。最终,清教主义产生了一种"新教伦理"。一是信徒对自身行为的严格组织,其结果是他们最终引导了一种受到严格控制的条理化理性生活;二是对生活加以系统组织被引向了天职中的劳动、财富和利润。16世纪、17世纪的禁欲主义新教神学家无不强调,尘世的存在就是为了服务上帝的荣耀。短暂人生之目的就是要奉献于在尘世创造上帝的王

[①] 马克斯·韦伯:《新教伦理与资本主义精神》,阎克文译,上海人民出版社,2018,第105页。

国。如果上帝在地上的世界变成了富足、丰腴和共同福祉的世界,那么肯定是他的仁慈与正义使然。那个模范"山城"想必就是信徒们为了上帝的荣耀所建。一个贫穷匮乏的王国只能是对上帝的侮辱。创造上帝的繁荣王国与共同福祉,最重要的手段就是劳动,这使劳动获得了一种特殊的尊严,足以使上帝更加伟大。上帝的赦令是,即使富人也必须劳动,而圣保罗的箴言"不劳动者不得食"被清教徒理解为上帝的律法。上帝则会因为信徒们在职业天职中积极执行他的意志而高兴,所有论述禁欲主义的文献都充满了这样的观念:忠实的劳动最能使上帝愉悦。勤奋劳动对于17世纪的清教徒就具有了一种毫不含糊的重要意义。

韦伯强调说,产生于宗教领域的对劳动的心理回报甚至使它更有条理。现在,劳动直接变成了神圣的行为,甚或就是天意。它获得了一种宗教价值。当"信仰的证明"观念与劳动难以分解地交织在一起时,加尔文主义便使得系统的劳动和宗教信仰产生了更强有力的联系。作为个人得救标志的条理性劳动,在加尔文主义教徒的宗教生活中,劳动便有了举足轻重的意义。一个人在职业天职中持续不懈刻苦劳动的活力,归根结底也必定是来自强烈的笃诚信仰,而这种信仰就是源于全能的上帝的指引。

这样,不管是对于信徒还是其他人,刻苦劳动都可以证明与神及神助的内在精神相联系。忠实劳动的能力便获得了更高的宗教评价。如果信徒以条理性方式努力劳动并且发现了这样做的能力,那就可以认定是上帝青睐他们的标志。在得救的焦虑支配了信徒的生活并威胁到他们精神稳定的时代,寻找赐福的标志,这其中就包含着一种强大的力量在推动着信徒从事有纪律的天职劳动。诚如韦伯所说:"把劳动视为一种天职,视为信徒确认自身得救状态的最佳手段(归根结底往往还是唯一的手段),这种观念便产生了一种心理上的驱动力。"[①]而且,在一项职业天职中孜孜不倦、持之以恒的系统劳动,将会得到这样的宗教评价——它绝对是信徒证明自身特选身份的最高的禁欲主义手段,同时也是提出这种证明最可靠、最显著的手段。这样,条理性劳动就被极大地

---

① 马克斯·韦伯:《新教伦理与资本主义精神》,阎克文译,上海人民出版社,2018,第112页。

神圣化了,而且,"视劳动为'职业天职'成了现代工人的特征"。显然,"恰当而系统地从事劳动并正确地把劳动置于信徒生活的中心位置,以这种方式落实对劳动的认识,足以成为一个颠覆传统经济伦理的有力杠杆"[①]。

实际上,韦伯发现:"条理化理性生活组织的一个更加牢固的基础,早已出现在清教牧师们的著作中了,他们把至关重要的得救确定性与天职中的条理化劳动、系统地追求财富和利润直接联系了起来。"[②] 这种联系就是韦伯关注的核心问题,也是他论述经济传统主义被颠覆和新教伦理应运而生的关键所在。

克服自然状态、入世禁欲主义的出现和新教伦理的今世取向,使以往的世俗功利主义活动成为天意的反映。这就是韦伯分析的三个核心方面,是他研究新教伦理之由来的关键所在。此外,凡是有力增强这种伦理能量的一切因素,凡是有力对抗并淘汰传统经济伦理的一切因素,都在为资本主义的发展提供正面的推动力。在《新教伦理》中,这种推动力统统汇入了"资本主义精神"。韦伯坚持认为,新教伦理"共同参与了"资本主义精神的形成。

2. 从新教伦理到资本主义精神

消除源远流长、根深蒂固的经济传统主义,需要某些在质的方面比经济利益和营利取向的手段—目的理性行为更系统、更密集的行为模式。韦伯已经指出,贸易、商业以及追逐财富都是普遍存在的现象。企业家的精明和"商人的老练",以及所有理智的飞黄腾达之道,在任何时代与文明中都是随处可见的。然而,它们几乎不可能根除传统主义经济伦理,甚至同样随处可见的超凡魅力冒险型资本家,也无力削弱经济传统主义。

韦伯强调说,清教徒对待劳动、财富和利润的极端条理性取向,最终还是到世俗之外、在得救问题上确定了立足点,事实证明这对于引发变革具有决定性的意义。宗教价值观激励下的行为,以及对职业经济活动给予统一的宗教基础上的心理回报,仅此一点就足以根除传统经济伦理。他认为,以这种内聚力

---

① 马克斯·韦伯:《新教伦理与资本主义精神》,阎克文译,上海人民出版社,2018,第113页。

② 同上书,第109页。

为特征的群体，其统一的、专心致志的伦理行为，必定会明确有别于手段—目的的理性行为，不管后者是多么强有力的行为。清教徒雇主和工人成功地以新教伦理取代了经济传统主义。他们的坚忍不拔和"持久复原力"就是植根于对生活的条理化理性组织之中。劳动是被一套"具有内在约束力"的宗教价值观"从内心"激发出来的，从而产生了"围绕伦理原则加以组织的生活"。就是这样的生活最终淘汰了传统经济伦理。

正如韦伯在其他场合指出的那样："真正的基督徒……唯一渴望的就是成为上帝的工具，他会从中找到自己的尊严。正因为这就是他的渴望，所以他才成为理性改造和控制尘世的有益工具。"①渗透到清教徒经济活动中的伦理尺度不仅是与经济传统主义针锋相对的"革命性力量"，而且推动了现代资本主义的发展。韦伯认为这就是新教伦理所发挥的作用。他特别强调的是禁欲主义信徒对生活的条理化组织，以及生气勃勃地把集中在天职上的活力引向劳动、财富和利润。通过行为验证信仰的必要性，寻找个人得救状态的标志，过去的纯功利活动转而变成了天意，以及资本家追逐利润时的新发现——问心无愧，这些都是他一再特别提到的现象。韦伯还注意到，清教徒注重朴实节俭的生活，注重约束消费(特别是奢侈品消费)，注重储蓄，注重把盈余收入用于投资，他们知道，这些投资都是出自全能的上帝之手，应当仅仅用于完成上帝的旨意。沉溺于情欲，追求虚夸的生活方式，都会妨害信徒以上帝意志为唯一取向，妨害他们作为上帝的工具完成在地上建立公正王国的任务。信徒们自视为是在尘世托管上帝的财富，因此，享用这些财富就会"受到道德谴责"，只有劳作，而不是悠闲享乐才能有助于增加上帝的权威。

此外，由于清教徒认为封建贵族不近上帝而且颓废，欧洲暴发户中普遍出现的购买贵族头衔、模仿封建领主生活方式，就不可能对这些新教伦理的传播者产生任何吸引力。他们拒绝这种"财富的封建化"，因为获取一块乡间土地兴建宅第将会妨碍把财富再投资于商业。他们知道，财产必须被用于生产目的以增加财富。韦伯还强调："新教伦理产生了一支极为勤奋的劳动力大军。由于他

---

① 马克斯·韦伯：《新教伦理与资本主义精神》，阎克文译，上海人民出版社，2018，第120页。

们坚信勤奋劳动有助于实现上帝的规划,所以,虔诚的劳动者不仅是有纪律的和可靠的,而且是心甘情愿的。他们'通过履行职业天职中的劳动义务……不遗余力地寻找上帝的王国'……这必定会提高劳动'生产率'。清教徒'为自身优越的商业道德而自豪'。"①

总之,清教徒尘世取向的行为彻底理性化之后,最终又变得"程式化"或趋于弱化,但这种禁欲主义新教却产生了一种方向明确而且是有组织的生活。韦伯认为,这种生活在今天的"经济人"当中也仍然是根深蒂固的。作为这种条理化理性生活取向的"唯一且始终如一的载体",清教徒"为资本主义创造了合格的'灵魂'——'职业资本家'的灵魂"。可以说,道德上一丝不苟的禁欲主义的新教伦理与"现代资本主义文化"及"经济理性主义"②之间的内在亲和力是存在的。在韦伯看来,"清教徒的理性劳动伦理为现代资本主义的发展提供了强有力的支持,'新教伦理'对于现代资本主义发展的重要意义显而易见"。③

新教伦理是通过17世纪新英格兰、荷兰和英国的若干共同体得以传播的。有纪律的、刻苦的职业劳动和坚定奉行清教价值观而带来的财富,标志着一个人已经成为特选的上帝子民。到一个世纪之后的富兰克林时代,新教伦理已经不再只是教会和教派培育的伦理了,而是已经普及了各有关的整个共同体之中。然而,它的扩张却削弱了它的宗教基础上的伦理成分,并把它改造成为一种具有功利主义特征的精神气质。韦伯认为这种精神气质就是资本主义精神,它包含着这样一套价值观念:个人有义务使自己的资本增值,有义务把劳动视为一种理性而系统地贯彻在天职中的目的本身,有义务永不停歇地赚钱(而不是用金钱享乐),把物质财富看作"胜任和精通职业天职"的标志。秉持这种精神的人们,比如富兰克林,与其说在他人眼中是得救者,不如说仅仅是

---

① 马克斯·韦伯:《新教伦理与资本主义精神》,阎克文译,上海人民出版社,2018,第121页。

② 经济理性主义:该术语指西方在16世纪、17世纪发展起来的资本主义。它意味着利用科学以求系统的组织劳动和整个生产过程,从而实现生产能力的数量增长。

③ 马克斯·韦伯:《新教伦理与资本主义精神》,阎克文译,上海人民出版社,2018,第122页。

以共同体为取向的、具有优良道德品质的公民,他们不屈不挠的品性可谓一目了然,但不再是服务于验证坚定信仰,而是高贵、尊严、诚实和自信的表现。与其说富兰克林是个信徒,不如说是这种精神的化身,因为他是一个"平淡无奇的自然神论者"。韦伯认为,富兰克林操守的由来,无论如何不能仅仅定位于实用主义考虑、商业精明、功利主义计算乃至贪欲,因为禁欲主义新教伦理也在其中发挥了作用。韦伯强调说,实际上,富兰克林组织和指导自身生活的那种方式所包含的伦理成分,就可以进一步证实这种解释。

这种情形到18世纪有了很大转变。随着道德行为的宗教根基逐渐被削弱,清教徒的道德价值观超越了最初的社会载体,禁欲主义新教教会与教派,扩展到了另一个载体群:新教徒家庭。这些价值观在新教徒家庭中伴随着儿童的社会化全过程,即便出现了世俗化过程,情况也依然如此。父母会教导子女要条理性地确立生活目标和组织自己的生活,要自力更生塑造自己的命运,要按照道德标准为人处事,要有尊严地从事劳动。他们会鼓励子女追求物质成就,要向更高社会阶层流动,要朴实节俭地生活,要把财富用于再投资,要着眼于未来和它所提供的"机遇",要明智地安排利用时间——富兰克林在他的著作中就是这样告诫的。家庭也会强调个人成就,商业交易中的诚实与公平、禁欲主义个人习惯、系统性的职业劳动以及努力竞争的重要性。儿童在这种人际关系中接受了社会化熏陶,并以节制、沉静的方式自我表现,而这就涉及一整套指导性的价值观。一系列道德价值观和行为模式就是这样代代相传的。教会与教派不再是这种有组织生活的唯一社会载体。家庭,甚至共同体组织,包括学校,也会培育自己的典型价值观和行为方式。

因此,每一代新人都会继续接受前人受到的那些影响,实际上,禁欲主义新教教派与教会趋于衰落之后,最初由这些宗教组织称赞的那套价值观也依然长期指导着人们的行为准则、共同体规范与价值观、家庭习俗和传统,在美国完整地保留了下来。然而,韦伯指出,这种资本主义精神的祖先并不是"今世"的,而是"来世"的,即新教伦理:"清教徒的信仰之诚笃,对于我们这里称之为资本主义精神的人生观的扩张,肯定发挥了可以想象的极为巨大的杠杆作用。""现代资本主义精神——总的来说也是现代文明的构成成分之一,就是在天职观念基础上对生活进行的理性组织。它产生于基督教的禁欲主义精神。"①

3. 入世禁欲主义的实用伦理

韦伯认为,清教徒与天主教徒对待世俗生活看法的差异,并不是由于对救赎观念的改变,而是对获取救赎的方式以及与此相关的对世俗的评价发生了改变。清教徒在信仰上并不以世俗为关怀,因而对世俗生活并未失去眷恋之情,相反,只把世俗生活当作救赎之途的一个中间必经阶段,是用来显示上帝恩宠和荣耀的舞台。清教徒的本意只是努力在世俗职业中恪尽天职,客观上却导致了世俗生活方式的理性化。这是来源于信仰支配世俗生活,使之成为一种"在世俗而不为世俗",也不属于世俗的理性生活。它导致信徒在心理上产生摆脱与既定社会秩序相适应的传统主义、摒弃充满巫术和各种神奇力量的世界观,这就是新教伦理通过社会心理改变世俗生活的原因。于是,"入世禁欲主义不但赋予出世禁欲主义所反对的世俗经济活动以伦理意义,而且它本身又凭借这种伦理意义反过来把世俗经济活动进一步理性化"②。

因此,"作为提供这种真实证明的领域,禁欲者身处其间,就变成了他必须理性地履行的天职。结果,尽管享受财富对禁欲者来说是禁止的,但致力于经济活动变成了他的天职,这不仅真正地把伦理要求理性化,而且还与严格的合法性相吻合,如果谋求获利的活动取得了成功,则被看作上帝对信徒劳动赐福的显示,也就表明了上帝对他的经济生活方式的嘉许"③。于是,本来具有浓厚宿命色彩的神学"预定论",却通过"天职观"这一社会心理的媒介引发出了新教徒的功利主义社会行动,客观上促进了社会生活的理性化。"被传统历来鄙视的经营商业活动,现在却取得了宗教伦理和社会伦理的普遍认可。"④

"一旦这种入世禁欲主义的天职观风行开来并成为人们的普遍心态,作为一种价值取向而成为人们的社会行动的直接驱动力,便会最终导致形成冷静、

---

① 马克斯·韦伯:《新教伦理与资本主义精神》,阎克文译,上海人民出版社,2018,第125页。
② 苏国勋:《理性化及其限制——韦伯思想引论》,商务印书馆,2016,第123页。
③ 马克斯·韦伯:《新教伦理与资本主义精神》,阎克文译,上海人民出版社,2018,第543页。
④ 苏国勋:《理性化及其限制——韦伯思想引论》,商务印书馆,2016,第123页。

禁欲、勤勉、刻苦、进取、工于计算且具有强烈的劳动能力和欲望,坚信劳动是上帝指派的人生义务的"职业人"的人格特征,这就是资本积累时期中产阶级的人格特征。"[1]"一切为了增加上帝的荣耀""聆听上帝召唤而工作",遂成为他们的人生箴言。反之,逃避世俗工作和懈怠则是缺乏上帝恩宠的表现。只要手段合法,营利不仅不违背道德,反而是责任伦理的本质体现;财富不仅不是罪恶,反而是恪尽天职的报偿尺度。质言之,"把赚钱视为人有责任实现的目的本身,视为神的召唤的思想,与任何时代的道德情感都是对立的。"[2] 换言之,"预定论"的宗教教义通过"天职观"的社会心理把新教徒造就成一切为了上帝的天国服务的劳动者——"职业人"。

作为一种社会心理的天职观对人们思想方式的影响,是指清教徒的入世禁欲、反巫术、反情绪和反想象几者紧密结合的加尔文宗的精神特质。尽管韦伯不否认生活方式对思想方式的影响和作用,但他是从精神因素方面着眼立论的,目的是通过对宗教教义的基础分析,论证为什么以新教天职观为体现的资本主义精神不会首先产生于以加尔文学说为旗帜的新教改革派为主要信仰的清教徒那里。韦伯经过考察后认为,不仅在天主教和新教中,就是在同属宗教改革后的新教不同教派中,禁欲的思想方式也有差别。

中世纪天主教的宗教仪式和圣事多有充满美感的戏剧场面,教阶制的各级僧侣(由主教、神父、助祭三个品位组成)以上帝和人之间的代祷者身份主管教会和统领各种圣事,以富有戏剧场面的仪式为神圣的象征,引导人们对之顶礼膜拜,在一种想象的幻觉中把现世与神圣相联系。在清教徒看来,现实中的一切均无神圣可言,对非神圣事物的膜拜则是对真正神圣的亵渎。为此,他们和犹太人一样,反对以任何活人为神圣或神圣的象征而加以崇拜。"纯正的清教徒甚至反对在墓地举行宗教仪式,为了不使迷信、巫术和圣事以得救的心理从暗中渗透出来,他们即使在安葬亲朋好友时也不唱圣歌和举行任何仪式。"

在实践上,他们奉行"因信称义"比路德更彻底且首尾一贯。路德宗信徒可

---

[1] 苏国勋:《理性化及其限制——韦伯思想引论》,商务印书馆,2016,第123页。
[2] 马克斯·韦伯:《新教伦理与资本主义精神》,阎克文译,上海人民出版社,2018,第73页。

以通过想象感到自己是圣灵的"容器"（即载体），而企图达到一种与上帝的"神秘结合"，它导致了某种有神秘主义和情绪主义倾向的宗教生活。清教徒视自己为"上帝的工具"，并以此来确认自己的蒙恩状态。他们的行动源于对上帝恩宠的信仰，这一信仰本身转而又通过行动的性质而证明是上帝所赐的。这是一种彻底的"因为信仰"才得到救赎，才能在上帝面前"称为义人"的实践，而与任何巫术和情绪无关。为了给救赎的确证提供某种坚实的基础，信仰必须要用它的客观效果加以证明。换言之，加尔文宗和清教中，宗教信仰和社会行动是相互契合的，亦即有系统、首尾一贯的：信仰必须是一种"有效的信仰"，救赎的召唤必须是一种有效的召唤。

按照"预定论"，既然获救已然成为上帝先定，那么加尔文宗全部教义的核心问题就在于，人如何在世俗世界中证明自己是被上帝拣选的"选民"。这种教义在信徒心中产生了极大的心理压力，唯恐自己在为上帝服务的事业中稍有懈怠而导致失败，从而成了上帝的"弃民"。结果，在信徒心中无时无刻不存在一种敬畏、焦虑的紧张感，反映在伦理上使每个信徒都成为终身禁欲的僧侣。它促使信徒成为一生专注救赎的人，他对自身获救的信心来源于他自己的创造。

但这种创造又与天主教不同，不是依赖于人的个别善行的积累，而是有赖于一种随时随地都面临着被选或被弃的无情抉择所造成的紧张和自我控制。他不能像天主教徒或路德宗信徒那样依靠忏悔等仪式，用此时的善行去补赎彼时的罪。用人的美德或恶行去影响或改变自己命运的想法，是与上帝以绝对自由地作出判决的"预定论"相悖的；用世俗的正义原则去衡量上帝至高无上的判决也是毫无疑义的，因为上帝是绝对自由而不从属于任何规律或法则的。这种"预定论"的教义只关心上帝，而不关心人；上帝不是为了人而存在，但人却是为了上帝而存在，救赎是一些人被上帝选中或被赐予永久的恩典，这一事实也只有作为显扬上帝的荣耀和威严的手段才有意义。因此，对人来说，救赎并无任何喜乐而言，这一点清教徒在世俗生活中具有反情绪主义的本质。救赎完全是个人信仰的事，外界的一切都无可依靠，他人不行、神父不行、圣事和教会也不行，"甚至连上帝也不行，因为就连基督也是为了选民，为了上帝判决的选民的利益而死"。这就决定了救赎之路上充满孤独以及信徒世俗生活的个人主义和悲观主义色彩。

4. 资本主义精神源头之一的民族主义

在经济范畴越来越成为社会生活的基本要素的同时,政治权力、民族强盛或民族威望也全都依赖于这个范畴。丹尼尔·笛福(Daniel Defoe)是18世纪著名的经济民族主义者,他易如反掌地将英格兰民主主义转变为不列颠民主主义。1704年至1713年,有评论指出,笛福出版的《评论》杂志"无疑是当时最重要的刊物",是同类刊物中的第一个,是一份"观点鲜明的杂志……为安妮女王统治下的民众就重大政治和社会问题指明了思考的途径和方法"。

在笛福看来,经济范畴已经毫无疑问成为社会生活的基本要素,政治权力、民主强盛或民主威望全部都有赖于这个范畴。他意识到这是一种新近产生的变化。我们如今认为这一说法与现代经济学的问世紧密相关。笛福在《评论》第2卷第20期中写道:"民主实力现在已经不像过去一样体现在勇猛顽强、骁勇善战上了,致使民主伟大的是民主财富。"① 他也意识到经济过程已经发生了本质性变化,英格兰(即大不列颠)所拥有的明显和无可争议的经济优势得益于这一事实,即英国"贸易"——依然是"经济"的传统代用术语——充分体现了这种变化。他认为英国之所以有别于其他国家,是因为他本质上是个"改进中的国家","改进"就是"进步"的对等物,其经济已是"强盛得几乎令人难以置信的事情",展示出非同寻常的内在发展能力。笛福知道,这种能力以前并不存在。在英国《商业计划》一文中,笛福引入"英格兰商业的崛起、发展和增长"的主题,强调了这种变化的历史先进性,并借助一组富有暗示意味的隐喻来阐明该变化的性质:"要调整这本书第一部分的术语并非易事……我们贸易的崛起、发展和增长,这些词语意味着一种进步,它们必定暗示着一个既定时期,像时代纪元一样,从而该进步可以说有了个起点,或者说比赛的起跑线,所有启动因素都处于完全的平等位置,无论后来获得什么优势,都是参赛者的力量和活力的结果……"②

---

① 里亚·格林菲尔德:《资本主义精神:民族主义与经济增长》,张京生、刘新义译,上海人民出版社,2009,第58页。

② 同上书,第59页。

笛福认为，所有的民主都从事某种贸易，所有的人自古以来就彼此做交易。"但是聚焦于这一点"将使人们返回到枯燥的投机本质和商业的本源上去；这是个无聊无用的主题，所以他的书里要小心地予以回避，读者可能从中观察到，他没有把这本书称为"贸易史"或"英格兰贸易史"，而是《贸易的崛起、发展和增长史》(即经济增长史或现代经济史而已)。笛福的意思如上所述，从那个特定时间起，在贸易启动上早于周边所有的国家，并一直保持着领先位置，它的商业因此达到了所有相邻国家的认可，它超越了世界上所有的国家。

笛福那清晰的想象——各国争先恐后谋求经济霸主地位，换言之，国际竞争成为经济进程的框架，经济进程成为经济史上性质非凡的一页，最后，是英格兰的"起飞"——的确非常惊人。这位《鲁滨孙漂流记》的作者显示出的历史意识，超越了当今大多数经济史学家，其对于经济史学与安全的感悟性更是超越了许多后来的理论家。尽管如此，对他来说，"贸易"依然是一件"一知半解的事情"，在他的一生中，随着他所从事的很多其他项目的进行，他一直努力探求它"隐藏的秘密"。他认为，尤其是在英格兰，应该不遗余力地予以理解，而对这一事关国计民生的重要领域，居民居然如此无知，真是可悲可叹："在一个像我们这样的以贸易为生的国家，在一个因商业繁荣而闻名于世的国家，这一伟大的事业尤其兴旺，无论是国内发展还是国外冒险，再没有什么比我们的人民总体上对商业的物质更为不可思议的了。他撰写了《彻底的英国商人》，旨在帮助弥补这一缺陷，其明确目的就是描绘'英格兰或不列颠产品'，并为商人的利益而'表述合理经济行为的基本箴言'。"[1]

贸易激发了爱国主义并在其他方面提高了英格兰的自尊。贸易也增强了"不列颠民族"的实力，使其强盛，通过航海、地理发现和殖民，"在大不列颠以及美洲大陆……到处都是来自大不列颠和爱尔兰的移民"，贸易取代了现今已不必要的传统的帝国建设手段，比如战争和征服外国民族。笛福声称，与其他国家相比，显然只有少数英国人移民并在其他国家寻求发展，这无非还是贸易使然，国内贸易的发展以及王国的制造业和生意使穷人得以就业，他们享有丰

---

[1] 里亚·格林菲尔德：《资本主义精神：民族主义与经济增长》，张京生、刘新义译，上海人民出版社，2009，第60页。

厚的薪水,过上了好日子。人民的繁荣、商人和劳动阶层的富裕,的确已经成为另一种民族特性,而且这一点如此可敬可叹,如此值得称道,以笛福之见,即便是大书特书也丝毫不会令人生厌。所以他一再论述之,除了在其他文章里畅谈以外,在《彻底的英国商人》中指出,待在国内从事相同的贸易,也是这里的人们生活幸福的原因。因为节约不是英格兰的民族美德(请注意,又是对新教伦理观点的抨击指责),所以人们能挣会花;因为他们工作勤奋,所以生活幸福、饮食讲究、穿戴舒适、居住温馨。一言以蔽之,英格兰从事劳动生产的人们丰衣足食、生活安康、安居乐业,胜过欧洲任何国家的贫苦劳动大众;较之于任何其他国家,他们的工资报酬更高,衣食消费更大。

这种由于经济增长所倡导的普遍繁荣反过来又促进了国内市场的扩大,大大增加了总量需求,特别是促成了"穷人的消费",即工人阶级的消费,由此引发了"食品以及国内产品的巨大惊人的消费",从而刺激经济进一步的增长。

繁荣被定为一种民族特色及民族爱国主义自豪感的目标,标志着对经济实力,即对"国民财富"的意义和性质的理解进入了一个重要阶段。较之于包括巴尔本在内的那些英国民族经济主义的前辈们,笛福对国民财富的阐释更富有民主性,而且完全蕴涵了亚当·斯密的个人主义的观念。"国民的财富,"笛福写道:"无疑主要存在于从事贸易活动的那部分人之中"[①],因为他们才是最富有的社会阶层。这就是说,一个民族的总体财富是民族成员的财富,是他们个人财富的集成或总和,而不是国家的经济资源。或者说,国家政权对经济资源的控制以及调动国家财富用于政治和军事目标,是国民成员群体财富的一个功能(而且他们愿意放弃部分财富)。对那些心存疑虑的人,对那些认为事实并非如此的人,对认为经济未必是民族实力、民族荣耀和民族强盛的基础的人,笛福反驳道,是谁支付了巨额惊人的税款,提供了贷款,并且在各种情况下提供了钱财?是谁支撑着那些银行和公司?从税收里征收了哪些税款和消费税?承受战争重负的难道不是贸易和商人吗?支付每年 400 万英镑国债利息的难道不还是他们吗?向谁征收那些资金,又是谁支付了公众信贷呢?难道贸易不

[①] 里亚·格林菲尔德:《资本主义精神:民族主义与经济增长》,张京生、刘新义译,上海人民出版社,2009,第 60 页。

是全部资金的无穷源泉以及整个社会的生存基础吗?

这不是辩解,而是坦率和自信的赞美。笛福给其同胞在16世纪已经开始的赞美加上了他那清晰而激昂的声音,这种赞歌在他的时代"喧闹的商业崇拜"中爆发出强大震撼的哈利路亚之声。这种崇拜,其最高神明是民族国家,其教义认定经济利益等同于民族利益,而正是这种崇拜鼓舞了它的推崇者付出不懈的努力,不仅使他们发财致富,而且赋予他们"气势磅礴的能量,在一个世界内改变了物质文明的面貌"。

民族主义对英格兰经济的影响是巨大的,因为正是将英国重新定义为民族国家,才使经济从传统上隶属于政治及宗教机构的地位中脱颖而出,并得以建构——即体制化——于价值阶层制的顶层。将英国重新定义为民族国家就意味着所有的英国人本质上是平等的,从而将经济职业从传统的基督教思维锁定的烙印中解放出来,尤其是那些定位于追逐利润的职业。血统作为地位基础的重要性在下降,职业声望在很大程度上成了为民族共同利益提供所期待的服务的一种功能。因为国家被界定为一个复合实体,所以国家没有个人意志,而只有其成员意志所构成的意志,并且不存在超越成员利益的利益。因此,共同利益就是最大多数人的利益。显而易见,这本来主要是一个理论问题,因为没有人愿意探究最大多数人究竟如何看待他们的利益,然而民族概念内所蕴含的对大众百姓的尊重却与日俱增,必然反映在对大多数人的需要的巨大关注之上。这就激励了经济活动,并且最终由此产生的繁荣和经济增长体现在英国民族国家的突出特色之中。

繁荣昌盛和充分就业成为爱国义务的问题,它给前者的物质享受增加了某些精神满足感,给后者那难以回避的弊端做出了补偿。尤其是商业和工业对英格兰实力做出的贡献,更进一步强化了这种趋势,使得利润丰厚、效益广泛的贸易受到高度重视,赋予经济以良好的口碑,仅此一点就可以吸引人才。"'商人'一词在基督教欧洲的大部分国家是个受嘲弄挖苦的字眼,而在英格兰,则成为荣耀风光的称号,商业成为地位优越、能力非凡人士的热门职业,而这些人若是在当时的法国或德国,很可能凭他们的才能从事别的行当。在英格兰,获得财富和谋求地位携手并进,正如斯密的远见卓识所觉察到的那样,被出人头地所激发的人士,愿意通过发财致富来满足其虚荣心,然后再把财富变成地位的基础。"①

当然，正是这一特殊的情形激发了斯密，使他在审视人们追求贪婪虚荣所采取的计策时，转而关注国民财富的问题。在攀登成功的阶梯时，这些英国人在其引以为豪的民族主义的驱动下取得了几项成就。他们使民族经济兴旺繁荣，为工业革命做好了准备；他们使自己的国家成为全世界羡慕的对象，并激发起一浪高过一浪的反应性民族主义热潮，其中不乏经济民族主义，由此引导其他国家关注他们的经济学；他们还洗净了金钱上的污垢，使其值得奋斗博取，证明了贪婪与致富无关，强调了物质利益中的利他主义因素，将经济提高到我们当今集体意识所认可的地位之上。斯密说过，民族主义是资本主义精神的源头。

斯密重新予以表述："资本主义精神就是民族主义。民族主义是现代经济发展背后的伦理动力。经济过程在民族意识出现后不久得以重新定位。如果说现代经济在其诞生之际不像两个世纪之后那样茁壮的话，人们应该记得，婴儿也同样如此，所以这不是将生日与成熟时机相混淆的原因。在多大程度上民族主义促进了现代经济的工业转型并成为工业革命动机性杠杆，是另外的问题。重要的是，在工业革命开始之际，英国经济已经有意识地定位于持续增长，并有能力保持持续增长。"②

5. 自由劳动力的理性资本主义组织

西方自近代以来还发展出一种其他地方从未出现过的、极不寻常的资本主义形态：(形式上的)自由劳动力的理性劳动资本主义组织。这在其他地方只能看到些许迹象。尽管不自由劳动力的组织也曾达到过相当程度的合理性，但只是存在于种植园，以及在非常有限的程度上存在于古代奴隶工场中。在采邑中，采邑工场和使用农奴劳动的庄园家庭产业大概就没怎么发展出这种合理性。在西方以外的地区，使用自由劳动力的真正的家庭工业，已经被证明只有少数孤立的存在。频繁使用计日工只是在极个别的情况下才形成了生产组织，

---

① 里亚·格林菲尔德：《资本主义精神：民族主义与经济增长》，张京生、刘新义译，上海人民出版社，2009，第 61 页。

② 同上书，第 57—66 页。

特别是在国家的垄断公司中,但这种情况完全不同于现代产业组织,而且从未产生出中世纪那种理性的手工艺学徒组织。

然而,与正规的市场而不是与正直的或无理性的投机营利机会相协调的理性产业组织,并非西方资本主义唯一独特之处。如果没有其他两个重要因素,资本主义企业的现代性组织就不可能得到发展,这两个因素就是:经营与家庭的分离(这一点已完全左右了现代经济生活),以及与此密切相关的理性簿记。其他地方也存在劳动场所和居住场所在空间上的分离,比如东方各国的集市和其他文明中的奴隶工场。在古代的东亚、地中海东部沿岸地区都可以看到使用有账簿的资本主义联合体的发展。

但是,与现代商业企业的独立性相比,它们不过是微不足道的开端。原因就在于,这种独立性特别需要一些不可或缺的前提,即理性商业簿记以及法人财产与私人财产的法定分离,在那里要么完全阙如,要么只是初露端倪。然而,西方资本主义所有这些特质,归根结底还是由于它们与资本主义的劳动组织关系联系在一起才获得了重要意义。即通常所说的商业化、投机的理性化、交换等,也是与此相联系的。因为如果没有这种理性的资本主义劳动组织,所有这一切即便有可能,也绝对不会具有同样的意义,尤其是与它相联系的现代西方社会结构及其全部特殊问题。精确的计算只有在自由劳动的基础上才有可能。

正如或者毋宁说,因为现代西方之外的世界从不知道理性的劳动组织,所以它们也根本不知道理性的社会主义。当然,它们就一直有城市经济、城市粮食供应政策、重商主义和君主的福利政策、定额配给、经济生活管制、贸易保护主义以及自由放任理论。它们也指导各种各样的社会主义和共产主义实验:家庭的、宗教的,抑或军事的共产主义,国家社会主义(在埃及),垄断以及消费组织。各地也一直都存在着各种组合方式的阶级斗争:债权人阶层与债务人阶层之间、土地所有者与无地者之间、农奴或佃农之间、商业利益集团与消费者或地主之间的阶级斗争。但是,西方甚至在中世纪就出现了包出制(又称家庭包工制)雇主与其工人之间的斗争,这在其他地方到现在也只是初露端倪,大工业企业家与自由—工资劳动之间的现代冲突更是毫无踪影。

因此,在一部文化的普遍历史中,即使从纯粹的经济角度来看,归根结底,上述核心问题也不是资本主义活动本身的发展，因为这项发展在不同文化中只有形式上的差异:要么是冒险家类型的资本主义,要么是把贸易、战争、政治或行政作为牟利之源的资本主义。毋宁说,他们的核心问题是:伴之以理性的自由劳动力组织、清晰的资产阶级资本主义的起源问题。或者用文化史的术语来说,就是西方资产阶级的起源及其特质的问题,这个问题与资本主义劳动组织的起源问题无疑是密切相关的,但又不完全是一回事。因为资产阶级作为一个阶级,在资本主义特有的现代形态发展以前就已经存在了,尽管它的确只是存在于西半球。

初看上去,各种技术可能性的发展一直强烈影响着现代西方特有的资本主义形态。如今,它的合理性实际上就是依赖于那些最为重要的技术因素的可计算性。通常"资本主义"一词是从政治经济学角度加以规定的,主要指以资产者占有生产资料并使用和剥削雇佣劳动为基础的经济制度和社会制度。在韦伯看来,"资本主义"不仅仅是一个经济学和政治经济学范畴,还是一个社会学和文化学范畴。他把"资本主义"主要当作一种文明来理解,它是18世纪以来在欧洲的科学、技术、政治、经济、法律、艺术、宗教中占主导地位的理性主义精神发展的结果,是现代西方文明的本质体现。尽管资本主义的生产方式和经济活动在这一文明的发展中起到至关重要的作用,但这一文明的产生和发展并不仅是与机器的发明和使用相联系的技术工艺发展的结果。韦伯认为,以获利为目的的纯资本主义式的经济活动几乎是人类社会的普遍现象,例如,在古代东方(中国和印度)以及中世纪的北欧(海盗式贸易)都存在着这种以单纯营利为目的的经营活动。但这些都不能称之为真正的资本主义,有时韦伯为了与现代资本主义进行比较,而把这些经营活动称为"古代东方的资本主义"和"掠夺式的资本主义"。

但是,资本主义并不仅仅表现在经济活动中,还作为一种独特的社会劳动组织形式,作为一种文化,作为一种独特的、具有本身动因的价值体系,表现于社会的诸方面。韦伯认为,表现在社会不同领域中的资本主义,都有其与古代东方或中世纪欧洲相异的特点,例如,在法律中是形式法律与经过专门训练的司法人员相结合的法律制度;在政治中是职责分明的分权管理,上级监督下级的官僚体制;在道德生活中摒弃宗法制度靠血缘、地缘维系人群结合的伦理传统主义、多元主义和特殊主义,奉行靠业缘结合的理性主义、一元主义和普遍主义的社会伦理;在艺术领域是独树一帜的和声、配器、曲式、记谱方法和具有丰富表现力的乐队建制,以及合理地运用线条的独特透视技法,等等。

对表现在不同领域中的这些具体特征进行抽象概括,可以得出两个基本的特质:和平地(排除使用强力和不正当的手段)利用一切可能的机会追求预期目标;以合理性的、严密计算的方法为手段。韦伯把前者称为"禁欲"——意指克制贪欲实行自我控制,把后者称为"理性化"。他在经济活动中是这样论述这两个特质的:"我们把利用各种可能的交换机会,即依靠(形式上)和平的获利机会取得预期利润的行动,称之为资本主义的经济活动。建立在(形式和实际的)强力之上的攫取,有其特殊的规律。把它和那些靠交换获利的行动归为一个范畴,是不恰当的。"[1]哪里有用企业方法供应人类群体需求的工业,哪里就有资本主义的存在,而不管需求的内容是什么,更具体地说,一个理性的资本主义企业就是一个附有资本主义会计制度的企业,也就是根据现代簿记制和结算的方法来确定它的收益能力的一个机构。

有学者指出:"这种靠勤勉、刻苦(禁欲),利用健全的会计制度精于计算(合乎理性),把资本投入生产过程和流通过程,从而获取预期的利润,所有这一切构成了一个经济合理性的观念。这种合理性观念还表现在社会生活的其他领域,形成一种带有普遍性的社会精神气质或社会心态,然后在近代欧洲蔓延开来,就是韦伯所说的'资本主义精神'。它作为近代欧洲独具的价值体系,驱动着人们按照目的合理性进行社会行动,最终导致资本主义产生。"[2]

韦伯全部经验社会学的中心议题是论证现代资本主义的合理性和合法性,而他的宗教社会学则通过东西方宗教的比较,主要目的在于论证现代资本主义的合理性。据此,他选择了"经济伦理"作为其判断的价值参照。"经济伦理概念表示基于宗教的心理和实用情境对行动的实际驱动力。"它是社会各阶层

---

[1] 马克斯·韦伯:《新教伦理与资本主义精神》,于晓、陈维纲译,北京:生活·读书·新知三联书店,1987,第17—18页。

[2] 苏国勋:《理性化及其限制——韦伯思想引论》,商务印书馆,2016,第109—110页。

的生活行为中的直接因素,并强烈地影响到各宗教的实际伦理。正如格斯和米尔斯在《韦伯社会学文选》中指出的,这些直接因素在实际伦理上烙下了独特的印记,从而把不同的实际伦理区别开来;与此同时,这些印记对经济伦理又是至关重要的。经济伦理不仅仅是经济组织形式的简单"功能";恰恰相反,而是经济伦理鲜明地表现着经济组织的形式。"韦伯所说的经济组织的形式,指的是包括生产方式、交换方式和分配方式在内的经济结构或经济制度。在这里我们可以看到,韦伯把伦理从形式上区分为宗教伦理、实际伦理和经济伦理三个不同层面。在另外一些地方,他还从本质上把伦理区分为信念伦理和责任伦理。虽然两种区分各有所用,但最终目的是达到对社会现象的'理解'。"[1]

为什么资本主义精神首先产生在近代的西欧?这是《新教伦理与资本主义精神》一书考察的中心问题。韦伯在这部著作之后又写了论述中国宗教、印度宗教和古代犹太教的著作,主题仍然是上述问题,只不过是从反面论证了资本主义不能首先产生在亚洲和近代以前欧洲的原因。

对于这个问题,韦伯以前的西方学者大多是从哲学理论的高度做出解释,认为资本主义精神是欧洲理性主义整体发展的一个部分,并从理性主义的基本原则中推论出资本主义的产生。在韦伯看来,通过劳动使向人类提供物质商品的组织理性化,无疑是资本主义精神的代表,在这个意义上,资本主义精神当属整个理性主义发展的组成部分是毫无疑义的。但是,承认这一点并不意味着理性主义原则在社会生活中的推广和运用就足以构成资本主义精神产生的充分条件,更不能说是它产生的直接原因了。因为社会生活实践表明,理性主义在社会生活不同领域的发展并非总是同步平行的,在不同的民族和地域间,有的某一方面理性化程度高,而另一方面可能较低。譬如,理性化程度最高的法律,韦伯认为当属古代末期的罗马法,但罗马法盛行的时期却不是罗马帝国经济发展的鼎盛时期;而在一些经济理性化发展程度较高的地方,如在英国,却主要奉行习惯法,在法律形式化方面相对落后;反之,在南欧一些经济理性化程度较低的天主教国家,罗马法却享有崇高地位。

因此,大而化之地讲资本主义精神是理性主义发展的产物,并没有解决近

---

[1] 苏国勋:《理性化及其限制——韦伯思想引论》,商务印书馆,2016,第112—113页。

代资本主义为什么首先在西欧发生的实质。此外,"理性化"这一概念本身就是一种价值判断,社会生活领域完全可以按照不同的终极价值和目标实行理性化,因而,从一种观点来看,属于合理性的事物;从另一种观点来看,完全有可能是非理性的。

第二节 资本主义精神的两大基石

如前所述,现代资本主义的产生源于资本主义精神的发端,而资本主义精神的产生又对应于宗教改革的结果。也就是说,宗教改革后的新教伦理为近代资本主义的产生提供了理性基础——天职观与理性的生活方式,这就为资本主义的发展获得了其文化与意识形态上的合法性,从而使资本主义由不合法的社会形式转变为合法的社会形式。也即,韦伯审视新教伦理与资本主义的关系,在某种程度上有在为资本主义的发展提供合法性论证之嫌。

资本主义精神最完美的代表人物本杰明·富兰克林（Benjamin Franklin, 1706—1790）,是18世纪美国最伟大的科学家和发明家,著名的政治家、外交家、哲学家、文学家和航海家以及美国独立战争的伟大领袖。韦伯在其著述中发现了这种理性资本主义精神存在的证据:富兰克林的名言"时间就是金钱""节约一便士就是赚了一便士""勤俭节约、吃穿不愁"等都体现了一种新型的经商态度,这种刻苦劳动、省吃俭用的态度不仅是为了赚更多的钱,更是一种道德义务。

一、天职观

"人们履行天职的责任"这一概念是资本主义文化社会伦理最为典型的特质,而且在一定意义上是资本主义文化的根基所在。这种职责观念是一种义务,即个人应当摸索研究自己的职业活动内容并且确实在摸索着,不管他的职业内容是什么,尤其不管他表面上是利用了个人的能力,还是仅仅利用了(作为资本的)物质财产,这些都不要紧。当然,这种观念不仅出现在资本主义环境下。与之相反的是,接下来我们会上溯到资本主义出现之前的一个时代去寻找它的源头。

天职一词,指的是上帝安排的任务,包含对常规尘世活动的积极评价。"天职"一词是宗教改革的产物,早在中世纪甚至在古希腊晚期就已经存在某些苗头了。其中的一个含义却是崭新的——把履行尘世事务中的责任看作是个人道德生活所能采取的最高形式。这就必然使日常的世俗活动具有了宗教意义,并且第一次产生了这个意义上的天职观。随后,这一天职观引出所有新教教派的核心教理,它放弃了天主教道德戒律的命令与劝解的二分法,令上帝满意的唯一生活方式,不是以修道院的禁欲主义超越世俗道德,而只是履行个人在尘世的地位所加诸他的义务。这就是他的天职。

这种对世俗活动的道德辩护是宗教改革最重要的成果之一,路德在其中发挥的作用特别重要,而这正是帕斯卡所深恶痛绝的尘世态度。帕斯卡确信不疑:全部世俗活动只能被理解为既无益又低俗诡诈,上帝的恩宠不可能强行取得或者后天获得,而是只能等待。简言之,路德并不具有前述那种意义上的,或者说任何意义上的资本主义精神。

理性资本主义的宗教动力是在若干阶段形成的。一种是加尔文主义——激进新教主义的一个分支;另一种是马丁·路德——比较温和的形式。韦伯追溯了新教主义的若干发展水平:先是路德天职观,继而是加尔文主义,最后是一些"禁欲主义新教诸分支"。路德的决定性贡献阐明了这样一种观念,即劳动就是"天职"。韦伯认为这是宗教动力转向日常劳动的关键一步,它最终将产生一种新型的资本主义精神。然而,路德迈出的这个是并不彻底的第一步。路德强调的是传统的社会活动,包括服从历史形成的国家权威。他教导的是适应尘世。他是个社会保守主义者。"禁欲主义各教派则超越了路德,他们驾驭着宗教动力去改造尘世,从而完成了社会态度的革命。禁欲主义新教徒转而又分化为两大支脉:一脉是加尔文教徒,他们教义的核心点是得救预定论;另一脉是激进的各教派(贵格会、浸礼宗等)。他们彻底否定日常的尘世活动,试图像早期的基督教使徒共同体那样生活。"[①] 韦伯的主要关切集中于加尔文教徒。

---

① 马克斯·韦伯:《新教伦理与资本主义精神》,阎克文译,上海人民出版社,2018,第43页。

加尔文教的得救预定论教义认为,上帝已经选定了谁将得救升入天国,谁将受罚坠入地狱。韦伯强调说,这种信念必定会产生出一种强烈的焦虑感。因为信徒想知道他们自己究竟属于得救者还是受罚者。该教义认为,无论我们如何作为都不值得被拯救。"唯有上帝,以他自己的意志挑出了那少数人因特选而得救。因此,践行善举,'祈祷、礼拜、忏悔、施舍',对于每一个人的得救没有任何价值。倒是有一条蹊径可以提供心理安慰:每天都要在每个方面、每一时刻过着虔诚的生活。如果做到了这一点,把个人的劳动变成了一项天职,遏制一切轻浮享乐的冲动,最终就会体验到一种安全感,这实际上就成了被特选的一员。因此,作为得救预定论的经济活动置于宗教控制之下,为新型的资本主义精神加上了宗教动力。"①

成为一种社会心理的天职观对入世禁欲生活方式和入世禁欲思想方式都产生了影响。韦伯认为,源于预定论的天职观要求教徒过一种有系统、讲究方法的理性生活,目的是要克服人的"自然状态",即摆脱非理性的感官冲动的诱惑,服从某种有计划的意志支配,使人进入"蒙恩状态",从而在行动中保持自我的控制并采取理性行动。这种天职观要求人们必须努力工作以荣耀上帝,在客观上起到了对现代社会实行劳动分工的作用,加之它对勤勉、节俭、刻苦等价值观都赋予宗教伦理的内涵,所有这些都传递出一个信息:肯定人的世俗存在的价值,"这直接影响了资本主义的生活方式"。尽管构成这种生活方式的不同因素的源头在中古时代的欧洲民族,但对这种伦理赋予宗教含义并将其系统化为一种生活方式给予持续影响的,则是宗教改革后天职观念所特有的。之后,新教徒的入世禁欲天职观逐渐抛弃了原来的宗教神学基础,与现代资本主义精神合而为一了。

多数对韦伯持有批评态度的人,且不论他们是否理解了他的问题的实质,都不遗余力地谴责"新教伦理"主要的经验主义命题,即把经济行为新规范的出现——"资本主义精神"——与新教联系起来,特别是加尔文教派的宿命论教义和对"天职"观的诠释。

---

① 马克斯·韦伯:《新教伦理与资本主义精神》,阎克文译,上海人民出版社,2018,第45页。

二、宗教禁欲主义

中世纪的天主教还有汲取宗教动力的第二个途径。基督教被划分为两类：一是修道士和修女这样的宗教精英；二是相对而言的普通平信徒。作为基督教徒宗教精英的修道士和修女要接受全面的压力去过一种虔诚的生活，要脱离尘世进入隐修生活，以不断地祈祷、以肉体的苦行精神的苦修实践强有力的禁欲主义。韦伯概括出了几个环节之间的一条因果链。第一，中世纪天主教会的基督教控制着宗教力量，但仅仅用于修道士和修女。第二，路德的宗教改革废除了修道院把寻常的职业变成了宗教"天职"。第三，激进的加尔文主义找到了得救预定论这样一种强制力，赋予了日常生活一种追求道德完善的持久动力。加尔文主义的经济后果就是把理性化了的资本主义的精神释放了出来：诚实经商，而不是追求最大利润；可靠稳定的生产销售，进而转变为一种大规模的生产体系；持续的积累和投资以促进商业的发展。

这就导致了第四个阶段：清教徒资本家开始了发家致富。持续不断的刻苦劳动，加之把利润再投资于商业扩张，从而带来了商业成功。先前的宗教教义开始淡出。富兰克林不再是一个清教徒或加尔文教徒。他那个时代的美国人已经转向了自然神论，或者转向了其他贬低超自然力量的理性化教义。但是，那种精神存续了下来，并体现在由富兰克林的世俗箴言所表明的那种世俗化形式、功利主义和个人主义之中，且不断提供一种劳动、积蓄、再投资、保持自制、追求经济成功的动力。"清教徒是为了履行天职而劳动，我们的劳动却是迫不得已。"自从禁欲主义开始重塑尘世并在尘世贯彻它的理想起，物质财富对人类的生存就形成了一种史无前例的控制力量，这种力量不断增长，最终变得不可动摇。胜利的资本主义不再需要一种宗教动力了。韦伯甚至评论说，"在它获得最高发展的地方——美国，对财富的追求已被除去了原有的宗教和伦理含义，变得越来越与世俗的感情息息相关，这实际上就给了它一种体育运动的性质"。[①]

[①] 马克斯·韦伯：《新教伦理与资本主义精神》，阎克文译，上海人民出版社，2018，第48页。

韦伯所谓的资本主义精神,简单说就是一种努力工作和赚钱的志业伦理。之所以称其为一种伦理,是因为这种精神风格的最终目的并非落脚于功利主义的享乐上,与世俗的成见相反,资本主义精神中所要求的那种禁欲苦行的经营活动,与功利主义对幸福快乐的追求恰恰是背道而驰的。如韦伯曾指出"赚钱,赚更多的钱,并严格回避一切天生自然的享乐——是如此全然褪尽一切幸福主义或快乐主义的念头而纯粹地认为这就是目的本身,因而单就个人自己的幸福或利益而言,这不啻是完完全全的超越,简直是极为不合理的。"那些能够从传统主义中摆脱出来的"新式"的企业家只有具有一种非常坚毅的性格,方能始终保持清醒冷静的自制,从而避免在道德上和经济上沉船灭顶。除了眼光独到和行动力具足之外,只有具有坚定的道德自觉,才能使得新兴资本家在社会革新中赢得客户和劳工的信任,并担负起经济斗争所要求于他们的、与安逸休闲的生活奢侈背道而驰的、无时不在的紧张工作。

1904年,韦伯赴美访问。在美国,韦伯既看到了异域的年轻同行们清苦的学术生活,又在新大陆欣欣向荣的资本主义图景之中,敏锐地发现了在对资本、利润与金钱看似贪婪地索取之后支配着整个美国社会经济活动的其实是一种类似于宗教禁欲主义的苦行僧的心态。美国之行给予韦伯极大触动,回国之后,他开始写作《新教伦理与资本主义精神》。在他看来,只有宗教的因素才能够解释资本主义发展中所展现的这种追逐利润却又厌恶享受的对待物欲的矛盾态度。经济的理性主义的形成,不仅有赖于理性的技术与理性的法律,一切(一般而言)也取决于人们采取某种使用理性的生活样式的能力与性向。一旦这种能力与性向为精神上的障碍所阻挠,则经济上的理性生活样式将遭遇到严重的内在阻力。在过去,在世界任何地区,人类生活样式最重要的形成因素,应属巫术与宗教的力量,以及基于对这些力量的信仰而来的伦理义务观念。

追溯资本主义精神的谱系,发现新教伦理的确共同参与了它的形成。但是韦伯又往前迈了一步。他指出,这种"道德生活方式'适应'新的资本主义"。他还确信,这种资本主义精神促进了资本主义的发展,尽管对此难以进行量化分析。其发挥作用的方式与新教伦理类似,但规模更大。他谈到了资本主义精神与作为一种经济形态的现代资本主义之间的"适应性"关系。换言之,这种精神提供的"经济文化"成了现在资本主义的正当性基础:(现代)资本主义精神在现代资本主义企业中找到了它最恰当的表现形式,同时,资本主义企业则从这种心态中发现了最适合它的推动力——或者说,灵魂。在韦伯看来,资本主义之所以成为资本主义,至关重要的是一切的经济活动都是在资本主义精神的主导下发生的。

资本主义经济与经济的传统主义最关键的区别在于支配经济行为的心态上的差异。所谓传统的经济固然也可以是以营利为目的的,只是一切经济行为乃是在传统的生活方式、传统的获利率、传统的事业经营方式、传统的劳资关系,以及本质上传统的主顾圈子、招揽新顾客与商机的方式支配下发生的,这被韦伯称为传统主义的心态。在传统主义的心态下,人们并非天生就想着赚得越多越好,而是想单纯地过活,过他所习惯的生活,而且只要赚到足以应付这样的生活就好。现今人们惯常认为的对于金钱和盈利的渴望并非与生俱来,这种观念本身就是资本主义精神所教化的结果。经济的传统主义更多地呈现出一种田园牧歌式的、小富即安的悠闲状态。然而,有一天,这种悠闲的状态突然被捣毁了,而且往往全然没有发生组织形式上有任何根本改变的情形。田园牧歌的场景,在激烈的竞争苦斗下展开,全面崩解,巨额的财富积累起来,但并不放贷取息,而是不断投资到事业上;昔日安逸舒适的生活态度,让位给刻苦的清醒冷静;迎头跟上的人就出人头地,因为他们不愿消费,只想赚钱;仍然想按老路子过活的人势必得节衣缩食;而且,至关紧要的是,在这类似的情形里通常并不是什么新货币的注入,才带动了此番变革,而是新的精神,亦即近代资本主义精神,灌注了进来。

究竟什么是资本主义精神,韦伯说:"关于资本主义精神的概念,从我们的观点看来是本质性的东西,既不能也完全没有必要被当作是唯一可能的理解。"因为在他看来,资本主义精神清晰的、准确的界定只能在探讨的过程中作为主要的成果显露出来。而作为讨论和分析的必要起点,韦伯仅仅对他所理解的"资本主义精神"给出了一种直观的举例说明,这就是因《新教伦理与资本主义精神》一书而广为人知的富兰克林关于财富与金钱的一段描写:"记住,时间就是金钱,一个每天能靠自己的劳动赚取十先令的人,如果有半天是在闲逛或赖在家里,那么即使他只花了六便士在这休闲上,他实际上还多支出了或毋宁说浪费了五先令。记住,信用就是金钱。如果有人将钱存放在我这里超过该交还的日期,那么他等于就是把利息或在这期间借着这笔钱所能赚得的都赠送给我。记住,金钱天生具有滋生繁衍性。手头的钱越多,翻转滋生出来的钱就越多,所以活力也就节节高升,越来越快。杀死一头母猪,等于是杀死了它所能繁衍出来的成千上万头猪。花掉五先令,等于是谋杀了它所能产生的一切,这不知道是多少磅。"

这段话被奥地利作家克恩伯格在其著作《美国厌恶》中总结为是"从牛身上榨油,从人身上榨钱"的贪婪哲学,然而韦伯却从这种直观的贪婪哲学背后发现了一种信用可靠的诚实的理想,尤其是那种认为个人的义务在于以扩大自己的资本而不是消费和享乐作为前提利益和目的本身的想法更是带有强烈的伦理色彩。韦伯认为,这正是资本主义精神的本质。如果有人问起,为什么要从人身上赚钱,富兰克林在其自传里引用了《圣经》里的一段话来回答"你看见在其志业上办事殷勤的人吗?他必站在君王的面前"。事实上,此处所训诲的不单是生活技术,更是一种独特的伦理,违背此伦理,不仅是愚蠢,而且被视为违背了义务——这就是事情的关键所在。

这一心态与以营利为目的的资本主义商业既密切相关,又有着本质的区别,前者所表达的是商人的胆大无畏和一种无道德关怀的个人嗜好,而后者所呈现的是一种带有伦理色彩的生活样式准则的性格。在韦伯看来,"那些毫无保留地以贪财为动力,就像'为扬帆赴地狱,哪怕炼火灼尽帆'的荷兰船长那样的人,绝不是让近代特有的资本主义精神滋长成群体现象的那种心态的代表"。是蕴含在这种心态中的道德要求,而不是对利润的需求造就了资本主义社会,这种独特的带有伦理色彩的资本主义精神只在近代的西方出现过,虽然在中国、印度、巴比伦,乃至古代和中世纪的地中海,都曾出现过资本主义的萌芽,但它们都不具有这种独特的伦理风格。

当然,韦伯自己也承认资本主义精神并非仅仅在他所提及的部分,其中经济因素和商业技巧也起着重要作用,但在韦伯对于社会研究理想型的建构中,这一"心态""不仅代表着资本主义精神所体现的勤劳、节俭、不知疲倦、不知享受的虔诚工作伦理,更蕴含着这一'心态'所展现出的独特伦理风格和生活样式。①"韦伯的资本主义精神首先是一种主导经济行为的风格,并同时具有道德属性,内含着对经济行为的严格伦理要求。

资本主义的伦理属性来源于新教的教化,近代资本主义精神的形成与特定的宗教信仰有着千丝万缕的联系。"宗教改革的意义并不在于消除教会对于生活的支配,而毋宁在于以另一种形式取代原来的支配形式。的确,旧有的是一种极为松弛的,实际上当时几乎让人感受不到的、在很多情况下不过是形式上的支配,取而代之的是一种以人们所能想见的最为广泛的程度、深入到家庭生活与公开生活的所有领域里、对于整体生活样式无休止的苛责与严阵以待的规律。"

由此可见,韦伯先把资本主义精神暂时定义为"理性而有系统地追求利润的态度",然后又指出,现代资本主义精神是欧洲理性主义发展的一部分,而这种理性主义是"资本主义必需的、人以其天职为任务的这一关系的土壤"。概而言之,韦伯所说的现代资本主义精神应有如下内涵:人以其天职为任务,合理而有系统地追求预期利润的一种态度。作为一种思想方式,其核心是合理性和禁欲,即通过严密的计算和使用正当方式达到预期目的;作为一种生活方式,表现在经济行动中就是利用交换机会以和平方式取得预期利润。韦伯认为这就是现代资本主义精神的本质。他通过对世界诸宗教的经济伦理的考察,认为现代资本主义精神的本质来源于信奉加尔文"预定论"的新教"天职观","正是在入世的理性主义和自制的禁欲主义这两方面,清教徒表现出了与其他宗教有别的对待世俗生活的态度。"②正如一种理性的禁欲一样,清教使人抑制激情,坚持永恒动机,并按照这些动机行事。这种禁欲主义与许多流行的想法相反,目的是使人过一种警醒而睿智的生活:最现实的任务是使信徒消除自发的、出于冲动的享乐,最重要的手段是使其行为秩序化。

---

① 生活样式是韦伯思想中极为关键的一个概念。他曾提到:"在过去,在世界任何地方,人类生活样式最重要的形成因素,就是巫术与宗教的力量,以及基于对这些力量的信仰而来的伦理义务观念。"

② 苏国勋:《理性化及其限制——韦伯思想引论》,商务印书馆,2016,第122页。

第三节　资本主义精神的外部性特征

有学者提出:韦伯将"新教伦理"与"资本主义精神"联系在一起,前者催生后者,二者共同推动了整个西方理性化进程。资本主义精神要求人们按照严格的经济核算和科学方法指导生产过程,依靠勤奋工作和自身能力来发家致富,而不是靠投机取巧等非理性手段,这是理性化的一个主要方面。另一方面,"新教伦理以宗教的方式确认了正当追逐财富的合法性。""新教伦理在主张合理追求财富的同时又强调合理限制消费的必要性,从而有力地推动了资本积累。""新教伦理进一步哺育了近代西方资产阶级经济人。"[①]换言之,在资本主义精神理性化过程中资本主义表现出以下特征,一是依靠持续、理性的企业活动来追求利润,二是通过合理化的组织方式生产进行理性的财富积累。资本主义经济就成为一种以严格核算为基础的形式合理性的经济行动。相应地,资本主义精神的外部性就呈现出由物质生产转向物质主义、由消费社会转向消费异化、由技术崇拜转向技术万能论等特征。

一、资本主义经营的经济理性化

按照理性追求利益是资本主义经济行为的主要目的,而利润则是资本主义理性活动的结果,即经济理性化的目的。韦伯对现代经济行为理性化地实现盈利曾做出过这样的判断:"盈利应该叫作一种以赢得对货物拥有新的支配权利的机会为取向的行为。经济盈利应该叫作一种以和平机会为取向的盈利。"[②]基于此,韦伯特别研究了理性化经济盈利的形式——资本计算。这就使得资本主义盈利离不开理性化的经营——一种以计算为手段的经营。可以说,资本主

[①] 桑红:《从马克斯·韦伯的〈新教伦理与资本主义精神〉看宗教与现代化的关系》,《宁夏社会科学》1999 年第 4 期。

[②] 马克斯·韦伯:《新教伦理与资本主义精神》,于晓、陈维纲等译,选自韩水法编《韦伯文集》(上),中国广播电视出版社,2000,第 112 页。

义经济行为本质上是一种以资本计算为基础的供需双方理性化的过程。

资本主义经济行为规则的改变,尤其是导致具有可持续发展能力的现代经济出现的经济行为取向动机的改变,一直是社会科学领域最持久的论证焦点所在。围绕韦伯的《新教伦理与资本主义精神》所展开的争论,可以说捕捉到了现代经济"多维复杂性"中最不易捉摸的层面。

《新教伦理》常常被视为与马克思观点的一场对话,是对马克思主义的一次理想化变通,但该书像所有韦伯的著述一样,其实是对形形色色的鼓吹决定论和线性发展论的理论挑战。其目的是解释因经济活动而产生的社会态度的变化。而这些新型态度的本质,在当时存在的物质发展条件下,与市场、金融机构、技术、人口和农业产量现状相适应,使经济定位于发展,并促使对经济发展的界定,即发展合乎社会需要,从而赋予发展以价值并促进了发展的制度化。该论点丝毫也不意味着这些文化因素全盘促成了资本主义经济体制或引发了除一个要素以外的任何其他要素。解释的范围严格局限于引导经济行动发展的动机因素——在目前的商业、金融和技术发展水平所允许的限度内。在缺乏这些物质条件的情况下,资本主义精神就无可激励,就会在经济上毫无用途。然而只有它的存在,才赋予我们所认识的经济以现代品格——合理利用和簿记这一会计制度。

对于资本主义经济行为的理性化表现,韦伯曾有这样的论述:"资本主义的经济行为是依赖于用交换机会来谋取利润的行为,亦即是依赖于(形式上)和平的获利机会的行为。"[1] "和平的"我们可以理解为"理性的"。在合理追求资本主义利润时,相应的经济行为应按照资本核算进行调节。"(在形式上的)自由劳动之理性的资本主义组织方式……没有这种理性的资本主义劳动组织方式,所有这一切,即便有可能,也绝不会具有同等的意义,尤其不会有与之联系而产生的现代西方社会结构及其全部特殊问题。"[2] 言外之意,计算越是精确,资本主义理性化程度就越高。

---

[1] 马克斯·韦伯:《新教伦理与资本主义精神》,于晓、陈维纲等译,选自韩水法编《韦伯文集》上,中国广播电视出版社,2000,第237—238页。

[2] 同上书,第241—243页。

韦伯将经济的发展取向称为"资本主义精神",而把定向于发展并且有能力发展的经济称为"资本主义"。他之所以选择这么一个模糊的概念,可能是因为该概念在他所参与的讨论中居于突出地位,具体来说是因为沃纳·索巴特(Werner Sombart)在其1902年的《现代资本主义》一书中使用了这一概念,该书已经提出有关"资本主义精神"的问题。该术语的指代显然造成了对韦伯论点的混乱认识,招致了对其论点的某些反对意见。

在他论文的引言里,韦伯明确区分了现代经济或资本主义与其他经济类别同资本主义活动的不同,他试图解释这两个术语(在他论证的主体中,他交替使用这两个术语),并且特别将其解释对象确定为特定程度的表述,更重要的是,他所认知的基本社会过程和历史原则的特别形式——"合理化"。他写道:"谋利的冲动,对利益、金钱、最大化的利润的追逐,其本身与资本主义并不相干……可以说'这种冲动'对世界任何国家、任何实践、属于任何社会阶层或者被赋予这种可能性的地方皆然……贪得无厌根本不能等同于资本主义,更不能等同于资本主义精神……但资本主义等于追求利润,通过连续的、合理的资本主义企业,追逐源源不断的利润……只要交易是合理的,交易合伙人对每次行动的精打细算就成为头等重要的事……但是这些要点所影响的仅仅是资本主义谋利的合理性程度而已……"

在这个意义上,资本主义和资本主义企业,甚至在资本谋划上具有相当程度的合理化,一直存在于世界上所有文明国家中,就经济资料允许我们做出判断而言——中国、印度、巴比伦、埃及、古代和中世纪的地中海,直到现代……长期以来贸易尤其不像我们今天这样连续不断,而基本上是由一系列个人事业构成。甚至那些大腕商人的活动也是逐渐获得了一致性……无论如何,资本主义企业和资本主义企业家,不仅是偶尔为之的企业家,还是正规的企业家,既古已有之,又分布广泛。

现在,无论如何,西方已经在定量(维持数量发展)程度上,并且以其他地方从未存在过的类型、形式和发展方向发展了资本主义,出现了一种其他地方未曾出现过的与众不同的资本主义形式:(形式上)自由劳动力的合理的资本主义式组织。只有它揭示的意义才可见于其他地方……这种公民概念既不存在于西方以外,资产阶级概念也同样不存在于现代西方以外。无独有偶,无产阶级作为一个阶层也不存在，因为在常规情况下没有对自由劳动力的合理组织……因此，在文化发展的历史长河中，我们面临的中心问题，即使从纯粹的经济观点看，归根到底并不是这种资本主义活动问题本身，因为在不同文化里，其不同之处只是形式而已：冒险者类型的资本主义，或贸易、战争、政治中的资本主义，或作为利益来源的管理者类型的资本主义。这反而是清醒的资产阶级的资本主义的起源，具有自由劳动力的合理组织。或者就文化历史而言，这是西方资产阶级及其特性的起源。

即便这一不幸的选择和"资本主义"一词的用法不尽一致（特别是该术语既用于现代的、前现代的和各类经济活动，进而继续用于偶尔合理的谋利行为），但韦伯的焦点所在和由此而来的问题昭然若揭。现代经济——《新教伦理》的资本主义——的区别性在于合理化的类型和维度，在于体制化，或谋取利益动机的社会品性，这是两种并行不悖却又密切关联的特性（有可能存在一种没有体制化的合理化），两者都代表了持续增长的必要条件。

二、资本主义精神的弊端及对其的批判

1. 资本主义精神使得积累过程合法化并加以约束

资本主义精神在形成过程中逐渐形成了近代资本主义工业的理性组织生产方式。韦伯曾指出，以科学的观点重组生产过程，来解除生产过程中人类天生的生物局限性，这样生产劳动力将得到极大提升。资本主义对资本积累的追求结合了一种精神——这种精神可以提供有吸引力的、振奋人心的生活前景，同时使人们在照章办事时得到安全保障和道德理由的保证。这种混合的理由和根据随时间而变化，取决于必须调动人们的期待，他们从小就有的希望，以及不同时期的积累形式，资本主义精神必定遇到自身正当性的要求，特别是为了抵御反资本主义的批判。这涉及什么是正义或非正义的普遍有效的惯例。

资本主义精神远不仅仅是占领了"精神冲刺"的阵地、灵性的"荣誉点"或者"上层建筑"（意识形态的马克思主义观），更是在资本主义发展过程中起了关键作用——约束。事实上，资本主义的正当性使它能动员有关方面，却遏制了积累。如果认真对待所提出的正当性，那么，并不是所有的利润都是合法

的,并不是所有的致富都是公正的,并不是所有的积累——实质的、快速的积累——都是正当的。韦伯已经努力表明:这样受到阻遏的资本主义明显有别于毫无约束的拜金欲,它的特点正是这种欲望的理性节制。因此,行动者把某种资本主义精神加以内化,并对非纯粹正规的积累过程加以约束,给了它们一个特定的框架。这样,资本主义精神在为资本主义提供正当性的同时,也提供了一个批判的支撑点,以谴责具体积累形式与社会秩序规范概念之间的不一致。

资本主义正当性的论据必须依靠各种机制,即目标、规则、惯例的集合,并作为全国范围的法律来加以表述,它们不限于只追求盈利,而是要面向公正。因此,资本主义的"第二种"精神必然与大公司的事业管理机制、捐助式养老计划的建立密切结合,以及工资劳动合同的法律形式要扩大到更多的情况以使工人得到好处。没有这种机制,谁也不会相信"第二种"精神的诺言。

因此,资本主义精神对资本主义的约束有两种形式:一方面,资本主义的正当性被资本主义活动者加以内化,就有了自我批判的可能性,并赞同对积累过程本身不相容的做法要加以自我训斥和自我消除;另一方面,只有建立强制性的且只有它能取信于资本主义精神的机制,才可能确立各种现实检验,从而提供确实的证据来回应谴责。

有两个例子特别适合我们的目的:关于对共同福祉的要求能约束积累过程的方式,在商业型城市中,利润首先是有效的,追求利润的不同人之间的对峙秩序是正当的。只要市场检验满足严格的机会平等的条件,这样没成功可归于业绩——在这种情况下,就是指抓到市场商机的能力及其货物与服务的吸引力——而并不是完全归于力量对比。在这些约束中,我们必须首要强调的是:一切保证竞争的事物,例如,没有占统治地位的,没有事先安排,信息透明,资本的可得性先于十足不平等(例如把遗产税视为正当)的检验。因此,只有在非常严格的条件下,市场检验才是合法有效的。遵守这些条件,不但不会特别创利,而且会制止特别创利。我们认真看待以共同福祉来证明资本主义正当性,就使自己脱离了批判的态度,这种态度认为只有资本主义不惜一切代价追求无止境积累的倾向才是真实的,意识形态的唯一功能就是掩盖无所不能的经济强迫关系的现实;也使自己脱离了辩解的态度,这种态度混淆了规范的支持与现实,忽视了利润积累的紧要性,把资本主义面对的公正要求作为中心。

这两种立场与"合法"一词的含糊性并非无关,它派生出"视为合法"和"合法性"两个词。"视为合法"成了追溯性地掩盖以往的行为,而为了看到现实,必须加以揭露;"合法性"虽然抓住了传达的相关论和程序上的法律严谨性,但没有质问现实检验情况的条件,是大人物(在资本主义社会首先是富人)和地位的主要依靠。正如我们所界定的,资本主义精神的概念使它有可能排除一种对立,这种对立在过去三十多年中已经统治了相当部分的社会学和哲学,或者至少在社会和政治的一些交叉著作方面存在理论之间的对立:一方面,往往是那些受尼采—马克思主义影响的理论,它们在社会上只看到暴力、强迫关系、剥削、统治与利益冲突;另一方面,是那些受契约主义政治哲学影响的理论,它们强调民主辩论的形式即社会公正的条件。第一种思想著作对实际的描绘好像冷酷得不真实:这样不会长时间地适于居住。但是,第二种有关著作,必须承诺社会美好得不可信。第一种理论取向时常涉及资本主义,但不承认它的任何规范层面;第二种考虑到来自合法秩序的道德要求,然而低估了利益和力量关系,往往忽视了资本主义的特性,它的轮廓由于处在社会秩序所一直依存的复杂惯例之中而迷糊起来。

2. 对资本主义及其精神的批判

资本主义精神的概念,让我们把资本主义的发展及由此产生的对它的批判结合进同一动力。事实上,在我们的建构中,我们要给批判赋予一种变革资本主义精神原动力的作用。如果资本主义不能没有共同福祉的方向,那么,缺乏对规范的关注,就意味着资本主义精神不能完全从自身资源中产生。因此,它需要从它的敌人那里寻找它缺少的道德支撑并取得公正机制。新的资本主义秩序不是从第二次世界大战中分享法西斯主义和共产主义赋予国家极大重要性及某种经济统治的特征而取得的吗?或许正是通过吸收部分批判才取得这种惊人的生存能力,才有助于解除反资本主义势力的武装。矛盾的是,当资本主义看上去胜利的时候——正如今天的情况——却正是由于没有真实的竞争者使它出现脆弱性。

然而,批判的概念要避免在力量关系和合法关系的解释之间走向理论极端。实际上,只有在合意事态和真实事态之间存在着差异,批判的思想才有意义。应对批判给予社会位置,我们不应把公正贬低为强迫,或者使我们无视公正的存在,就像无视强迫关系一样。批判要有效,就必须能够证明自己的正当性。也就是说,澄清它所得到的规范支持,特别是当它面对被批判者为自身行动辩解的时候。因此,它继续提出公正,如果公正是幻想,那么批评有什么用。可是,另一方面,它揭露了强迫关系、剥削和统治现实的道德借口的伪善。

法国的吕克·博尔坦斯基在其著作《资本主义的新精神》中指出,批判对资本主义精神的潜在作用主要有三方面:

其一,它能使以前的精神非法,并剥夺其效能。因此,丹尼尔·贝尔认为,美国资本主义在20世纪60年代遭遇了大困难,这是由于继续依靠新教禁欲主义的工作方式与基于信贷和大规模生产所刺激起来的即时消费乐趣(资本主义公司中的工薪收入者被鼓励在私人生活中加以采纳)之间日益增大的紧张关系。根据这些分析,消费社会的物质享乐主义迎头撞上(即批评)支持劳动生活的勤俭价值观(至少含蓄地支持),因此破坏了与当时占统治地位的资本主义精神相联系的参与模式。

其二,它在反对资本主义过程时迫使其代言人以共同福祉来使该过程具有正当性。批判对大量的人越是强烈和有说服力,提出来回应的理由就越要在保证公正方面有积极改善的可靠机制。如果那些社会运动的代言人在呼应他们的要求时设法应付没有具体行动(就是所谓说空话),如果表示美好感情足以平息愤怒,那就不必改善机制来使资本主义积累更符合共同福祉。如果资本主义不得不回应批判所提出的论点,设法安抚它并保持其队伍的支持(它们正处于倾听斥责的危险),它就要以同样姿态结合一些批评它的价值观。这里,对资本主义精神的批判,采取了加强正当性和联系机制的形式,并不对积累原则本身或利润的需要提出挑战。

其三,对于资本主义反应很不乐观的分析。我们可以假定,在某些情况下,它能逃避加强公正机制的要求,使自己更难被破解,"使问题模糊不清"。根据这种情况,对批判的回应不是导向建立更公正的机制,而是改变创利方式,但是人们对此看法不一,情况极难破解。面临未曾预计的情况,而且难说它们比早先的社会机制对工薪收入者更有利还是更不利,批判暂时就无法施展了。

它谴责的旧世界已经消失,但人们不知道如何理解新世界。批判在这里成为一种加速生产方式转型的刺激,于是它和以往过程中形成的工薪收入者的预期处于紧张状态。这就需要一种意识形态的重构来表明:劳动世界的确仍具有"意义"。

我们将采用的变革模式依据了三个方面的相互作用。第一种代表批判,可以根据它谴责的东西(它谴责的对象在资本主义方面很多)和它的获利来加以参数化。第二种是有关一定时期资本主义部署工作的机制及由此创利的方式。第三种是指资本主义,但这次指它的创利方法(第二种关系)和依据管理要求公正地维持适当空间的整合机制。这三方对立的每一端都会发展:批判可以改变其对象,减少或增加杀伤力;资本主义可以保持或改变它的积累机制;它也可以改善资本主义,走向更大的公正,或者废除已提出的保证。

枯竭或失败的批判,或者失去活力的批判,会允许资本主义放松其公正机制,除非——假定政治与技术环境允许——这构成资本主义转型时的游戏规则。资本积累机制的改变具有暂时消除批判的作用。但是,它也会导向重新形成一种新的资本主义精神来恢复工薪收入者的参与。同样的,但并非没有可能,通过资本主义游戏规则转型来改变工薪收入者的期望,从而破除积累机制,如同贝尔所分析的情况。当批判涉及迄今所提出的要求内容时,保证更大公正机制的确立能缓和批判。可是同样地,这也能促使它转向其他的问题,这一步总是伴随着对旧抗议问题的警惕下降,从而给了资本主义改变其游戏规则的新机会,使得已经得到的福利减少,因此在中期又会导向批判的再起。

在这三边游戏的中心,具有录音室、共鸣箱和形成新妥协熔炉功能的,就是资本主义精神。它经过了重新磋商、挑战,甚至摧毁,再度兴起,通过向公正和利润机制的转型,以及在批判的火力下因正当性的需求而继续蜕变。因此研究资本主义精神及其演变,是分析资本主义特别合适的切入点。还有一个概念有助于我们说清资本主义、资本主义精神和批判这三个方面,那就是检验,它也是把公正和强迫关系的紧要内容不加简化地结合进统一框架的极好工具。

检验的概念破除了一种狭隘决定论的社会观念,不论是基于结构的无所不能,还是文化主义观点中的内化规范统治。从行动的观点来看,它强调的是社会环境中出现的不同程度的不确定性。检验概念的优点是,可以促使我们以同样的理论工具周转于强迫关系和合法秩序之间。这种检验总是力量的检验。也就是说,人们在相互对抗的情况下,显示了他们的能力,更深刻地显示了他们的素质。但是,如果情况受到正当性的约束,如果参加者确定这些约束真正得到尊重,那么力量检验将被认为是合法的。

关于力量检验,我们要说,"在结束时,权利的展示在某种程度上决定于力量;合法检验决定于人们对各自地位的判断。力量的属性不带任何道德含义来界定这一项事态,而地位属性设想的判断不但涉及对立各方的力量,而且涉及检验所揭示的秩序的公正性。"[①]

三、资本主义精神的外部性特征

有西方学者指出,韦伯将"资本主义精神"概括为一种道德动力,能鼓舞企业家进行促进资本积累的活动。

1. 从物质生产转为物质主义

英国学者曾指出,对利润的竞相追逐意味着资本主义企业一直都在寻求新市场、开发新产品,以及研发能够降低生产成本的新技术,每个企业都在力图获取竞争优势。正是这种价值观使物质主义在资本主义社会横行,人类征服自然、改造自然、开发自然的能力也空前高涨。"人类在传统生存方式上的工业生产和经济增长率达到了最高点;资源开发利用的数量和人口增长率达到最高点;发达国家进入所谓高消费社会,过度消费达到空前的鼎盛时期。"[②]工业社会的生产方式致使发达国家进入物质主义价值观为主导的社会。这验证了德国学者托马斯·迈尔对唯物质主义的一种批判——过分追求物质价值而忽视生态价值,过度追求物质产品的生产而忽视对自然资源的节约,过度重视物质消费和享受而忽视自然资源的承载能力。"在第二次世界大战以后20年内,在所有的欧洲社会占支配地位的是一种唯物质主义的基本取向,它极度重视

---

① 吕克·博尔坦斯基、夏娃·希亚佩洛:《资本主义的新精神》,高铦译,译林出版社,2012,第45、第46页。

② 余谋昌:《文化新世纪:生态文化的理论阐释》,东北林业大学出版社,1996,第25页。

安全、收入提高、物质消费和个人职业升迁机会对于自己生活的价值。"①于是，资本主义在这样的价值观指导下，其工业文明就演变成了一种"唯物"文明。人们热衷的是经济高增长、产品高产量和经济规模的迅速扩张。利润是各国追求的基本价值指标，物质价值是人们追求的基本价值。

人类五千年的文明史就是一部物质生产的发展史。而物质主义发展模式使得资本主义物质生产成为一种"物本"经济或"物质化"经济。其整个经济活动以无节制的物质资源开发、物质产品生产为载体，以越来越多的物质占有为目的。伴随着奢靡生活而来的一切物品的急剧增加和利用剩余收入来增加生产工具源源不断的投资——从开采更多的矿山和建立新的工厂到轮船的增加、铁路的添筑、机器的增长和市场的不断开辟，其"物质化"特征显而易见。

这种"物质化"经济是推动资本主义社会生产力飞速发展的重要推手，但也是给人类带来生态灾难的主要因素。它使"原始森林夷为平地，天然草原剥得精光，处女地的土壤变得贫瘠，煤和金属、石油和天然气——所有蕴藏的动力资源——都被浪费和耗尽，其后本身也遭到破坏。"②从长远看，这种"物质化"经济破坏了人类物质生产的良性发展，使人类生存与发展难以持续。马克思、恩格斯对此由衷地感慨道："资产阶级在它不到一百年的阶级统治中所创造的生产力，比过去一切世代创造的全部生产力还要多，还要大。自然力的征服，机器的采用，化学在工业和农业中的应用，轮船的形式，铁路的通行，电报的使用，整个大陆的开垦，河川的通航，仿佛用法术从地下呼唤出来的大量人口——过去哪一个世纪能够料想到有这样的生产力潜伏在社会劳动里呢？"③在这之后的一百年，生产又加速向前飞驰，人们的物质生活每天都在发生着翻天覆地的变化，这些变化正在极大地改变着人们的物质生活。然而问题在于，物质生产的发展、生活水平的提高、物质欲望的满足，并不是自然发展的结果。

在人类生存环境受到越来越严重威胁的背景下，当代资本主义社会出现

---

① 托马斯·迈尔：《社会民主主义的转型》，殷叙彝译，北京大学出版社，2001，第67页。
② 锡德尼·维伯等：《资本主义文明的衰亡》，上海世纪出版集团，2005，第63、第64页。
③ 马克思、恩格斯：《共产党宣言》，载《马克思恩格斯选集》第一卷，人民出版社，1995，第277页。

了价值理念的转变,越来越多的社会民众放弃了物质主义价值观,转而接受后物质主义价值观。后物质主义价值观出于对人类生存环境的关注,呼吁人类必须学会合理使用物质资源,必须改变以无节制的物质消耗和物质占有为唯一基础的"物质化"经济发展模式。出于对生活质量、人的健康、生态环境和物质生产良性发展的关注,后物质主义强调在坚持良性物质生产的同时,应大力发展"非物质化"经济。在后物质主义理念、舆论的深刻影响下,一种体现经济、社会和环境和谐发展、发展生态现代化、引领现代经济发展方式的"非物质化"经济在西方发达国家开始出现。"非物质化"趋势的出现显示了后物质主义对资本主义经济方式的重要影响。

2. 从消费社会转向消费异化

资本主义的危机已经由生产领域转移到了消费领域。这是本·阿格尔在1979年出版的《西方马克思主义概论》中的观点。所谓"异化消费"就是当今资本主义为了延缓经济危机而力图需要歪曲的本质,在资本和广告的操纵下,诱使人们把追求消费当作真正的满足,从而导致过度消费。它表现为人们往往根据消费的多少来确定自己的幸福程度,其结果不但破坏了外在自然,而且也破坏了人的内在自然,造成这种需求超出自然界所能承受程度的局面,进而导致资本主义的生态危机。阿格尔认为,异化消费增加了人们对资本主义合法性的认同,成为维护资本主义制度的特殊手段。"马克思对消费领域没有给予足够的重视,因为他没有预见到对嗜好的操纵会成为维持和提高利润率以及实施社会控制的一个重要手段。"[①] "异化消费"似乎为人们单调乏味的异化劳动提供了补偿,人们把自我满足和幸福都寄托在消费上,而人的真正需要却没有得到满足。

"异化消费"的前提是异化劳动,异化劳动和"异化消费"紧密联系、互相促进。异化劳动是"异化消费"的基础,"异化消费"反过来又支持着异化劳动,消解了人们对异化劳动的不满,维持着资本主义制度,使资本积累和资本利润得以实现,从而为异化劳动的继续存在和发展提供了保证。阿格尔的这种分析有

[①] 本·阿格尔:《西方马克思主义概论》,慎之等译,中国人民大学出版社,1991,第187页。

一定的正确性和合理性,符合当代资本主义的发展变化特征,但阿格尔据此就认为马克思理论已经过时,用生态危机取代马克思的经济危机理论显然缺乏具体的分析,是错误的。原因有二:一是他过高估计了"异化消费"的决定作用,认为资本主义一切问题的根源都在"异化消费",认为根除"异化消费"就可以解决资本主义的一切问题;二是他没有正确认识到异化劳动产生的根源,把异化劳动的出现仅仅归因于劳动过程的破碎化、集中化和官僚化,而马克思认为异化劳动产生的真正根源在于私有制。这两方面的错误,使他不可能真正找到资本主义生态危机的根源。

3. 从技术崇拜转向技术万能

在资本家"生态资本主义"的所有辩护中,科学技术的进步可以解决生态环境问题,可以解决人类面临的能源危机,这种观点是他们津津乐道的。在他们看来,科学技术的发展可以突破地球资源有限性的瓶颈,为资本扩张铺开无限延展的"康庄大道"。同时,资本家也看到,现代科学技术有"绿化"的趋势,生态技术的发展可以解决生态环境危机,使资本主义可持续发展。

其实,就资本主义的生产方式而言,科学技术首先是为资本增值服务的,是资本博弈的手段。资产阶级政府和资本家集团对技术的选择是出于对统治的考虑和对经济的衡量,科学技术充当了资本主义统治的新工具,绿色技术成为资本家赚钱的新招牌。而科学家也坚持他们会发明某种新的技术来解决当下的环境污染问题。然而,当下许多环境污染问题恰恰是以前的技术发明造成的,"技术的报复"无处不在。例如,发明塑料后导致的"白色污染";大剂量的 DDT 农药造成的"超级害虫";效果显著的抗生素疗法导致致病力更强的细菌的传播等。类似地,科学家承诺的新技术也会产生新的问题,因为技术引起了一系列隐伏的、更加难以捉摸的问题,取代了原来就存在的一些棘手问题。而原来的这些问题也从未被完全解决。

事实上,人们如不时刻警惕,这些尖锐的问题就会卷土重来。所以,人们寄希望于新的技术发明来解决曾经新技术带来的环境问题,可能永远也走不出这个"成也技术,败也技术"的悖论怪圈。资本家寄希望于用新的技术发明来克服生态危机的想法可能只是"技术乌托邦"的幻象,在不改变资本主义制度的情况下,仅仅靠技术进步来拯救资本主义的生态危机也是徒劳的。

第一,破除技术万能论的神话。

资本主义制度及其生产方式对日益严重的生态危机难辞其咎,为了应对人们的批评和指责,资本主义政府和资本家集团往往会拿出科学技术这块"挡箭牌",通过各种媒体向人们灌输"技术万能论",他们笃信人类面临的环境危机都会随着科学技术的广泛应用而"灰飞烟灭",人们为此大可不必担忧。其实,这是一种谬论。虽然以美国前副总统艾伯特·戈尔为代表的技术派依然深信先进的绿色技术可以解决环境问题,但是越来越多的人开始意识到,在资本主义条件下仅依靠科学技术是很难避免生态危机的。

秉持"技术万能论"观点的人有这样一个信念:由科学技术引发的生态环境问题只是局部的、暂时的,完全可以通过科学技术的发展得到解决。人类对科学技术的痴迷似乎已经取代了往昔对大自然的痴迷,人们陶醉在实验室的"胜利"之中,而忽视了自然界生态系统的完整性。但是,世界著名的科学社会学家贝尔纳指出,每一项技术发展,从锄头到核反应堆,都对环境有某种程度的破坏,这是技术本身固有的属性。所以,核技术带来了"核冬天"的威胁,核废物的处理一直困扰着人们;蒸汽机技术带来了"工业黑化"现象,酸雨成了"来自天空的杀手";网络技术伴随着各种计算机病毒攻击的危险;汽车技术增加了雾霾天数;汽车的尾气、耗能、噪声和拥堵让人们烦不胜烦;"石化农业"依靠化肥和杀虫剂对地球生态和人类健康造成极大伤害;人类基因密码破译工程一旦成功,就犹如打开"潘多拉的魔盒",各种闻所未闻的"恶魔"和病毒将蜂拥而至。因此,技术的报复在未来将会以各种方式呈现在人类面前。

对科学技术的崇拜是启蒙精神的核心价值观,期盼着采用先进科学技术来解决生态环境问题的科学家们,仍然在践行着"技术治污"理念。戈尔在《濒临失衡的地球——生态与人类精神》一书中就提到了这样的例证。例如,在讨论温室效应时,一些科学家建议,在地球上放置数十亿块锡片这样就可以把太阳射来的阳光反射回去,以平衡现在大气层中截留的大量热量。有人还认真地提出了一个庞大的计划,要向海洋中投放含铁肥料,以刺激浮游生物的光合作用,吸收人类活动造成的过量温室气体。这两项建议体现了同样的治污思路,即为了抵消以往借助科技操纵自然造成的生态恶果而再度借助科技来操纵自然。人们不愿意对传统的操纵方式进行认真反思并加以调整,而是倾向于把统一模式下的科学技术当作解决生态环境危机的唯一方法。

"实验室是未来财富的庙堂。"——这句豪言壮语当然没有错,但工业文明时期产生的过错也来源于实验室。DDT 是一种有效的杀虫剂,最初受到农民和制造商的热烈欢迎,结果却和其他农药一起造成了一场生态灾难。氟利昂是一种化学制剂,用作冰箱的制冷剂效果极佳,但是当以氟利昂制冷的冰箱和空调被大量使用后,人们才发现,被释放到大气层中的氟利昂正在吞食着保护地球生命不受紫外线伤害的臭氧层。日本技术史和技术论专家中山秀太郎就反对技术万能论,他认为,就本质而言,技术本身包含着破坏自然的因素,可以说,不产生公害的技术是不存在的。因此,不论怎样改变经济结构,不论技术如何进步,都不能制止公害的发生。以为科学技术什么都能解决,这是对科学技术的迷信。即使在小范围内这样考虑每一个技术也有其危险性。人类从事技术工作,总会在一定程度上破坏环境,这是无法避免的。由此可见,技术万能主义对人类安全是一种极其危险的思想。他还提醒人们:"技术是用来改造自然并使之向有利于人类方向转化,显然只要使自然界发生某种变化,就会引起自然的破坏。因此不会有什么绝对安全的技术或者无公害的技术。只有当对自然破坏程度很小时,由于对人类或其他生物安全产生的影响微乎其微,或者由于产生的影响限制于局部范围,才使人视而不见而已。"[①]

其实,"自己的刀削不了自己的把"。"生态资本主义"拥护者的土壤科学技术带来的环境危机随着科学技术的进步而消解,看来只能是一厢情愿。应当看到导致资本主义环境污染的原因是多方面的,其中资本理性的猖獗和社会制度的根源是带有根本性的,而并非"全是技术惹的祸"。如果在处理环境污染时,人们仅仅关注于一些绿色技术的考量,可能就陷入了"技术万能论"的泥沼。

所以,美国著名的建设性后现代主义哲学家小约翰·柯布,在评述美国前副总统戈尔在推进美国生态运动发展时说:"我们当然很感谢阿尔贝特·戈尔,因为他的努力有助于使美国民众意识到全球变暖问题的严重性。不过,他给人

[①] 星野芳郎:《未来文明的原点》,毕晓辉、董守义译,哈尔滨工业大学出版社,1985,第13页。

留下的印象是,人们需要做出的回应只是技术上的。这似乎就是他的信念。我完全支持新技术可能带来的任何收获。它们会给我们节约很多时间。但是对于我们所面临的许多问题——沙漠化、森林覆盖率低、冰川消融、水资源污染和不断匮乏、不可控制的基因突变、空气污染、新型疾病、动植物物种灭绝、资源枯竭等,这种特定的回应仍是不够的。它们只不过延缓了全球灾难爆发的运动进程。我们需要的,不仅仅是技术(技术有时带来的问题比其解决的问题还要多些),还有改变或改善我们看待世界的方式和最深层的敏感性。"①

小约翰·柯布还谈道,"现在美国人正在觉醒,他们认识到要保护环境,有必要改变自己的生活方式。然而,人们正在试图以不痛不痒的方式做些小小的改变,就算是微小的改变也会因为影响到公司的利润而受到最有实力公司的抵制。所以,人们在环保上比较现实中的做法就是期望技术进步。人们认为技术进步会减少环境污染和资源耗竭,有利于克服'温室效应',减慢全球气候变暖的速度。不可否认,这些科学技术上的进步都有好处,但是存在着这样的风险,即科学技术上的有限成功会把人们的注意力从深层的变化中转移出来:人们高度关注科学技术的生态化转向,而忽视了对导致生态危机根源的挖掘,忽视了从社会整体进步角度来克服生态危机。"②

第二,技术崇拜:一种潜在的危险。

技术崇拜是人类启蒙理性的"杰作",它在人类工业化和现代化进程中扮演着十分重要的角色。技术在改造自然时"节节胜利",使其拥有众多"粉丝",技术崇拜的"幽灵"一直在我们身边徘徊。然而,对技术的非批判性崇拜可能导致更大的风险——技术属性内在矛盾的表现。因此,风险理论,尤其是技术风险问题引起了理论界的高度重视。德国社会学家乌尔里希·贝克教授的风险理论认为,风险的来源不是基于无知的、鲁莽的行为,而是基于理性的规定、判断、分析、推论、区别比较等认知能力;它不是对自然缺乏控制,而是期望对自然的控制能够日趋完美。

在今天看来,科技不仅仅具有正面作用,同样相伴而生的是它的负面危

---

① 小约翰·柯布:《生态与生态文明》,《马克思主义与现实》2007年第6期。
② 小约翰·柯布:《论生态文明的形式》,《马克思主义与现实》2009年第1期。

害。今天的科技成了一种潜在的危险,这种危险不是在今天刚刚产生,而是相伴科技而产生的,以前这种危险不是没有而是表现的数量相对较少,故而没有引起人们的足够重视。"风险"本身并不是危险或灾难,而是一种相对可能的损失、亏损和损害的起点,而在这个疆界消失的科技全球化的时代,风险也就必然会全球化。科学技术的负面效应产生生态风险已经是一个不争的事实。

第三章 韦伯"合理性"理论与人类的生态牢笼

随着现代性浪潮的兴起，各种行动的意义被从这个世界上清除一空。理性在现代社会中已经窃居高位，在理论研究和日常生活中都发挥着至关重要的作用，恩格斯在《反杜林论》中对此做了非常生动的描绘："宗教、自然观、社会、国家制度，一切都受到了最无情的批判；一切都必须在理性的法庭面前为自己的存在做辩护或者放弃存在的权利。思维着的知性成了衡量一切的唯一尺度。"[1]韦伯也曾说："我们这个时代，因为它所独有的理性化和理智化，最主要的是因为世界已被祛巫，它的命运便是，那些最终极、最高级的价值，已从公共生活中销声匿迹，它们或者遁入神秘生活的超验领域，或者走入了工人之间的直接的私人交往的友爱之中。"[2]

自现代伊始，效率、理性和价值等主题就成为社会的焦点，而对终极意义的思考已完全被目的理性吞噬，价值理性因此深困"牢笼"之中。在卡尔·洛维特看来："韦伯所关心的就在是一个'专家没有灵魂，纵欲者没有心肝'的祛巫世界中如何拯救人最后的尊严。"[3]由此可见，韦伯的"祛巫"思想是我们理解现代文明中的进步与危机、摆脱官僚体制与理性的狡诈、重建人类行为价值和意义的关键。

第一节 韦伯的"合理性"及其局限

韦伯通过继承、改造黑格尔哲学的"理性"概念提出"合理性"概念，并用

---

[1] 中共中央马克思恩格斯列宁斯大林著作编译局：《反杜林论》，载《马克思恩格斯选集》第三卷，人民出版社，1995，第 355 页。

[2] 马克斯·韦伯：《学术与政治：韦伯德两篇演说》，冯克利译，生活·读书·新知三联书店，2013，第 48 页。

[3] Karl Lowith, *Max Weber and Karl Marx*, (London: George Allen an Unwin, 1982), p12.

以解释资本主义及其发展。"合理性"概念通常区分为工具合理性和价值合理性。韦伯在对"理性化""祛巫"等概念的阐释中提出：人类随着理性化发展已逐渐摆脱传统社会的"蒙昧"状态和神性束缚，以工具合理性特有的机制追求利益最大化，即以一种趋利避害的计算方式、技术化方式来面对一切。因此，韦伯视阈中的"现代性"就等同于"合理性"，"现代化进程"等同于"理性化进程"，在运用合理性理论阐释西方近代社会诞生的同时，也解释了作为合理性结果的西方文明所隐含的负面意义。

一、合理性概念的提出

以"合理性"为中心阐释韦伯的思想这一路径在学界早已有之。自20世纪70年代起，"合理性"就被视为韦伯学术理论中的一个关键词。正如李猛所说："考察韦伯留给现代社会的，无论在思想和现实中都始终难以逃避的问题：合理化和自由。"[①]有学者指出，韦伯视阈中的理性主义包括三个层面，科学技术的理性主义——通过计算来支配事物的能力；形而上的伦理理性主义——文化人的内心思索引发的思想层面意义关联的制度化；实用的理性主义——有系统、有方法的生活态度。这三个层面对于我们理解"合理性"非常有价值。

韦伯以"合理性"概念做工具，分析了近代西方现代化的演进和本质，"现代性"成了"合理性"的同义语。韦伯的"合理性"理论一方面是对西方近代社会诞生的注解，另一方面作为合理性结果的近代西方文明的负面意义——工具合理性对价值合理性的控制，使得合理性概念具有了一种批判的意味。但就"合理性"概念本身而言，是个问题重重的概念，其界定也只能参见韦伯使用该术语的众多不同语境。也可以说，"合理性""合理化""理性化"在一定程度上是可以通用的概念。

对于合理性，韦伯有这样的看法：通过这一术语，可以理解迥然不同的事物……例如所谓的神秘沉思的合理化，也就是一种态度的合理化，这种态度从

[①] 李猛：《除魔的世界与禁欲者的守护神：韦伯社会理论中的"英国法"问题》，载李猛编《思想与社会第一辑——韦伯：法律与价值》，上海人民出版社，2001。

其他生活层面角度来看,尤其不具有合理性,同样道理可见于经济生活、技术、科学研究、军事训练、法律和管理的合理化问题。而且,这些领域中的每一个都可能依据大相径庭的目标予以合理化,从一种观点来看是合理的,从另一种角度看可能就是不合理的。因此,特性上千变万化的合理性存在于不同生活层面和文化的全部领域之中。要从文化的角度揭示其差异性,就有必要了解哪些部门是合理化的,在哪个方向上是合理化的。

差异巨大的"生活层面"是"合理化"的来源之一,诸如神秘的沉思和经济,并运用于这些领域,但是其一般意义是"经验领域的表述和组织,主要是指认知层面上"的合理化。合理化的需要起因于人类生于斯、长于斯的现实中的固有混乱本质以及如下事实,即它们自身担负着将秩序引入现实的责任。换言之,"合理化"指的是赋予现实以次序化的基本过程,即对现实的文化建设。它代表了生物学上的一种规则。因为没有规则,现实将难以控制,物种的生存就不可能,所以,它一直继续存在于每个社会和生活的全部领域里。在这个韦伯式的框架里,声称一个社会比另一个社会更合理,或更具合理性,将是一种荒诞无稽的事情,这就等于断言这个社会更像个社会,或者个人更像个人。

"合理化"未必是个积累的过程,各种社会(或者社会中的活动领域)之间在这方面的差异不是定量的,而是定性的;虽然它们不能在合理程度上有多少之分,但一般而言,它们的合理化各有不同途径。现代经济,或者说韦伯设法予以理解的现代西方资本主义,在他看来是一个"西方文化具体和独特的理性主义"的产物,另外,它还表现在西方音乐、建筑、科学和法律上。在所有这些领域内,合理化的结果是总体原则和各类组织的形成,这些原则和组织具有无穷的适应能力(或至少在20世纪开始时看起来如此)并具有无限的衍生功能,因而也具备内在发展能力。正是这种发展潜能才促使韦伯断言,它们具有"普遍的意义和价值"。

对作为"合理化"中心的历史组织过程加以概念化聚集,就等于承认该过程本质上是一个精神过程。作为精神过程,"合理化"一直持续在个人内心中,在大多数情况下,特定的合理化的意义具有严格的局限性。但是,某些合理化——对那些数量较大或在其他方面具有影响的团体成员所共享的反复发生的经验进行组织的合理化——具有社会过程的特征:对合理化的清晰表述成为集体努力的事业,其益处远远超出积极加入该进程的人。对处于合理化进程中的现实能够经受住时间考验时,该合理化即可成为体制化的基础。在这种情况下,社会就致力于特定的合理化进程——即对某个经验领域或特定秩序影响的特定组织形式——并且赋予其意义、价值,使对其认同成为规范,从而将其纳入社会结构。

作为社会机构的组成部分,合理化(以其多元形式)发挥其最为深远持久的影响力,成为社会上的组织力量。当韦伯谈到那些"西方文化具体和独特的理性主义"时,无论是在音乐、科学、法律上,还是在经济范畴,其实恰好指的就是这样一种社会力量。还有人竭力将他描绘成一个理想主义者,但他实际上感兴趣的并不是空洞的观念或这样的"合理化",他感兴趣的是对社会的意义,即体制化的合理化,因为后者超越了原先的个体特征并且获得了社会特性。因此,他在《新教伦理》和其他著述里摆出的问题必然具有双重性:人们必须揭示合理化的特定形式的演变及其体制化,而后者并非自动地随之而来。

二、祛巫的现代

"祛巫"一词在韦伯哲学思想中居于核心地位,意为"解咒""去神秘化"等。所谓"祛巫",即在宗教中表现为个体(信徒)不再相信和借助神秘的、巫术性的手段和仪式去求得灵魂上的救赎,在社会中表现为人们不再用巫术和宗教观念去解释和看待世界,而是科学地将世界视为一个因果性的链条。那么灵魂的救赎势必通过其他方式得以实现。韦伯所使用的"祛巫"具有极复杂的意义,在《新教伦理与资本主义精神》中是指把魔力从世界中排除出去,并使世界理性化的过程。"[1]对此,韦伯有一段广为人知的论述:"只要你想知道什么,随时都可以知道,原则上没有从中作梗的神秘不可测的力量;原则上说,可以借助计算把握万物。这就意味着世界的脱魔——从魔幻中解脱出来。"[2] "野人相信魔

---

[1] 马克斯·韦伯:《新教伦理与资本主义精神》,于晓、陈维纲等译,生活·读书·新知三联出版社,1987,第79页。

[2] 马克斯·韦伯:《以学术为业》,王容芬译,载韩水法编《韦伯文集》(上),中国广播电视出版社,2000,第83页。

力,所以必须使用魔法控制鬼怪或者向鬼怪祈求。我们大可不必学野人了,技术手段和计算使人脱魔。这是理智化身本身的主要意义。"①

由此可见,技术手段和计算作为工具理性的具体承载使世界发生了颠覆性的转变:资本主义的工具理性彻底取代了"传统"的经济理念,也更能表现"理性化"在社会生活中的诸多特点。于是,人也就成了被度量的独立个体,世界成了被征服的客体——可以为文化和科学所掌握。

社会形态上的西方国家现代性转型是由宗教社会转向世俗社会。"人们普遍认为,'现代'是与'传统'决裂而成的。因此,'现代'的精神特质不同于'传统'的精神气象。传统是一个魅惑的时代,要么政治与宗教合一,要么政治与教化合一,人们无法根据理性的法则构建公共行动的原则。而现代则是一个去除魅惑的时代,它将一切神圣的东西驱入私人生活的隐秘幕后,而以理性来筹划人类的公共生活。因此,现代是一个祛巫的时代。"②在阐释"新教伦理的含义和作用时,韦伯利用"祛巫"来否定天主教教会救赎人类,清除所有非理性的巫术和神秘主义。

因此,合理化也就是宗教的"祛巫",进而成为世界的"祛巫"。对韦伯来说,世界逐渐"祛巫"的过程本身也受到了由宗教预言激发的理性化推动。"祛巫"的过程就是对神秘魅力的去除,不仅在资本主义精神层面,而且要在社会行为领域进行"祛巫"行动。韦伯曾直言,"宗教的除魔带来了理性化,宗教观念带来的伦理的理性化导致了一种对实践的关怀,产生了西方的经济理性主义。"③在当今世界,人类片面追求工具理性目的,而忽视了价值理性。从而导致人生价值陷入严重危机。人生意义的重建迫在眉睫,关键之处在于理性的合理运用。整个世界宗教都在经历着理性化的发展趋势,因此,西方宗教理性化的根本点在于救赎方法之祛巫。

随着加尔文教的兴起,巫术仪式被彻底废除了,但该宗教反过来却与资本

---

① 马克斯·韦伯:《以学术为业》,王容芬译,载韩水法编《韦伯文集》上,中国广播电视出版社,2000,第29页。
② 任剑涛:《祛巫、复魅与社会秩序的重建》,《江苏社会科学》2012年第2期。
③ 陈阳:《马克斯·韦伯的新教伦理与理性化》,《学习与探索》2014年第4期。

主义生产的成熟显得越来越不相干。加尔文教促成了一个伟大历史过程的最后定局,韦伯在别的地方对此有详细的论述。这个世界逐渐"祛巫"的过程:"如果上帝决定拒绝赐予某些人恩惠,不但不存在施用巫术来获得它的手段,而且也不存在任何别的办法。……而'祛巫'在宗教上的反映与作用则是清教"最鲜明的特征,它根除了巫术,甚至在圣礼和符号的升华形式中,以至严格的清教徒本人为了破除迷信,亦即对任何巫术性质处置的依赖,能够不拘任何形式埋葬亲人、爱人的尸体。直到这里才完全贯彻了世界的彻底脱魔。"[①]清教伦理把所有用魔法的手段来追求拯救的做法都当作迷信和罪恶加以摒弃。

可以说"作为理解现代资本主义世界的基本原则,合理化不仅包括某物或某个特定领域的合理化,而且囊括整个社会结构的合理化,这一过程是'解除魔咒的世界按其事理化—非人格化的秩序'以一种合法性的条件总和支配了一切生活领域。"[②]

三、韦伯的"合理性"

"合理性"是韦伯思想的核心概念。在对社会生活各个领域的论述中,韦伯最常使用的是"合理性""合理性的""理性化"这几个词。如果说韦伯的社会学涉及了社会生活的各领域,那么,其中一以贯之的核心思想则是"合理性"。"韦伯的合理性,一方面是个体社会行动的合理性,也即对行动之有意识的动机的发现和把握,合理的社会行动乃是一种有意义的行动;另一方面则是韦伯的宏观社会学理论,是指整个社会制度和文化生活方式经由合理化的'祛巫'过程而呈现出的合理性之面貌。这一过程的最大特点在于形式和理性在社会生活中越发占据重要地位,并最终成为社会生活的支配性原则。"[③]

施路赫特从人的认知能力、理论体系的系统化以及生活态度的系统化三

---

① 马克斯·韦伯:《儒教与道教》,王容芬译,商务印书馆,1995,第279页。
② 金永:《卡尔·洛维特论韦伯与马克思对资本主义世界的诊断和批判》,安徽师范大学,2017,第27页。
③ 刘莹珠:《资本主义与现代人的命运——马克斯·韦伯合理性理论研究》,人民出版社,2014,第9页。

个方面概括了韦伯理性主义的内涵:第一,理性主义是指一种通过计算来支配事物的能力。这种理性主义是经验知识及技能的结果,可以说是广义的科学——技术的理性主义。第二,理性主义意味着关联的系统化,即把"意义目的"加以知性探讨和可以升华的成果。这源自文化人的"内心思索":人们不但要将世界看作一个充满意义的宇宙来把握,更必须表明自己对此世界的态度。这层含义下的理性可称为形而上学——伦理的理性主义。第三,理性主义代表一种有系统、有方法的生活态度。由于它是意义关联及利害关系制度化的结果,可称为实际的理性主义。

1. 韦伯合理性概念中的哲学理性

韦伯的"合理性"概念源于他的法学思想,是社会学范畴,与哲学范畴的理性既有区别又有联系。哲学范畴的理性通常是指进行逻辑推理的能力和过程,也就是与感性、知觉、情感和欲望相对的一种能力,基本的真理被直觉地加以把握。这些基本真理是全部派生事实的原因或"根据"。在这个意义上,理性主义者强调理性高于感性、知性的至上地位,经验主义者则否认理性的存在。在形式逻辑中,推演从亚里士多德起就被分为演绎逻辑和归纳逻辑。在欧洲中世纪神学中,理性有别于信仰,它或以发现的方式,或以解释的方式来对待宗教真理的人类理智。在康德批判哲学中,理性通过统摄原则把知性提供的概念综合为统一体。康德把提供先验原则的理性称为纯粹理性,并把它与行动相关的实践理性区别开来。

韦伯的"合理性"最初是指基于实践理性的近代西方法律体系的本质属性。而由于受新康德主义的影响,韦伯的"合理性"思想有了工具理性和价值理性的区分,至此,理性自身被加以分解。韦伯认为:"谁若根据目的、手段和附带结果来作他的行为取向,而且同时既把手段与目的,也把目的与附带结果,以及最后把各种可能的目的相比较,做出合乎理性的权衡,就是目的合乎理性的行动。"韦伯的划分是其对社会行为和社会现象进行考察并做出的因果解释。而直接目的却是为了建构一套解释模型,这种解释模型表现为"西方今天'之所以这样,而非那样',是对现代资本主义形成和发展的一种解释。"[1]

---

[1] 马克斯·韦伯:《经济与社会》上卷,林荣远译,商务印书馆,1997,第57页。

在他看来,任何一种法律体系都是由法令、规定组成的法律秩序。这些法令通常含命令性成分和传统性成分。前者是立法者的创造,通常要有特定的哲学思想提供指导,后者是经验的产物。

2. 韦伯对合理性中的不合理性分析

韦伯对西方社会合理化的分析,借助形式合理性与实质合理性两个概念,以文化合理性与社会组织合理化为描述对象,揭示了西方现代社会变迁的本质——合理化和现代化。现代化是世俗化、祛巫化、理性化的过程;同时,也暴露了西方社会合理化过程中的不合理性——意义的丧失和自由的丧失。在韦伯看来,"现代社会追求理性原则。确切地说,追逐工具—目的合理性原则所造成的异化现象:意义的丧失和自由的丧失,是现代人所无法逃避、必须面对的困境。而这在现代资本主义社会是无法克服的,在资本主义以外的社会形式中,无法从根本上消除。"[1]由此,韦伯对现代文明的前途感到无奈,乃至悲观失望。"韦伯称此种倾向为'目的理性',亦可以说是'工具理性',表示行动者的考虑纯粹以效果最大化为唯一标准。"[2]

"工具理性"式的行动建立在对于目的的合理评估,这种理性在经济生产方面表现得很明显。"韦伯将经济行动划分为'传统的'和'工具理性的'两大类型。'传统的'经济类型通常以传统技术满足需要,'工具理性的'经济行动则要求有计划地分配和运用资源来生产和交换产品,生产不再是为了维持生计,而是怎样获取最大利润。就人类经济活动的发展而言,这两种类型自然是连续而渐变的,但从西方历史和世界史的角度观察,韦伯认为资本主义的'工具理性'彻底取代了'传统的'经济理念,并进而形成相配合的社会组织和制度,使得生产能力大幅度提高,创造出空前的文明成就。"[3]

而对于韦伯所论述的有关新教伦理与现代资本主义企业"精神"之间的亲

---

[1] 彭列汉、黄金来、肖祖火:《现代西方合理性思想的演变——从韦伯到后现代主义》,《武汉理工大学学报(社会科学版)》2017年第1期。

[2] 顾忠华:《韦伯学说》,广西师范大学出版社,2004,第78页。

[3] 阳勇:《"理性化"的现代性——韦伯现代性思想新探》,湖南师范大学,2006,第24页。

和力的具体内容，马克思也认可这种联系的历史重要性，而且特别强调现代资本主义的"禁欲理性"。根据马克思的观点，这一点体现在由市场所支配的人际关系中，也体现在以获取金钱为目的的追求中。金钱是资本主义条件下人类自我异化的表征，因为它把所有人类特质化约为交换价值的量。因此，资本主义具有一种"普遍化"的特征。它扫除了传统文化的种种特性，催生了其自身的"金钱道德"：资本按照自己的这种趋势……既要克服流传下来的、在一定界限内闭关自守地满足于现有需要和重复旧生活方式的状况，又要克服民族界限和民族偏见。资本主义是"禁欲式的"，因为资本家的行为是建立在"自我舍弃"和利润持续再投资基础上的。

马克思指出，这一点体现在国民经济学理论中：国民经济学这门关于财富的科学，同时又是关于克制、穷困和节约的科学……为财富本身而追求财富，作为一种普遍的道德精神，是一种只存在于近代资本主义中的现象。关于这一点，马克思与韦伯都进行了明确的说明：致富欲望本身是一种特殊形式的欲望，也就是说，它不同于追求特殊财富的欲望。例如追求服装、武器、首饰、女人、美酒等的欲望……贪欲在没有货币的情况下也是可能的；致富欲望本身是一定社会发展的产物，而不是与历史产物相对应的自然产物。

马克思和韦伯都认为，在成熟的资本主义世界中，宗教被社会组织取代，而技术理性则在其中占据至高无上的地位。马克思常常强调资本主义进步所带来的世俗化结果。资本主义"把宗教虔诚、骑士热忱、小市民伤感这些情感的发作，淹没在利己主义打算的冰水之中"。正因为如此，作为资产阶级社会理论的国民经济学，才能成为科学解释和评价资本主义发展的基础。在资产阶级社会中，一切神圣的东西都被亵渎了，人们终于不得不用冷静的眼光来看待他们的生活地位，他们的相互关系。在马克思的观念中，宗教的衰弱使信仰有可能真正得到实施，后者在传统秩序中处于"虚幻"状态——完美的天堂生活完美地取代了所有人在尘世谋求满意生活的可能性。然而，这在资本主义社会也是不能得到实现的。资本主义秩序只会更将迷魅祛除，而且使人的异化加剧。

在宗教对社会生活的影响力减弱所造成的结果上，马克思与韦伯的看法存在差异的主要根源不在于人们通常所寻求的"理想"的消失。实际上，对于受资本主义刺激而形成的独特生活模式,两人在著作中所做的批判明显相似(即技术理性的支配)。但对韦伯来说,一个"世俗"社会组织的技术危机是,它们必然会抹杀或否定推动该社会发展的一些主导价值:不存在任何其他的可能选择。从另一方面来讲,在马克思看来,现代资本主义的异化特性源于其阶级特性,并将通过社会的革命性重组来消除。韦伯对官僚理性化结果的描述与马克思对资本异化后果的描述几乎一致:从一种特定的意义上来说,发展成熟的官僚制置于一种不受愤怒或偏见影响的原则之下,它那种为资本主义所欢迎的特性越是得到发展,官僚制就越是完全"非人性化的",也就越成功地把不能计算的爱、恨以及所有纯属个人的、非理性的、情感的因素从官僚事务中根除。

因此,韦伯看到了资本主义中原本具有的非理性。虽然官僚制的形式理性可以大规模地管理工作在技术上实施的可能,但它实际上与西方文明中某些具有特色的价值相抵触,抹杀了个性和自发性。但要克服这样一点,不存在任何理性的途径:这就是"时代的命运",必须生活在一个以"机械僵化"为特征的社会里。要有别的方法,除非想象新神灵的超凡魅力的再生。因此,马克思与韦伯最根本的分歧在于马克思所说的异化特性作为阶级社会特定形态的资本主义的特性,实际上在很大程度上来源于官僚性,即现代社会形态的必然伴随物,不论该社会是"资本主义",还是"社会主义"。

对于西方世界的文化命运,韦伯有一段广为人知的论断:没人知道将来会是谁在这铁笼里生活;没人知道在这惊人的大发展的终点会不会又有全新的先知出现;没人知道会不会有一个老观念和旧理想的伟大再生;如果不会,那么会不会在某种骤发的妄自尊大情绪的掩饰下产生一种机械的麻木僵化呢?也没有人知道。因为完全可以,而且是不无道理地这样来评说这个文化的发展的最后阶段:专家没有灵魂,纵欲者没有心肝;这个废物幻想着它自己已经到达了前所未有的文明程度。对于现代世界人类所面临的文化命运上的悲观处境,韦伯有着足够深刻的体悟,然而韦伯的目的却并非停留在点明这处境上。他试图分析这一问题产生的根源,并在其中谨慎地为个体的自由留出可能的空间。形式合理性与实质合理性就是韦伯分析这一问题的工具。

3. "理性化"和"合理化"使用的不同语境

"目的合理性和价值合理性确是韦伯理性类型学的核心,因为在《经济与社会》中,正是借助这两个概念,韦伯从系统化概念出发,重新思考了他自《新教伦理与资本主义精神》以来一直关心的西方现代世界的合理化问题。这两个问题的重要性就在于它们之间的关联与张力直接涉及韦伯始终关注的伦理合理化与社会秩序的合理化之间的关系问题。从这对范畴出发,《新教伦理与资本主义精神》的问题就是,借助新教徒的伦理合理化过程,在新教伦理的'价值理性'与作为理性资本主义特征的'客观的经营活动'的'目的理性'的合理化之间建立了'亲和力',前者为后者提供了推动力。也正是在这个意义上,新教徒的伦理合理化,既是'价值理性'的,也是'目的理性'的;而在《经济与社会》和晚期的政治作品中,无论是对支配社会学的分析,还是对经济生产的技术效率与实质正义或社会目标之间关系的分析,韦伯关注的核心问题却是这对范畴的另一个侧面,即在价值多元的格局中,价值理性与目的理性的冲突,不同价值理性之间的冲突,以及目的理性在这种价值理性冲突中所扮演的角色。"[①]

韦伯对"理性化"和"合理化"两个概念并未做出明确定义和区分,而是在不同领域使用这两个概念。合理化着重用在社会历史由非理性向合理性方向发展的过程,倾向于生活的实践方面,而理性化是西方文化独特性的一个特征,广泛存在于西方科学理论、国家行政、艺术、建筑和自由劳动之资本主义企业中。西方社会的合理化缘何发生?韦伯认为,塑造了现代生活样式的世界的合理化进程发端于一个社会的文化心理层面,首先是一种"心态"的转变,具体地说在一个"祛巫"了的世界中个体内部普遍有一种按照合理性原则去组织生活的内在倾向。

有学者指出,"合理化"就是"合理性"在韦伯思想体系中的社会动力学维度。如前所述,基督教禁欲主义精神生发出一种方向明确而且是有组织的生活及其行为方式,而清教徒的理性劳动伦理为资本主义精神的塑造提供了强有

[①] 李猛:《除魔的世界与禁欲者的守护神:韦伯社会理论中的"英国法"问题》,载李猛编:《细想与社会第一辑——韦伯:法律与价值》,上海人民出版社,2001。

力的基础保障。禁欲主义规定:"追求财富作为自身目的的行为应受最严厉的斥责。但是,它也认为,如果财富是从事一项事业而获得的劳动果实,那便是上帝的祝福。更为重要的是,在一项世俗的职业中殚精竭虑,持之不懈,有条不紊地劳动,信徒把这样一种宗教价值观作为禁欲主义的最高手段,证明他们是上帝的选民,同时这样做也是最可靠、最显著的手段。的确,清教徒的真诚信仰,对我们在此早已称为资本主义精神的那种生活态度的扩大,肯定已发挥了最强大的作用。这样,条理性劳动就被极大神圣化了,而且,视劳动为职业天职成了现代工人的特征。显然,恰当而系统地从事劳动并正确把劳动置于信徒生活的中心位置,以这种方式落实对劳动的认识,这足以成为一个颠覆传统经济伦理的有力杠杆。"[①]

四、新教伦理中"非理性"所蕴含的"理性"

韦伯对"非理性"和"理性"的讨论充满"吊诡"的意义。韦伯认为在基督新教的发展上,曾经出现过好几代具有宗教狂热的信徒,他们将教义视为生活最高指导准则,以致他们的行为在其他人看来,带有许多"非理性"成分。可是,正是因为这些信徒并不顾及世俗和传统的价值观,他们以宗教上的目的"正当化"了的非传统式的做法,带动了生活各层面的"创新"——上述的"新式"经营手段只是其中的副产品之一。这种狂热不只是"前资本主义"的人会感觉不可思议,"现代人"亦不太能理解,但是如果没有这种强烈的"非理性"在后面推动,人们的生活根本不会有太大的变动。

更有趣的是,他们在宗教热情上存在很多"非理性"因素,但他们外在的行动却极有系统和效率,完全符合"现代"意义下的"理性"计算,所谓的"理性或非理性"于是产生很微妙的组合。其实这类评价式的定义,往往是相对的,这一点,韦伯知之甚详。他自己便指出,人类的生活是可以在不同的基本观点下,朝着许多不同的方向加以合理化(或理性化)的;这简单的事实,虽常被遗忘,但应该是放在每一个讨论"合理主义"(或"理性主义")的研究之开端的。换言之,

---

[①] 马克斯·韦伯:《新教伦理与资本主义精神》,阎克文译,上海人民出版社,2018,第112—113页。

我们今天习惯称现代经济的特色是一种"经济理性主义",整个现代文明也标榜着"理性"的胜利,从科学到民主政治莫不被视作理性启蒙的结果,只不过这样的"理性主义"概念毕竟还是一个历史概念,它本身包含了无数矛盾。

而这个历史发展的来龙去脉,就韦伯而言,这条主线正是"资本主义精神"的成长历史。与此同时,他特别看重"天职"思想以及"为职业劳动献身"的态度,因为这一项特质"曾经成为并且现在还是西方资本主义文化最突出的因素,而存在于'天职'概念中'非理性'的根源,更是韦伯下一阶段要剖析的对象。"[①]

在新教伦理中,新教完全否定有一切魔力存在的现实性。新教徒寻找各种证明他们被上帝选定的救赎的征兆,而经济上的成功就是征兆之一,通过专心致志于世俗之内的职业去谋求救赎的宗教动机。"在韦伯开展的宏大比较研究中,他强调救赎问题在所有已知的宗教中都普遍存在。他认为,犹太基督教传统的特征是'现实的禁欲主义'。这种特征推动了福音派的行动主义和改变世界的活动。相比之下,东方宗教(儒教、道教、印度教)则认为,只要能远离俗世,恪守传统,沉思冥想,就可以得到救赎。"[②]"得救预定论"在逻辑上就是宿命论,这会使人产生孤独感和焦虑感。"是否得救"支配着虔信者们的生活。作为人类,我们固然不知道上帝的动机,但是上帝显然希望人类会严格地遵守他的律法。清教徒们要证明自己是得救的信徒之一,那就必须持续地"监控自身动向",克制人性的自发冲动,驯服所有的需求和肉体欲望等理性的行为以符合上帝的律法。实际上,条理化理性是生活组织的一个更加牢固的基础,早已具体出现在清教牧师的著作中了。

他们把至关重要的得救预定及天职中的条理化劳动,与系统地追求财富和利润直接联系了起来,这种联系就是韦伯关注的问题,也是他论述经济传统主义被颠覆和新教伦理应用的关键。韦伯正是在这里发现了新教伦理与资本主义精神的关联。与慢节奏的传统经营相比较,具有资本主义精神的雇主以市

[①] 顾忠华:《韦伯〈新教伦理与资本主义精神〉导读》,广西师范大学出版社,2005,第37、第38页。

[②] 史密斯:《文化理论——导论》,张鲲译,商务印书馆,2008,第27页。

场规则来确定价格和利润,按照生产管理法则组织其劳动力,把利润用于企业的再投资,运筹帷幄于"竞争与合作"之间,创造了巨大的物质财富,这就巩固了"资本主义精神"的基础。

第二节 韦伯对"合理性"的理论阐释

如前所述,韦伯将黑格尔的理性概念改造成"合理性"概念,用以考察资本主义的发展和现代化的演进。他"把'现代性'等同于'合理性',将'现代化进程'等同于'合理化进程',从而把狭义上被看作是人的思考能力的理性拓展到人的行动和历史、社会等现实领域,成为人的行动及社会所具有的特性。"[①]纵观经由新教的精神动力开启的合理化进程,当代资本主义社会的各个层面皆展现出一种独特的理性主义风貌,可以说"合理化"是一个关涉宏观社会结构的纵向概念。

韦伯在为其《宗教社会学文集》所写的导言中明确指出,合理化涵盖了不同社会、历史、文化形态的广泛经验性研究,最为基础的要素有两点:一是对现代西方文明明显不同于其他文明的独特的理性主义的表现;二是将对这种独一无二的分析和解释确立为一般历史的中心任务。在剖析了催生资本主义的合理化的动力因素之后,韦伯在其宏观社会学理论中详细分析了资本主义的理性主义特征。合理化是社会的整体趋势,然而在社会生活的不同领域,合理化的方向可能并不相同,比如说,既有关于神秘性思索的合理化,又有经济生活的合理化、技术的合理化和科学研究的合理化、军事训练的合理化,或者是法律和管理的合理化。并且,其中每个领域的合理化可能是朝向不同的终极目的的,在其中一个领域中的理性可能在另外一个领域恰恰是非理性的。

因此,在不同文明的不同领域中存在着具有极为不同特征的"合理化"。尽管彼此间存在着千丝万缕的历史关联,但经济、法律、管理等这些不同领域的

[①] 彭列汉、黄金来、肖祖火:《现代西方合理性思想的演变——从韦伯到后现代主义》,《武汉理工大学学报(社会科学版)》2017年第1期。

合理化并不能视为同一个过程。"合理化并非一个统一的过程,而是一个发生在不同的生活领域,由不同历史原因所导致的,朝向不同的利益与价值而各自多元化的过程。因而,唯有首先厘清现代资本主义社会中'社会生活的哪个领域被合理化了,在什么方向上合理化了',才能在此基础上分析并真正理解今天的人类面对怎样一个世界,以及如何在这样一种价值导向中构建合理的生活样式。"①

一、资本主义经济领域合理性的外在动因

"现代资本主义经济领域的合理性主要表现为'可计算性',或者是对'可计算性'的要求。主要体现在两个方面:其一,资本主义的生产过程本身是可计算的,即所有人力和非人力生产工具的劳动时间、劳动效率以及产能都是可计算和可预测的;其二,资本主义生产过程提供保障的法律和管理(政治)制度同样是可计算和可预测的,法律与政治系统中受过严格职业训练的从业者(法官与公务人员)的行动模式也是可预测的。"②

韦伯所谓的资本主义制度体系中"人"的行动及其后果的可计算性与可预测性是在理想型的基础上提出的,即这种严格的计算与预测是一种社会学考察的理想建构,只具有理论上的意义,并不具有现实性。同样,如同在其所有的经验性的社会学著作中一样,韦伯在此处对"合理性"一词的使用是不包含任何道德评判意义的。他将资本主义、市场关系等归结为合理性,并不表明任何道德上赞赏的意味。他曾明确指出:"纯粹的市场交换关系的那种合理性和去人性化是对传统的同胞爱伦理体系的破坏。"③在这里,"韦伯仅仅将合理性作为一个价值无涉的分析性概念,既不表示肯定,也不表示否定。虽然韦伯本人心中对他称之为'合理性的'那些现代社会的样式是怀有复杂、矛盾的心情的,

---

① 马克斯·韦伯:《中国的宗教与世界的宗教》,康乐、简惠美译,广西师范大学出版社,2004,第460页。

② 刘莹珠:《资本主义与现代人的命运——马克斯·韦伯合理性理论研究》,人民出版社,2014,第112页。

③ Max Weber, *Economy and Society*, ed. Guenther Roth and Claus Wittich, (Berkeley: University of California Press, 1978), p.637.

但在对这些社会结构的考察中,韦伯是恪守价值中立态度的,合理性这一概念本身并不承载韦伯的内在判断。"①

首先,资本主义生产过程的可计算性依赖一系列制度构建,其中最重要的环节是企业能够合理地预测它所控制的工厂、工具、机器、能源和材料的使用及功能,也即资本家对生产过程所需全部材料和工具的全面分配能力。精确的计算必然来自高度集中的控制:企业主只有在全面控制着所有生产因素的情况下才能预见自己的生产行为。企业主对自己生产过程的全面控制是以"个体工人与其生产工具的所有权的剥离"作为前提条件的,在这一点上,韦伯接受了马克思的观点。但韦伯并不将个体劳动者与生产资料所有权的分离视为资本主义经济的独特特征。在他看来,这是现代社会组织形式的普遍特征,广泛存在于生产、管理、科学和经济领域,只要现代工业生产存在的地方,势必要采取这种形式。这种劳动者与劳动工具的分离是工业化的必然结果,而不是某种特定的政治形态的必然结果。"一方面是因为现代技术的发展使得生产工具复杂化和精密化,造价高昂,其复杂程度也远远超出了个体劳动者的技术能力;另一方面是由于集中制管理对生产高效率的要求所导致的,这也正是韦伯官僚科层制理论的基本观点。因为经济行为的合理性有赖于生产过程中工具和材料的集中控制,资本主义经济的发展就必然要求控制的加强,因而韦伯将其从更广义的层面上归结为官僚制度的合理化过程。"②

其次,生产过程的可计算性尚有赖于技术性知识的发展。要实现对生产方式的有效控制必须依靠可靠的技术知识,高度精确的技术知识则依赖于西方科学,尤其是有着精确理性基础的高度数学化、实验化的精确的自然科学知识。韦伯认为,"自然科学对经济生活的服务主要是实践的和方法性的介入,其重要性不仅在于它是生产过程可计算性的保证,还在于它是促使生活样式的普遍化和规范化的关键因素。虽然韦伯并未针对现代科学的发展和其他领域内合理化进程间的关系做出专门的系统论述,但很明显,他将自然科学的理论

---

① 刘莹珠:《资本主义与现代人的命运——马克斯·韦伯合理性理论研究》,人民出版社,2014,第113页。

② 同上。

发展和实践应用视为西方合理化进程独有的特点。因为就普遍意义而言,自然科学的发展既是技术进步的重要推动力,同时也培育了一种合理性和反对传统权威的精神。"①

最后,生产过程的可计算性还要求一批形式上自由的劳动力的存在以及企业主对这些劳动力的高度支配力。在韦伯看来,具有高度可计算的经济行动只能产生于现代资本主义制度下,因为只有在这一社会形态中才产生了形式上自由但经济上受到制约的,处于经济压迫而不得不出售劳动的劳动力。"当工人因为工资而被雇用,对工业的利润和效率来说较之传统的奴隶制无疑有下列好处:资本承受的风险和对成本投入的要求更小;繁衍后代和抚养孩子的成本完全由工人自己承担了。他的妻子和孩子必须独立寻找工作;劳动者出于对被解雇的恐惧而不得不拼命工作,保证了生产的最大限度,使得企业主能够根据能力和工作意愿自由选择劳动力。"②

出于劳动者的经济压力和对被解雇的担忧,现代劳动得以按照一种严格的、极富纪律性的形式组织起来。"工厂中的纪律有着绝对的理性基础。依赖于一套合理的测量方法,个体劳动者的生产效率可以如同生产过程的其他物质形式一样被计算。依赖于对劳动者工作表现的理性的控制和训练的美国式的科学管理系统取得了巨大的胜利……人的心理状态被完全设定为应当符合外部世界的工具化和机械性,简言之,被完全功能化了,个体的自然本能状态现在由组织控制支配了。"③存在于经济以及其他组织过程的对行动的可计算性的最大化要求造成了企业对劳动者,即一些人对另外一些人的严格控制和支配。在这一点上,韦伯无疑与马克思关于资本主义生产的观点具有相似性,但韦伯认为资本主义生产过程中这种人的不自由状态是"合理化"的产物,或者进一步说是"目的合理性"中的形式化要求普遍化的结果。对于这种"去人性

---

① 刘莹珠:《资本主义与现代人的命运——马克斯·韦伯合理性理论研究》,人民出版社,2014,第114页。

② Max Weber, *Economy and Society*, ed. Guenther Roth and Claus Wittich (Berkeley: University of California Press, 1978), pp.163.

③ 同上书,第1156页。

化"的状态,韦伯当然是不满意的,但他并没有将建构一种消除这种状态的变革理论作为自己的学术任务,而将求得"解放"的任务交给了个体自身,这一点是与马克思迥然不同的。

除了生产过程的高度精确的可计算性,为经济系统的有效运转提供制度保障的法律和管理系统也都是高度可计算的,"现代资本主义企业预设了一个其运作可以被理性预测的法律和管理体系,通过一些固定的普遍规则,这些体系可以如同一部机器的运作那样被推断出来。"[1]按照韦伯的观点,现代工业资本主义不可能在传统型的法律系统下发展起来;同样,在一个管理决策出于权威或支配的政治体系中也不可能发展出工业资本主义。因为经济运行过程的可预测与可计算,势必要求法律与政治系统也应当有严格的规律,并可按照规范进行预测和管控。当然,韦伯也承认早期形态的资本主义确实曾经在上述充满不可预测性的法律和管理环境中生发过,但在现代会计制度上发展起来的现代资本主义企业要求的是精确的可计算性,因而较于传统型的、缺乏规则和规律的法律与政治体制,一个有规则的、可预测的法律与行政系统才更适合这一制度的发展。因此,法律和行政的合理化既是经济行动合理化的结果,又是其前提要求。

二、西方现代社会伦理合理化的内在动因

在韦伯的视域中,"合理化"就是"合理性"的社会动力学维度,源自西方现代社会文化心理——"心态"的转变,即在一个"祛巫"了的世界中个体内部普遍按照一种合理性原则去组织生活的内在倾向。在《新教伦理与资本主义精神》一书中,韦伯主要探讨了"特定的宗教信仰内容对于'经济心态',也就是对于某一经济形式的风格形成所具有的制约性,而且特别是以近代的经济风格与禁欲基督新教的理性伦理之间的关联为例来说明。"

1. 新教伦理的禁欲主义

作为资本主义精神的精神动力层面,基督新教伦理通过新教伦理的禁欲

---

[1] Max Weber, *Economy and Society*, ed. Guenther Roth and Claus Wittich (Berkeley: University of California Press, 1978), pp.1394.

主义教义使持续的自我反省和有方法的自我控制成为一种严格的生活样式。这时，"合理化"表现为宗教上的"祛巫"，继而延展为这个世界的"祛巫"。在韦伯看来，新教徒秉持着入世禁欲的伦理而以俗世的功业来确证灵魂的得救，这一伦理所要求的那种严格的自我控制与有方法的反思成为现代社会合理化的内在动力。

新教伦理精神是生活合理化的资源之一，而生活合理化有助于创造出我们所谓的"资本主义精神"。"基督教教义的发展，对教徒的生活样式产生了越发系统和方法化的要求，同时，宗教的这种合理化又进一步成为现世的合理化过程的内在驱动力。宗教改革最大的结果就是原本局限于僧侣之间与修道院内部的宗教伦理日渐并最终彻底世俗化，渗透到日常生活中来。基督教禁欲伦理的最初目的是希冀通过世俗的功业来确证神恩的状态，然而一旦资本主义制度具有了自持性，这种内在的驱动力也就丧失了原本的伦理色彩，只剩下当初作为手段的经济上的追求。"[①]

韦伯对资本主义的考察表现为宗教—伦理—世俗化—制度化—去伦理化的逻辑演进过程。从对加尔文教派的预定论和志业观的分析入手，韦伯发现因其教义的严苛性，加尔文教派的虔诚的信徒唯有通过严格的自我控制的禁欲般生活与劳作、努力投身于俗世中的事业，才能获得对灵魂救赎的确证。救赎必须通过个体的努力以繁荣上帝在世间的国度而获得。随着时间的累积，形成了新教教徒们在行动上追求合理性的计算，在信念上接受了财富的积累作为获得救赎的手段是正当的认知；新教教义的传播与世俗化，也塑造了一种普遍的不受血缘、成见制约的实用主义的经济伦理，这样一种合理性的"心态"为资本主义的发展提供了内在驱动力。一旦资本主义打破了传统主义的束缚，建立起稳定、持续的制度化的生产经营结构，可以自我运转之后，原先滋养其生发的宗教情怀与禁欲精神就逐渐退出历史舞台了。

现代资本主义已然形成一套严密自持的制度系统，这一庞大的系统以资本的效用最大化为其终极目的，生存于这一系统中的个体迫于竞争压力和逐

[①] 刘莹珠：《资本主义与现代人的命运——马克斯·韦伯合理性理论研究》，人民出版社，2014，第86页。

利需求必须按照经济合理性(目的合理性)的要求行动。现实的利益推动足以维持资本主义这部机器的自我运作,而不再需要宗教热情的灌注来维持其存在了。"大规模的科层结构组织控制着生产、消费、分配的每一个环节,曾经作为'资本主义精神'的新教伦理已被剥离,只剩下其中形式合理性的要素,即严格的工作、规章制度、计算精神,资本主义最终摆脱了孕育其生长的精神维度和伦理诉求,只剩下例行化为形式合理性的一系列精密的制度。"[①]

由此可知,资本主义是一种以合理性的经营方式与合理性的劳动组织为特征的经济形式,前者涉及营利方式,而后者涉及可被合理性组织的劳动者,其关键都在于"合理性的"。

而在这一过程中,加尔文教入世的禁欲主义将创造财富视作获得救赎的最好手段,为近代合理的资本主义发展奠定了物质基础。入世的禁欲主义使教徒怀有一种独特的宗教神圣情绪,凭借一切有助于增添上帝荣耀的基督徒行为,在现世的世俗职业中亲证自己是上帝的选民。这种世俗的禁欲主义不再是一种义务上的善行或不堪忍受的负担,而是每个确信获得拯救的人在自己的世俗生活中安分守己、克勤克俭、努力工作,做好自己应该做事的事情。加尔文教的入世禁欲主义不同于传统基督教禁欲主义的地方在于:它不把财富视为万恶之源,而是将财富视为为上帝增荣耀的手段,财产越多越感到有责任为上帝增荣耀,而不使财富减少。这种世俗的新教禁欲主义有着把获取财产从传统伦理的禁锢中解脱出来的心理效果,不仅使获利冲动合法化,而且把它看作上帝的直接意愿。

2. 加尔文教的预定论

预定论是加尔文教派禁欲伦理背后的宗教根源。不能指望后来的善与意愿来为几小时的软弱或轻率来赎罪。普通人的道德行为便不再是无计划、无系统的了。只有靠永恒思想指引的生活才能达到对自然状态的克服,正是这种理性化使得新教信仰具有独特的禁欲主义倾向。应该说在韦伯对新教伦理与资本主义精神之间的亲和性进行考察的过程中,预定论发挥着最为关键的作用。

[①] 刘莹珠:《资本主义与现代人的命运——马克斯·韦伯合理性理论研究》,人民出版社,2014,第87页。

预定论思想排除了信徒通过教会、教士、圣事而获得救赎的可能性,实现了教徒从改变自我到改变世界的转向。

加尔文教派的教义认为人由于坠入罪恶状态,而完全丧失了达到任何崇高的善的意志的能力以及与此相伴随的灵魂得救。因此,自然的人因为完全与善背道而驰,而且死于罪恶,所以仅凭自己的力量不可能改变自己或为自己得救做准备。这种教义的严苛性显然超出了一般信徒的心理承受能力。对于个体而言,能够感知其受到恩宠的状态是极为重要的,因此寻找某种能够影响其永恒命运的手段和方式就在心理上成为必要。在加尔文教派看来,尽管每个人的命运在其出生之前早已由上帝决定,个人的宗教活动和神职人员都无济于事,但人们还是可以从上帝的召唤中感觉到一些信息,即人们可以根据自己在现实世界诸方面的表现,认证自己是不是上帝的选民。只有在真正信仰的基础上才能获得安慰。因此虔诚地信仰是每个人的义务,唯有弃绝一切怀疑,坚定地相信自己是上帝的选民才是得救之道,而怀疑自身的信仰状态是因为受到了魔鬼的诱惑。在加尔文教义中,缺乏自信被认为是信仰不坚定的表现。为了获得自信,教徒们必须持之以恒地跟随"志业"的召唤,通过不停地工作来侍奉上帝,自觉地让自己成为上帝的工具,通过世俗的功业荣耀上帝的世界。

为了应对预定论带来的巨大心理压力,新教的牧师们推荐通过系统的、有方法的世俗的志业行动作为肯定自己被选状态的手段。他们将世俗的经济上的成功解释为被上帝恩宠的手段,从而减轻了由预定论教义导致的难以承受的心理上的巨大不确定感。加尔文派把基督信徒从那烦琐而又无望的圣事活动中解放出来,使他们专注于自己身边的世俗活动,关注每个人所从事的工作。如果说原来教徒们把遵守教规、教义和《圣经》视为神圣而至高无上的律令,那么现在则把努力工作、尽职守业,以此获得上帝的恩宠视为生命中最为重要的事。现实生活中的每一个人唯有安分守己、努力工作才会得到上帝的恩宠。

作为加尔文教义中心最重要的预定论,为现代资本主义的发展奠定了一个不可知的绝对超验的上帝。理论上讲,个体的努力无法影响其救赎,同样也无法认识其被预先决定的命运。因此,宿命论成为预定论的唯一逻辑结果。但它导致的心理上的结果和实践上的表现则是完全相反的，基督新教的入世禁欲举其全力抵制财产和自由享乐，勒紧消费，特别是奢侈消费。反之，在心理效果上，将财富的取得从传统主义的伦理屏障中解放出来，不止使之合法化，而且在上述意味下直接视为神的旨意。因此，在韦伯看来，新教禁欲主义的入世化过程，实际上是加尔文教教义所导致的一种实践上的心理诉求孕育了资本主义精神，从而将整个西方世界导向了合理化进程。

三、合理性世界对现代人精神世界的塑造

韦伯将现代西方文明中表现出来的合理性特征归结为：理智化、去人性化和控制的增强。

1. 世界理智化进程

合理性最重要的就是根据知识而行动。事实上，在韦伯看来，几乎所有时代的人们都是或多或少根据自己掌握的知识而行动的，只是在现代西方社会中，系统化的经验科学和技术的不断发展使得知识相对于个体合理性的行动意义变得日益重要。现代社会生活的技术和经济基础越发复杂化，官僚科层制度越发客观化，这些因素都增加了对行动的专门技术性知识的要求。因而，现代教育体系不再以培养具有良好的教养和全面的人格的"通才式"的学者为己任，而是致力于训练专门的技术性专家。在现代社会中，个体对专门性的技术性知识掌握的多少决定着它所能获得的机会有多少，因此，行政系统对技术性专家的需求同时也塑造着新的社会阶层。

现代科学的兴起表明一个普遍的世界理智化的过程。一方面，理智化表现在世界图像层面上，即世界的"祛巫"，也就是不再用巫术和宗教观念去解释和看待世界，而是科学地将世界视为一个因果性链条。从理论上来说，这样一个世界是可以通过技术性的手段而加以计算、掌握和改造的。理智化并非一个个体知识总量增加的过程，恰恰相反，就个体对世界的认识而言，一个生活于中古时期的人对其所处世界的经济和生活的了解可能远比一个现代人对周围世界的了解更多。生活的理智化进程的最大特点在于培育了这样一种观念，即认为世界上不存在绝对神秘和不可知的力量，所有人都有可能通过理性的计算掌握一切。正是这种信念为现代人的日常生活涂上了合理化的色彩，即使那些

本身并没有受过多少教育和科学训练的人也持有相同观念。

世界的"祛巫"使得自然界不再具有一种神秘的、超验的、可供发掘的意义,由此产生了一堆尖锐而不可调和的矛盾。一方面,植根于人性的对人生与世界做一种整体意义的理解;另一方面,科学的发展却越来越表明所有关于生活和世界的意义是不可能通过所谓科学的方式被颁布和评判的,因而这种要求本身只能停留在合理性的限度之外。这也正是尼采曾经说过的,在现代社会中,传统的上帝已经死了,然而吊诡的是,人的心中依然存在着对某种上帝的渴望。

理智化还表现为目的合理性的支配,即个体总是按照目的合理性原则而行动,在行动时总是预先考虑到行动可能的结果。行动总是"通过对外界事物的情况和其他人举止的期待,并利用这种期待作为'条件'或者'手段',以期实现自己合乎理性所争取和考虑的作为成果的目的。"[①]在行动时,出于自身利害而有意识地对现状进行调整和适应的态度取代了传统的对习俗的简单服从,即前述的那种"适应的"心态消解了个体架构自己生命的价值系统并承担责任的意识。因此,社会的合理化不仅塑造了现代生活样式,而且深深地改变了现代人的精神世界。在韦伯看来,这是社会行动合理化进程最本质的体现。

2. 以去人性化和客观化为特征

现代西方社会以经济和行政系统中的去人性化、客观化要求为特征。在经济领域中,从理想型的角度考察,市场交换行动是所有合理性的社会行动的原型,而市场交换行动正是所有社会关系中最为客观的。因为摆脱了古老的神圣禁忌和传统秩序中的特权集团的限制,以及所有种族部落的以血缘为基础的各种义务的束缚,资本主义的市场交换得以单纯地去追求利润。因为,其行动的合理性程度完全是由外在的客观因素决定的。

韦伯将导致社会形态激烈变革的力量称作卡里斯玛因素,这种超常规力量在突破了旧有观念与体制的界限之后,不可避免地会发生"例行化",即逐渐稳定下来,失去其爆发的力量,成为社会结构中的常态性因素。或者说是客观

---

① Max Weber, *Economy and Society*, ed. Guenther Roth and Claus Wittich (Berkeley: University of California Press, 1978), pp.24.

化因素作为资本主义制度精神驱动力的新教伦理,在塑造了这一制度之后,也会沉静下来,社会进入常规运行阶段,而资本主义精神也会失去其中的"超凡魅力",蜕变为一种契合资本主义制度利益要求的观念(例行化过程中,经济伦理中价值合理性的维度消失了,资本主义精神衰减为单一的目的合理性要求)。资本主义一旦拥有自持性,就摆脱了最初的精神诉求,成为固定的经济、政治规范,世界日益呈现合理性的面貌。①

对于韦伯赋予资本主义最初的那种宗教的情怀和伦理的风貌,不只是今天的观察者,即使是韦伯同时代人也已经发现似乎并不契合资本主义社会运行的现实形态。这并不能证伪韦伯的命题。他一早提出:"我们不能认为,对现今的资本主义而言,诸如近代资本主义经营的企业家或劳动者,有意识地学习采纳经济秩序是个巨大的宇宙,个人呱呱坠地于其中,对他而言,至少作为个体,这是个必须生活在里头的既存的、事实上如铜墙铁壁般的桎梏。这宇宙强迫个人奉行其经济行为的规范,只要个人是卷入市场关系中的话。创业者要是长期违背此规范而行,注定会被市场经济淘汰,就像劳动者不能或不愿适应这样的规范,就会沦为失业者流落街头一样。"自此,资本主义获得了自足的和理性化的因素,而不再借助宗教力量的支持。

3. 控制的不断增强

韦伯指出,控制的不断增强是现代生活合理化的重要表现。随着西方社会在政治、经济、教育、文化等各个领域中技术合理化的发展,技术层面和行政层面对人的控制日益增强,其中留给人的自由空间不是越来越多,而是越来越少了。一方面,随着自然科学一再在实践中证明自己,其效用领域不断扩大,技术的合理化不仅改变了经济生活,也同样改变了军事、政治、宗教乃至艺术和审美活动。另一方面,自然科学的范式泛化于行政系统中,造成资本主义企业和官僚管理组织中技术和理性对人的支配倾向于将个体贴上功能的标签,个体行动的功能性取代了个体的真实存在和身份。在工厂中,工人的生产能力如同其他任何物质性的生产工具一样被计算;而在官僚科层组织中,个体也只是一

---

① 刘莹珠:《资本主义与现代人的命运——马克斯·韦伯合理性理论研究》,人民出版社,2014,第110页。

个无休止运行的巨大机器中的一个小齿轮,如同机械装置一样,每个人只能按照为其明确限定的路径而运作。总的来说,因为生产和管理的物质手段的不断集约化,严格的纪律和规范无情地统治了生活中的大多数领域,个体行为的多样性被限制得越来越少了。

现代社会对人与自然的有效支配依赖于可计算性,正是可计算性将资本主义、形式法和官僚制管理连接为一个整体。现代工业资本主义依赖于做出正确计算的可能性,越是资本集中型的工业资本主义,越是这样。工业资本主义必须依靠法律秩序的一贯性、可靠性和客观性,以及法律和管理体系的合理性、可预测性和功能性;形式化的法律体系,能够如同机械性的装置一样精确运行,从而使得经济主体能够明确预测到其行为所可能引发的法律后果,因而是特别适合资本主义经济行动的;同样的,官僚科层制的管理体系,也适应了资本主义经济活动的要求,在这样一个管理体系中,经济活动所需要行政系统提供的精确和高效的服务都能够得到最大程度的保证。

韦伯用以解释现代社会结构样式的"合理性"远非一个意义单一明确的概念。由"合理化"而至"合理性"的完成,正是"合理性"这一概念由生发而不可避免地达至自身例行化的过程。清教徒的一种以价值合理为导向的有关灵魂之救赎的伦理预言的精神力量,在近代西方的特定历史中推动催生了具有目的合理性的世俗生活秩序的彻底合理化。而后随着资本主义精神日益丧失了其最初的宗教性,那种对目的合理的行动的偏好最终走上了僵硬的例行化道路,成为一种自持的独立价值偏好,而不再服务于某种超验的诉求,从曾经的清教徒自愿披上的一件轻飘飘的斗篷变成了现代人身上无法摆脱的"坚硬的躯壳"。

经济、法律、行政,现代西方社会秩序中的每一个组成部分都有其独特的理性模式。尽管合理性的领域与合理化的进程都是多元的,但这并不意味着现代西方文明中的理性主义特征仅仅是社会生活中毫不相关的因素的拼凑。总的来说,"合理性"在工业化的现代文明制度中主要表现为一种客观化的、体制化的、超越个体的形式化倾向。这种对"形式化"的要求根源于社会对"效率"与"效用"的看重。"效率"与"效用"必须建立在规则、技术、知识和行动范式的"可普遍化"上,而为了达成"可普遍化"的要求,"合理性"必须舍弃自己"实质性"

的内容,以纯粹性形式化的维度运转,唯有如此,才能达成最大普遍性。"尽管各个生活领域的合理化可能并非同步发生,但这些不同的合理化过程在结构上却具有一定的相似性,即现代资本主义经济、法律、政治上的合理化都是纯粹形式上的,在每一个社会领域,合理性都贯穿于社会结构中,并将来自个体的那些具体的主观性和差异性视为一种异己的存在,因而,从一个主观的或者某种'善'的观念的角度来看,这种'合理性'可能是极度不合理的。"①

4. 生活样式合理化

当今,在我们生活的政治、司法与交易体制下,在我们的经济特有的经营形态与结构当中,这种资本主义"精神"如人所说,很可以被理解为纯粹的适应的产物。资本主义的经济秩序需要这种对赚钱"志业"的献身,这种献身,在人对于外物的态度里,是如此契合于资本主义结构的一种,而且与经济生存斗争里的存活条件紧密地连接在一起,所以,事实上现在可以不必谈什么'盈利的'生活样式与单一统合的"世界观"之间的必要关联。特别是此种生活样式再也没有必要援引任何宗教势力的赞同作为支持,并且教会规范对于经济生活的影响——只要还感觉得到的话——就像国家对于经济生活的规则一样,不啻是一种妨碍。如此一来,商业与社会决策上的利害关系通常有决定"世界观"之势。凡是生活样式上无法顺应资本主义的成功调节者,势必向下沉沦,或者至少是不能上升了。不过这些都是近代资本主义已取得的胜利,并解脱于昔日支柱之后的时代才有的现象。

第三节 合理性的内在冲突

有学者指出:理性,作为启蒙运动最为核心的主张和诉求,本身具有双重维度,既有目的合理性层面,也具有价值合理性层面。目的合理性关注行动的有效性,即如何选择最合适的手段去求得一个行动的效用最大化,它以可计算

---

① 刘莹珠:《资本主义与现代人的命运——马克斯·韦伯合理性理论研究》,人民出版社,2014,第132页。

性和效用性作为衡量标准；价值合理性关注行动本身所承载和内含的价值与意义，至于行动的结果如何、是否有效并不在行动的诉求之内。举例来说，比如为了养家糊口而工作，那么最合理的选择是从事一份赚钱最多的职业；或者比如，为了践行人生的职责而工作，那么最合理的选择是从事一份切合个体本性的职业，而不论报酬高低、社会评价优劣。"最为理性的行动状态当然是这份职业既能实现个体的职责，又有不菲的薪资。这就兼顾了行动的目的合理维度和价值合理维度，从而在真正意义上实现了一个'理性'的行动。"[①]

启蒙之所以走向自己的反面——压制和蒙昧，是因为在启蒙过程中简单而片面地凸显了理性的一个维度——目的合理性或通常所说的"科学理性""工具理性"维度，而忽视了价值合理性维度。自然科学的思维方式不仅支配着人类对自然界的征服和改造，而且成为支配人类自己的心灵和精神世界的法则。在"知识就是力量"这一信念的高歌猛进中，属于人类心灵层面的所有情感、道德和价值诉求，所有那些不应当被商品化、同质化、抽象化的人性的东西，要么也被打上价格的标签，变成了与其他人工产品一样的商品拿到市场上出售，要么就在要求一切都"可计算性"的"工具理性"的霸权中丧失了存在的位置。因而，启蒙的实际结果是科技成了新的神灵、新的偶像，道德感和崇高感被消解了，人变成了与"物"一样的存在。面对彻底合理化的世界，人们倍感无力，也使得韦伯担心的社会生活日益"祛巫"的过程不再是作为合理化的结果。而表现在现代西方社会各个层面的合理性面貌，韦伯深感忧虑的是合理化终究走向终结。而合理性则停留在一个点上，导致价值合理性从公共生活领域退场，而目的合理性拥有了支配权。

一、价值合理性与工具合理性

在前述社会行动类型中，社会行动有合理性与非理性两大类。合理性行动又可分为价值合理性行动和工具合理性行动两种。在韦伯看来，现代文明的全部成就和问题都源自价值合理性与工具合理性的紧张和对立。

[①] 刘莹珠：《资本主义与现代人的命运——马克斯·韦伯合理性理论研究》，人民出版社，2014，第146页。

1. 二者的紧张对立

所谓工具合理性行动(目的—手段合理性行动),是指以能够计算和预测后果为条件来实现目的的行动;价值合理性行动,则指主观相信行动具有无条件的、排他的价值,而不顾后果如何、条件怎样都要完成的行动。在工具合理性行动中,着重考虑的是手段多达成特定的目的的能力或可能性,至于特定目的所针对的终极价值是否符合人们的心愿,则不在其考虑范围。反之,对价值合理性行动来说,行动本身是否符合绝对价值,恰恰是当下全力关注和着重解决的问题,至于行动可能会引出什么结果,则往往无所顾忌。

如果按韦伯那样把价值主要理解为主观欲求、意愿、信念、意向,那么工具合理性行动就是排除价值判断或价值中立的行动,而价值合理性则是引入价值判断的行动。在韦伯学说中,这两种行动都是作者为便于对社会行动意义进行思考和理解所设定的范畴,它们都属于"理想类型"——它们从未以纯粹的形态在现实中实现过,任何实际行动既包含工具合理性成分,又有价值合理性因素在内。韦伯试图用合理性这两个相互对立的侧面分析近代欧洲理性主义的推演过程及其本质。价值合理性和工具合理性以不同的方式联结以及与其他因素联结时,就出现了现代文明所固有的问题。

在看待合理性与非理性的关系问题上。韦伯是从二者的相互转化、动态发展和辩证角度出发的,这表现出了黑格尔哲学的影响。首先,价值合理性行动之所以属于"合理性"的,是由于在价值上是合理性的,即行动者把追求的目标视为某种特定的价值,在明确地意识到目的这一点上,它与工具合理性亦即目的合理性有共同之处;其次,在价值合理性,亦即在行动者为不计后果的激情、理想、信仰所驱使这一点上,它又与工具合理性相异,而与不能通过理智思考、理性计算的情绪、巫术相通。从目的—手段合理性行动角度来看,价值合理性行动和卡里斯马式行动都有"非常态"、革命的性质,因而可以成为打破僵固的传统习惯、推进理性进程的动力;它们在一定程度上之所以属于"合理性"的,是因为它在目的上是合理性的,即行动者使用经过理性计算的手段达到预期目的,从功能和效率的形式上看,这种行动符合人们理性思维的常态;另一方面,只要"目的—手段"是合理性的,即行动只为追求功利的目的所驱使,势必会漠视人的情感、精神价值的实质,把功利目标视为唯一目的,导致行为方式的"常规化",使社会生活丧失多元价值的创造性。从价值合理性行动上看,目的、手段合理性行动是习惯性的、常规性的、缺乏创造力的,工具合理性有与传统主义实质趋近的一面。

由此分析可知,在社会行动类型中所列的工具合理性行动、价值合理性行动、传统情感和情感行动之间,存在着错综复杂的亲和关系,无法简单地用线性因果关系单一地加以规定。至少可以有这两种角度的考虑:倘从合理性和非理性的角度考虑,则工具合理性行动和价值合理性行动、传统行动和情感行动之间有内在联系;若从常规性与非常规性角度上看,那么工具合理性行动和传统行动、价值合理性行动和情感行动之间存在着亲和关系。韦伯试图通过对这几种行动类型彼此之间的亲和关系和对立关系的分析,来把握现代资本主义的本质特征。

2. 工具合理性——近代西方社会的本质特征

在韦伯看来,近代欧洲文明的一切成果都是理性主义的产物:只有在合理性的行为方式和思维方式的支配下,才会产生经过推理证明的数学和通过理性实验的实证自然科学,才会产生合理性的法律、社会行政管理以及合理性的社会劳动组织形式——现代资本主义。合理性学说是韦伯分析和考察资本主义的重要理论工具。也可以说,韦伯的独特贡献在于他意识到理性是贯穿于整个资本主义社会全过程的一个关键,是资本主义的一根主线。

但他把理性主义在上述社会生活中的表现只看作理性主义发展的形式方面,更重要的是,他在理性主义的形式发展过程中看到已然有价值合理性、卡里斯马式情感等实质非理性因素渗入其中。运用这些理论观点,我们就可看清韦伯的宗教社会学主要在于表明,近代欧洲社会生活的本质特征是一切行动以工具合理性为取向,但这种工具合理性取向又与价值合理性取向有内在关联,实际上它肇源于价值合理性;从发生学上看,除了其他因素的配合之外,合理性的社会劳动组织(资本主义)与一种特殊的社会精神气质(资本主义精神)具有因果关系。考察发现,它们最终来源于一种潜在的入世禁欲宗教的价值观(新教伦理)。宗教伦理在其发生时本来属于先知预言,是具有个人魅力(卡里斯马式)的人物发布的具有感召力的预言戒律。本身就与情感、价值相连,因而具有"非常规性"。宗教伦理如要发挥强有力的作用,就必须转化为世俗伦理,将彼岸的、抽象的教义变为此世的、指导日常社会生活的道德信条,这就是"常规化"过程。

因此,要判断一个宗教的理性化程度,就必须把宗教教义与世俗社会伦理体系相结合,即以世俗化、常规化为尺度。在这个意义上,宗教理性化程度标志着摆脱不可用理智计算、控制的巫术、情感因素的程度。宗教理性化程度越高,就越能在更大程度上指引人们按照目的—手段合理性的选择去行动,因而也就越能指导人们行动的定型化、常规化。由此可见,目的—手段合理性行动,既有使行动摒弃巫术、情感的形式合理性内容,也有导致人们行动的常规化、传统化的实质非理性一面。反之,价值合理性行动,既有使行动从属于价值、理想、信念等无法用理智计算和控制的情绪及无数的形式非理性一面,又有使行动打破传统、信仰的藩篱,破除单一、僵化,激发创造性和革命性的实质合理性一面。在这种意义上,韦伯把目的—手段合理性有时称为"形式合理性",而把价值合理性称为"实质合理性"。

在韦伯看来,合理性和非理性都是相对而言的,任何一个现实的行动都含有这两者的因素。人们力求通过合理性行动使世界从巫术迷信中解放出来时,殊不知在这理性化过程中非理性因素也渗透其中。因此,在韦伯看来,合理性行动和非理性行动并非指两种不同的现实行动,而是指两种不同观念而言的统一现实行动的不同侧面。当人们从合理性的形式上观察某一行动时,它可能是合理性的(形式合理性的和实质非理性的);当人们从合理性的实质考察行动时,它就是非理性的(形式非理性的和实质合理性的)。这样,韦伯就从认识上把合理性和非理性加以相对主义化了,同样的道理还适用于工具合理性行动和价值合理性行动的相互关系中。从目的合理性的立场看,价值合理性始终是非理性的。确实,价值合理性越是把自身价值推崇到绝对价值的地步,与之相应的行动就越是"非理性的"。行动者越是无条件的善行、对义务的献身,就越不考虑其行动的后果。

在同一个地方,韦伯还指出,当目的、手段和与之伴随的后果一起被合理性地加以考虑和估量时,行动就是工具合理性的。这包括合理性地考虑针对目的而选用的手段、目的对伴随结果的关系,最后是合理性地考虑各种不同可能目的的相对重要性。质言之,工具合理性行动是基于对"存在是什么"的认识,故它与责任伦理相联系;价值合理性行动,则基于对"存在应该是什么"的认识,故与信念伦理相联系。毫无疑问,了解了目的合理性的含义对于做出目的—手段合理性行动十分有益。但韦伯的主旨不仅限于此,更深刻的问题在于奉行目的—手段合理性行动具有什么样的伦理意义,亦即对目的合理性的"存在是什么"的认识怎样影响到人们实践的价值判断,促使作为实践主体的人能成为以"自由的人格",这才是韦伯社会学所要阐发的主旨及其实践意义。

二、形式合理性与实质合理性

对于现代世界人类所面临的文化命运上的悲观处境,韦伯有着足够深入的体悟,然而韦伯的目的却并非停留在点明这一处境上。他试图分析这一问题产生的根源,并在其中谨慎地为个体的自由留出可能的空间。形式合理性与实质合理性就是韦伯分析这一问题的工具。

1. 西方现代社会合理化的异化

《新教伦理》注释中韦伯有这样一段话:"事物本身从来不是非理性的,只有从一个特殊角度上看才是非理性的。对于一个不信宗教的人来说,任何一种宗教的生活方式都是非理性的;对于一个享乐主义者来说,任何一种禁欲规则都是非理性的。"[1]有学者指出,这表达的是韦伯社会思想中的两个重要观点:"(一)合理性不是来自事物本身,而是被归因于事物;(二)合理性是一个相关概念,只有从一个特定角度上看,事物才被认为是合理性的或是非理性的,而事物本身无所谓合理性或非理性。譬如,从一个既定目的的角度上看,一个行动或行动模式如果对这个目的来说是有效应的手段,那么它就是合理性的;反之,则是非理性的。在这个意义上,关于合理性和非理性的判断,是一种关于因果关系的判断,亦即是关于一个被认为是手段的行动与从既定角度上的目的之间的因果关系的判断。"[2]

套用韦伯的例子来说,从业绩(成就)的目的角度上看,一个禁欲的生活方

---

[1] 黑格尔:《法哲学原理》,商务印书馆,1982,第4页。
[2] 苏国勋:《理性化及其限制——韦伯思想引论》,商务印书馆,2016,第220页。

式是合理性的,而从一个快乐至上的目的角度上看,它就是非理性的;换一个例子来说,如果从一种既定信仰的角度上看,一个行动与这种信仰密切相关,那么这个行动就被认为是合理性的。反之,则是非理性的。在这个意义上,关于合理性和非理性的判断,是一种关于逻辑关系的判断,亦即是关于这一行动与这种既定信仰的逻辑关系的判断。用韦伯的例子来说,从对上帝来世或通过善行可以获得救赎的信仰角度上看,宗教的生活方式是合理性的;从非宗教徒的角度上看,以及从信仰没有上帝也没有来世和不能通过善行获得救赎的角度上看,宗教的生活方式就是非理性的。

西方现代世界的合理化在韦伯看来乃是清教徒实践自己宗教信仰的自我实践的副产品,但发展的结果却是合理化的创造物支配了它们的创造者。一个被彻底合理化的社会让人们失去方向,使得社会生活不再表现为进步和探索,个体精神生活则由于惯熟变得失去活力。加之目的合理性在现代生活中获得最终支配权,价值合理性一再从公共生活领域退出,成为一种纯粹私人化的选择,甚至在个体生活中不再占有任何地位。在这样的世界中,一方面,个体对自由的追求愈发困难;另一方面,个体甚至可能丧失去达成自由的愿望。而这正是韦伯所不愿接受的。

目的合理性与价值合理性是韦伯考察"个体行动模式"的工具,形式合理性与实质合理性则是韦伯考察整个现代社会的工具,韦伯应用合理性这个概念对社会结构的分析是通过对形式合理性与实质合理性的区分完成的。形式合理性是一个事实问题,而实质合理性是一个价值问题。形式合理性主要针对手段和程序的可计算性;实质合理性主要针对目的或结果的价值与意义所在。从最大化可计算性这一纯粹形式的、客观的角度来看,资本主义、现代科学、技术和法律与管理体系都是高度合理的,然而这种形式上的合理性与韦伯所说的实质合理性处于难以调和的矛盾状态中。在韦伯那里,形式合理性指的是可以准确计算的合理性,表现为手段和程序,而可计算性是一种客观的理性。在韦伯的分析中,现代社会中问题的关键其实是实质合理性的缺失:一方面是由于形式合理性支配了实质合理性;另一方面公共的道德标准已经消失,因而不同的实质合理性之间存在高下之分,因而选择委身何种价值只能是出于主观的信念。简单地说,现代社会中个体生存境遇的种种困境来源于现代社会不再关心并且也没有能力解决实质合理性的问题，社会强调和追求的只是形式上的合理。进一步说，即使对实质合理性的重视仍然内在于人性的要求之中，在一个"祛巫"了的世界里，个体也没有能力以合理性的方式去解决彼此之间差异越来越大、冲突越来越剧烈的各种实质上的合理性了。

形式合理性与价值合理性的对立是现代资本主义的基本特征，也是理解韦伯对现代社会的经验性考察及其道德观的关键。相较于《社会学的基本概念》中韦伯对目的合理性与价值合理性的规范的界定，他对形式合理性与实质合理性的使用较为模糊，也容易造成之后的研究者忽视这两对概念之间的区别，直接将二者等同起来，混淆使用，这其实误解了韦伯对"合理性"分析的不同维度。这两对概念似乎具有直观上的相似性，形式合理性很容易与目的合理性相混淆，实质合理性看来与价值合理性也没有实质性的区别，但二者之间其实是有不同的适用范围。因此，有必要对形式合理性与实质合理性这对概念在韦伯文本中的意义首先做一个文献学的考察。这对概念在韦伯的经济社会学和法律社会学相关著作中都有出现。

2. 对经济行动进行分析的手段

在对具体的经济行动的分析中，韦伯首先给出了一个关于形式合理性与实质合理性的定义："所谓经济行动的合理性，在此是指经济行动中，不仅技术上可能且实际上真正运用的计算程度。所谓实质合理性，是指一定的群体（不论范围大小）从某种价值判断（无论其性质如何）的观点出发，且受此标准检验。"[①]

经济行动中的形式合理性主要表现为一个经济行动能够在多大程度上以数字的、计算性的方式表现和执行出来。在这个意义上，形式合理性主要体现为在经济行动中的货币计算。而实质合理性的概念相对模糊一些，按照韦伯的解释，"经济行动中的实质合理性所要衡量的，不光是计算的精确与完备，还要引入某种主观的、相对的标准（这些标准可以是伦理的、政治的、平等的，乃至

---

① Max Weber, *Economy and Society*, ed. Guenther Roth and Claus Wittich (Berkeley: University of California Press, 1978), pp.85.

宗教性的)对经济行动的结果进行评判。就各个层面而言,实质合理性的评判标准是多种多样的,可以出于某种道理价值的诉求,可以出于身份立场的不同,也可以出于对权力、地位的考虑,所有这些标准都是所谓'实质性'判断的标准。关键的问题在于实质合理性是奠定在对经济行动的结果如何评定上的,这时,形式合理性所要求的那种纯粹计算的东西就退而求其次了。"①

在法律社会学部分,韦伯在谈及法的制定与法的发现时也对形式合理性与实质合理性做出了规定。"法律之谓形式的,是指无论在实体法或诉讼法上,唯有正确无疑的一般性的事实特征才会被列入考量",这既包括法律取证的切实性,也包括法律命题与推演的逻辑正确性。"实质合理性则意味着:个别性的规范——而不是透过逻辑性的通则化而推演来的规范——对法律问题的决定理应具有影响力。换言之,诸如伦理的绝对命令、功利的,或出自其他目的的规则等超越了纯粹形式主义的判准而主导法律问题的判定。"②

由此可见,在韦伯那里,形式合理性偏重于对程序的考量,指的是可以准确计算的合理性,仅仅涉及事实性的客观判定,适用于表达不同事实之间因果关系的概念,主要表现为手段和程序的可计算性,是一种客观的合理性。自然科学、技术、资本主义、现代法律、官僚体制等都体现了这种纯粹形式的合理性。实质合理性是一个与形式合理性相对应的概念,指由伦理的、政治的、功利主义的、享乐主义的、等级的、平等的,或者其他任何带有主观立场、情感、好恶来衡量的合理性。它更注重考量结果的优劣,对它的评判带有价值取向,是从某种立场看的价值或目标的合理性。

韦伯对形式合理性与实质合理性的区分实际上表明了在现代资本主义社会中呈现出来的一种越来越强烈的对于行动的手段—目的这一纯粹形式合理的追求,而不再关心行动的具体的、实质的内容与指向了。也就是说,社会的发展越来越表现出一种形式上(或者说程序上)合理的,而实质上不合理的倾向。比如说在现代法律体系中,一个程序上正义的判决往往(尤其在外行人眼中看

---

① Max Weber, *Economy and Society*, ed. Guenther Roth and Claus Wittich (Berkeley University of California Press, 1978), pp.86.

② 同上书,第656页。

来)并不符合实际上的正义;在现代资本主义社会中,给定一个具体目的,一个行动或者行动模式,如果能够有效而迅速地完成这个目的,则它就是合理的,相反则是不合理的。也就是说,现代社会惯于从技术性的环节上评判各种行动、决策,甚至是全部生活,而放弃对某事、某物究竟是好的、坏的、善的、恶的、它有何意义的评判了。

韦伯对形式合理性和实质合理性的区分,在经济上是对市场经济和计划经济的区分,在社会形态上是对资本主义和社会主义的区分。在他看来,资本主义意味着最大限度地在形式上进行相当精确的计算,与此相对,实质合理性则是含混不清的。正是在这个意义上,"韦伯认为社会主义是'价值观的合理性,主要属于平均主义和伦理道德方面的性质'。资本主义的主要特点是把生产作为谋求利润的手段,而社会主义则把满足社会需要作为生产的目的。前者使生产完全听命于市场机制,后者则要求生产服从于计划。用韦伯的话说,资本主义是由经济(物质利益)决定的,社会主义则是由理性定向的。于是,社会主义就被看作只注重使用价值(实质合理性)而缺乏形式合理性的社会结构,资本主义则被视为只追求交换价值(形式合理性)而缺少实质合理性的社会结构。"[1]

关于形式合理性与实质合理性的区分对于韦伯构建自己的社会学说具有重要的方法论意义——他对现代社会状态的分析可以保持价值无涉的纯粹分析性立场。在他对社会进行经验性考察的著作中,我们常常可以看到韦伯频频在价值无涉的意义上使用一些本身其实,包含价值评判的概念和词语,合理性就是其中最重要的一个。他在对现代资本主义、法律和官僚制以及对新教的志业伦理考察中将其规定为是合理性的,这种关于西方合理性的断言是在纯粹形式合理的意义上而言的。韦伯的这些分析是在一种价值无涉的基础上进行的,其中并不包含他本人的任何价值判断。他对现代社会秩序的合理性强调,并非出于捍卫某种特定的价值立场,而只是提醒人们注意社会的结构和社会的心理机制上呈现出一种越来越可计算化的特点。这样一种纯粹的形式合理性是现代社会结构的一个客观特征,无论人们如何对其进行价值上的评判,

---

[1] 苏国勋:《理性化及其限制——韦伯思想引论》,商务印书馆,2016,第232页。

这样一个事实,即可计算性在这个社会变得越来越重要,是必须被接受和认识的,这是"祛巫"世界中个体行动所必须面对的前提。在韦伯看来,现代社会秩序的形式合理性是一个基本事实,而其是不是主观合理的,则取决于不同的行动者的价值取向以及当事人采取一种什么样的标准和立场去评判它。

三、形式合理性与实质合理性的冲突

1. 形式合理性的重要特征

形式合理性是与可计算性紧密相关的一个概念,对此,有学者认为:"可计算性固然是形式合理性内在的重要特征,却并非现代西方社会秩序的合理性概念中的唯一特征。现代社会中专门知识重要性的增长;传统的宗教、习俗和伦理对社会行动的影响力的削弱;抽象和普遍的规范对社会生活的规范;由新教禁欲主义所引发的现代社会生活中系统化的自我控制;志业伦理带来的去人性化的伦理风格;技术的发展对人与自然的控制的不断增长以及支配关系中日益淡化的个人色彩都是韦伯所强调的。"[①]然而,所有这些因素都与可计算性相关联,因而都强化了形式的合理性;都推进了用一种有意识的、精确计算的方式去实现和完成所有主观的、个体的目的能力。

简单地说,技术既可以用来摧毁,也可以用来保全人的生命;技术合理性的进步既可以用于制造核武器,也可以用来改进医疗技术与设备。同样地,纯粹工具性的行动既可以用于损害他人的利益以换取自身利益,也可以用于追求某种纯粹的价值和信仰。现代社会的上述特点可以被视为纯粹理性的工具倾向,用以追求各种各样的目的,无论其是否具有价值或意义。正是这种内在价值无涉,这种对所有实质目的和价值的漠不关心,使得现代西方社会的合理性呈现出如此独特的面貌。通过形式合理性概念,韦伯指出了现代西方文明模式内在的吊诡:社会秩序合理化的终极目的——"最大化行动的可计算性",本身却并非一个真正的"目的",而是一种用以实现所有主观目的的普遍手段!

[①] 刘莹珠:《资本主义与现代人的命运——马克斯·韦伯合理性理论研究》,人民出版社,2014,第153页。

手段对目的的支配,首先表现在经济领域:社会生产以利润为导向,而不是以满足实际需求为导向。按照韦伯的观点,在社会生产中,形式合理性并不能保证实质合理性的实现,至少就满足社会需求这个意义上很难保证后者。因为经济的形式合理性所要求的货币会计制度其实并不反映任何实际的产品和实物分配情况,而恰恰只有实物的分配状况才能从根本上反映一个社会的生产是否能够满足其中人群的实际需求。形式合理性的原则虽然要求高效的生产,但这种要求并不是出于保证社会需求的全面满足的考量(对社会需求的满足是实质合理性的要求)。需求与消费意愿是两个不同的概念,实际需求并不代表消费意愿,在资本的逻辑中,只有带来消费行动的需求才是有效的需求。

因而,是消费意愿而不是实际的需求影响着资本主义经济运行中社会生产的规模和方向。并且,在众多消费意愿中,也唯有那些能够带来最大利润的消费意愿主导着社会资本究竟投向哪个生产领域。实际上,形式合理性导向不仅不考虑实际社会需求的满足,更是不考虑任何实质性要求的,除非这些要求能够在市场上以有足够购买力的形式出现。这种对所有具体的需求不关心,在韦伯看来,正是货币计算型经济的合理性的本质特征。

其次,以形式合理性的原则组织起来的资本主义生产过程同样表现出手段对目的的支配:物性消解了人性。作为一切宗教伦理基础的博爱或者说同胞爱是与形式合理性完全不相容的,这些理念在现代经济领域是毫无存在价值的。"也就是这种纯粹商业化的、切实的并且经济上合理性的(也因此是伦理上非理性的)特质,及其理论理性宗教的怀疑,虽然尚未明言,却可以强烈地感受到。因为任何纯粹的人与人之间的个人关系,都有可能置于伦理要求的制约与伦理性规范之下,不管这是一种什么样的个人关系——即使是最彻底的奴役关系也一样。之所以如此,是因为这些关系的结构基于参与者的个人意志,这就使得慈善的德行有开展的余地。不过,经济合理化的关系领域却并非如此,个人的控制在那里是与经济结构的理性分工程度成反比的。

形式合理性的最大化要求工人必须受企业主严格的纪律控制,跟上工厂生产的节奏。从实质性的评判角度出发,这种毫不考虑去增加个体或集体福利而只是一味追求生产效益的严格的纪律和控制是有违人性对自由和尊严的要求的。形式合理性的倾向制造了一场"人与人之间的战争",[1]那些在形式上自由的个体处于经济上的压迫不得不在市场中进行无情的厮杀。在严苛的经济活动中,个体将此视为抽象了的物质符号。为了在有限的资源中占据最大的可能效用,必须进行精确的计算和筹划,社会对形式合理性的要求没有为人与人之间的关系预留任何温情脉脉的空间,整个社会生产以数字化的形式(可计算的效用)标记个体的价值,效用原则主导了现代生活的人际关系。

虽然过去为了获得灵魂的救赎可能会导致人与人斗争,但是在市场中进行的这种冷酷而非人格化的斗争模式是无视一切同胞爱的伦理体系的:"在市场自发运作的地方,它的活动总是朝向能够带来利益的交易而非个体性的人;其中不存在任何出于爱恨的义务,市场中所有人与人的关系都是偶然连接起来的。"[2]形式上合理的行动要求经济领域确立对生产资料的集中化控制,要求企业主能够自由地按照企业经营的意愿雇佣和解雇工人,并全权控制生产过程;要求彻底的自由市场,在经济决策的每一个环节,按照形式合理性的要求,效用目标总是优先于伦理目标的,如果某种经济行为竟然长期以博爱作为指导原则而忽视市场交易的法则必将会自我毁灭。因此,整个社会呈现出一种道德上的漠然态度。

2. 二者的冲突矛盾

形式合理性与实质合理性的冲突既是不同行动导向之间的冲突,又是具有不同利益的社会群体之间的冲突。这些群体中的一方受益于经济活动中的高效性和可计算性,另一方则受益于社会生活中对平等、博爱等社会福利的重视和肯定的实质合理性。虽然形式合理性本身是个价值无涉的概念,但现代社会和经济秩序中表现出来的形式合理性却会对特定社会群体的价值和利益产生影响和改变。形式合理性的最大化肯定了那些在经济上具有强权的群体,那些对市场价格具有控制权的群体,以及那些制定市场交易规则的群体。这样一来,作为形式合理性最大化的前提条件的自由契约制度,虽然本身是一个价值

---

[1] Max Weber, *Economy and Society*, ed. Guenther Roth and Claus Wittich (Berkeley: University of California Press, 1978), pp.93.

[2] 同上书,第 636—637 页。

无涉的命题,但在实践中却很难实现。因为它在实际上使得那些在经济上享有优势的群体能够不受法律制约地利用自己的经济资源去获取他人的利益。在法律和经济领域,形式合理性其实是牺牲了一部分人的利益而保证了另一部分人的利益。因而,那些通过市场交易获得了经济上的特权和优势的群体希望形式合理性的最大化,而那些经济上处于劣势的群体则希望赋予经济生活某种程度的实质合理性,从而减轻形式合理性的作用。

由此,我们不难看出,韦伯政治学的观点,一方面是对生产效率的追求,另一方面是对社会公正的追求,政治学中的这个两难问题其实就是源于形式合理性与实质合理性之间的矛盾。实际上,我们时代的很多政治冲突都源于上述二者之间的冲突:一方面希望抑制对经济生活的实质合理性的调控和限制,以恢复形式合理性畅通无阻的资本主义的天堂时代;另一方面则强调社会福利,要求增强对社会和经济生活的实质合理性的调控。

在韦伯的宏观社会分析中,现代西方社会秩序是高度合理性的,但这仅仅是从纯粹形式的角度而言,是在去除了"合理性"这个概念本身所包含的价值评判的意义上所说的。合理性包含的两个层面:形式合理性与实质合理性,或者说理智与良心、效率与公平的分离是现代社会的独有特征。现代资本主义制度具有高度的形式合理性,它要求按照可计算性、效率和去人性化的原则构建社会的生产和生活,而在一切领域都排斥了对平等、同胞爱、博爱这些伦理价值和不同的人的个性的尊重和照顾。在现代社会面前,社会和经济生活从未被毫无关系的实质目的和价值的机械性原则主导过,意义和手段也从未如此相互分离而各自为政过。

韦伯对西方社会合理性的分析并不是批评性的。虽然他揭示了现代高度形式合理化的社会和经济秩序对平等、博爱等伦理价值的不关心和不涉及,也表明了这样一种形式合理性是如何大力推进经济上处于强势地位的群体获取利益。韦伯对现代社会的局限性的批判主要来自他对科学研究本身局限性的批判。"科学作为合理性的一个工具也仅仅就形式而言,科学的限度是形式合理性限度的一个体现。作为一种形式上的合理性,科学是无力做出价值判断的,不可能在相互冲突的价值中做出公断,也无法去限定某一种具体的实质合理性,并不能、也不应该给出一个关于善的社会的定义。形式合理性与实质合理性的对立所凸显的最大问题就是价值的冲突，以及现代社会对解决这些价值冲突的无能为力，这正是社会的合理化与伦理生活的非理性的典型表现。"①

四、合理性的二元性及其对整个社会的统摄

有学者指出："从韦伯对形式合理性与实质合理性的区分可以进一步得出结论：它们之间的紧张对立是工具合理性和价值合理性之间的冲突。实际上，形式合理性与工具合理性、实质合理性与价值合理性基本上是同义的。不同之处在于使用语境存在差异。在一般的哲学高度，合理性可分为工具合理性和价值合理性，而在社会生活领域的具体表现方面，韦伯将其称为形式合理性和实质合理性。"② 韦伯对这两种合理性之间的冲突以及从另一个角度上看每种合理性又是非理性的分析，是抽象的。换言之，正是合理性内在的二元性导致了人们对实在的认识产生了现象和本体之间的二分法，它们之间不可调和的冲突和对立正是现代社会生活两难处境的根源。

1. 二元性的主要表现

经济行为的二难选择是这种二元性的主要表现。韦伯主张把现代社会的经济行为分成主张形式合理性的市场经济类型和赞成实质合理性的计划经济类型。经济行为的形式合理性被理解为可用数量计算或核算的程度，其特征是"以货币为表现产生出高度的形式合理性"③ 经济行为的实质合理性意味着"使用特定的终极目的标准，这些目的可能是伦理的、政治的、功利主义的、享乐主义的、封建的、平均主义的或其他的"。④ 市场经济行为建立在货币计算基础上，以获取交换价值为目的，这就将无支付能力的贫民排除在市场之外，这是市场经济行为形式合理性和实质合理性的主要表现。

---

① 刘莹珠：《资本主义与现代人的命运——马克斯·韦伯合理性理论研究》，人民出版社，2014，第156—159页。
② 苏国勋：《理性化及其限制——韦伯思想引论》，商务印书馆，2016，第227页。
③ 马克斯·韦伯：《经济与社会》上卷，林荣远译，商务印书馆，1997，第85页。
④ 同上书，第202页。

由于追求利润使市场经济中的生产具有工具合理性,但资本主义企业最合理性的形式是官僚制,它的形式合理性削弱了个人经济创造性,因而限制了经济的理性化,这是从形式合理性中派生出实质合理性的一个例证。资本主义的市场经济一方面反对基于个人权威的控制,另一方面市场机制和价值规律作为一只"看不见的手"无情地行使着强制性的权力,将一切经济行为置于自己的控制之下,从而使现代资本主义经济制度从根本上具有了形式合理性和实质合理性。总之,利用市场行情见机取利的行为,是现代市场经济危机亦即现代资本主义实质非理性的一个根源。在韦伯看来,形式合理性的市场经济并不能拒斥实质理性化因素的影响。

如前所述,韦伯一方面将西方文明和现代工业生产的特征看成"理性化"的,以此来描述现代资本主义世界人的存在条件和状况,充分肯定"理性化"在使人摆脱传统宗教信仰和保守的伦理道德桎梏中的积极作用;另一方面,韦伯暗示人们在摆脱宗教枷锁的同时陷入了物和金钱的羁绊之中,而且这种以利益最大化为目标的经济合理性包含了否定自身的因素,由自由竞争所产生的垄断和资本主义经济危机就是最好的例证。如果说宗教信仰贬低人的尊严、扭曲人的形象是一种异化现象,那么资本主义社会中的人们刚刚摆脱了这一异化,就同时陷入了一种新的异化境地——人成了机器的奴隶、商品的奴隶、官僚制的奴隶。

韦伯认为,由于理性化的技术统治和官僚制的作用,现代世界日益呈现出一种假象:一方面它在许多方面被管理得像机器那样有条不紊地运转,社会生活节奏加快,各种效率普遍提高,物质财富快速增多,这在形式上是合理性的;另一方面,资本主义的"秩序与机械生产的技术和经济条件相结合,以其不可抗拒的力量直接决定着当今与经济谋利相关的人的生活,而且决定着一切生长在这个结构中的人的生活。"[1] "所有这一切造成了资本主义社会生活中的人的思想观念的变化,崇拜效率、崇拜金钱、崇拜商品成了一种新的拜物教。它窒息了人的精神灵性,降低了文化的水准,剥夺了人的自由,使现实上变为实质

---

[1] 马克斯·韦伯:《新教伦理与资本主义精神》,于晓、陈维纲译,生活·读书·新知三联书店,1987,第 181 页。

上的非理性了。"[1]可见,形式合理性与实质合理性的冲突既是不同的行动导向之间的冲突,又是具有不同利益的社会群体之间的冲突,这些群体中的一方受益于经济活动中的高效性和可计算性,另一方则受益于社会生活中对平等、博爱等社会福利的重视和肯定的实质合理性。

据此,韦伯提出了一个著名论点:现代西方世界的一个最基本和最明显的现实就是"形式的合理性和实质的非理性",实际上就是"理性化导致了非理性的生活方式"。这是韦伯对现代西方社会各个领域充斥的大量异化现象的总体概括。造成这一现实的原因是把合理性这一手段当作终极目的来追逐。每一个过分的理性化的要求,都不可避免地导致非理性或不合理现象的产生;非理性与合理性共存,前者与后者相对立并表现为后者的结果。

2. 理性化和官僚制化的起因

韦伯认为,现代科学技术发展的作用,使人类社会正经历着一个理性化和官僚制化的过程。表现在社会中,人们普遍关注效益、效率、功能,在驱使人们做出行动的过程中,理想、信仰等意识因素的作用在逐渐淡化。为了追求功能和效率,经济、政治、宗教文化、社会的各种组织都竞相效仿最有效的行政管理组织形式——官僚制组建起来,这就是"官僚制化"。

在现代社会中,官僚制化是一种超越意识形态对立和不同政治制度区别的、普遍的发展趋势,因而官僚制本质上是所具有的形式合理性和实质合理性之间的冲突和对立。这就成为现代社会生活中一个具有普遍意义的问题。在他看来,奉行计划经济的社会主义并不能必然地消除形式合理性和实质合理性之间的矛盾。现代社会中由形式合理性和实质合理性之间的冲突带来的人与其本质分离的异化现象是无法避免的。它是人追求合理原则(世界祛巫的理性化过程)的必然结果。确切地说,是理性化过程中"形式"和"实质"合理性之间的矛盾造成的,即市场经济使手段(交换价值)理性化,但离开了满足社会需要的目的,手段就变得毫无意义;反之,计划经济使目的(使用价值)理性化,但忽视了达成目的的手段的完善,就会使经济和社会停滞不前。这样,韦伯就把现代世界两种社会组织形式——资本主义与社会主义之间的对立和区

---

[1] 苏国勋:《理性化及其限制——韦伯思想引论》,商务印书馆,2016,第233—234页。

别,把基于私有制的劳动异化之上出现产品分配、社会关系和人的本质的异化现象,完全纳入和消融在他的形式合理性和实质合理性之间的对立冲突的分析之中。

据此,韦伯得出了资本主义固有的异化现象在社会主义中并不必然地能得到消除的结论,即使在人类社会的发展中也无望获得根本克服。正是在展开对形式合理性和实质合理性的对立冲突的论述中,韦伯为人类社会的发展勾勒出一幅悲观的前景:每当想到世界有一天将会充满着这样一些小小的齿轮———一些小人物紧紧抓着职位不放并积极努力钻营更高的职位——就像埃及历史的重现……真使人不寒而栗。这种对官僚制的追逐真使人绝望透顶。就好像在政治中……我们只需要"秩序",此外别无他求;倘若一旦秩序发生动摇,我们就会感到六神无主,畏首不前;倘若完全脱离了秩序,就会感到孤立无援。难道世界有朝一日只有这种人而没有别的人存在吗?我们已经完全被卷入了这样一种进化过程,现在最主要的问题不是怎样促进和加速这一过程,而是设法反抗这个规则,免于灵魂被分割标价出售,摆脱这种至高无上控制一切的官僚制生活方式,以保持人类中一部分人的自由。韦伯以这样一种方式向人们指出了社会未来发展的危险前景,通过官僚制化对人类心灵的毒化,号召人们奋力反抗这个戕害人的本性的理性化进程。

由此可见,韦伯对现代资本主义合理性的赞扬,并将其发生、发展和壮大讴歌为人的思维方式和行动方式理性化的结果,这一观点与马克思对资本主义的批判完全相反。但是,韦伯对资本主义的前景持悲观态度,在他看来,片面追求"形式合理性"必然堕入"实质非理性"的后果,其未来前景对人类而言不啻是一个"铁笼",这与马克思所说的资本主义的劳动"异化"导致的人的本质的"异化"又非常相似,所有这一切都存在矛盾,这也是韦伯思想的魅力所在。

综上所述,合理性内在的二元性及其对整个社会的统摄作用表现在资本主义社会的经济领域、政治领域和宗教伦理领域等各个领域。相对应的是:经济领域——具有形式合理性的市场经济与具有实质合理性的计划经济之间的冲突;政治领域——官僚制的权威在拒斥人们实质理性化要求的同时,祛巫后的世界在脱离世俗生活基础后再次"入魔"的非理性趋向;宗教伦理领域——

清教的禁欲主义宗教伦理在资本主义一旦形成后就失去了在世俗生活中的地位。在这种全方位统摄作用下,脱离了清教伦理所形成的天职观念的支持,人不再是世界的主人,而异化为技术的、物质的奴隶,"因此,现实中资本主义对于现代人来说,已经从清教徒肩上轻飘飘的斗篷,变成了一只铁的牢笼"[1]。整个资本主义社会发展过程就是目的合理性日益成为社会主导力量,价值合理性逐渐衰微的功利化进程。而现代社会发展的进程归根结底就是人类借助(工具)理性实现对自然界和人类社会控制的过程。

韦伯从对资本主义合理性讴歌,并将其视为人的思维方式和行动方式,理性化的结果是其合理性的短板,到他对合理化与合理性的定义以越来越精确地计算合适的手段为基础,有条理地达成一特定既有的现实目的都可以看出这种取向。但韦伯对合理化的评价却显得模棱两可:他借由普遍而不可避免的"合理化"对资本主义进行深度分析,究其本质来说是较为中性的观点,但评价上略显暧昧。对资本主义制度的考察始终坚持价值无涉的主张,使得韦伯对资本主义经济秩序"去人化"的担心演变为对道德价值和判断的悬置,进而将制度合理化视为正当的和必要的。这样一来,就放弃了对实质合理性的追求,而屈从于形式化的体制规范。他所强调的这种高度形式化的、去人格化的理性系统的重要性,就按照他的设想建立在工具理性基础上,完成了精确的计算和高度可控,进而使整个资本主义的生产、管理、法律、行政系统都呈现出极高的效率。

---

[1] 李猛:《除魔的世界与禁欲者的守护神:韦伯社会理论中的"英国法"问题》,载李猛编《韦伯:法律与价值》,人民出版社,2001,第128页。

第四章　一个批判：面向资本主义合理性及其外部性的批判

对于资本主义社会的批判，不同学者有各自不同的视角和理论支撑。马克思在《1844年经济学哲学手稿》中以异化和物化理论展开批判，而西方马克思学派代表人物卢卡奇则在继承和发扬马克思物化理论的基础上做了深入分析和探讨。如果说主客体关系是异化理论的核心，那么人与人之间关系的非人化以及人与物之间关系的颠倒化就是物化理论的关键。而舍勒则是从资本主义精神导致的价值失序对其展开有力回击。生态学马克思主义者马尔库塞则以"自然解放论"强烈批评了资本主义工业社会的诸多深层问题和矛盾，发掘了导致资本主义生态问题的一些价值根源。纵观对资本主义的诸多批判理论，马克思主义理论是其中最有效解析资本主义社会深层矛盾和主要弊病的思想武器。

第一节　面向资本主义现代性及其合理性的理论批判

韦伯所讴歌的资本主义精神的产生，得益于工具理性和价值理性——新教伦理的共同驱动。理性的工具性与其价值的合理性本来同属一个硬币的两个面，是一种相反相成的关系。在韦伯的论证里，新教徒为了追求在彼世的灵魂得救，通常会轻视现世，尤其鄙薄营利活动，但由于受新教"天职"观念这一禁欲的经济伦理的影响，最终把新教徒造就成第一代资产者。也就是说，新教徒完全出于灵魂得救的"价值理性"动机而做出的禁欲行动，却收到了促进经济发展的"工具理性"的效果。

"这本来是一种'无心插柳柳成荫'式的歪打正着，然而却引出了更为意外的后果：现代资本主义一经确立就把本属于手段的营利当作目的本身来追求——'一切为了赚钱，赚钱就是目的'，早已忘却了他们的先人创业时的宗教价值支撑；循此之路，就出现了纵情声色犬马的享乐主义而丧失人生目的和人生意义，最终堕入'价值非理性'，成为韦伯所说的现代性'铁笼'中的囚徒。工具合理性导致价值非理性的最终结果，是现代性的一种理性吊诡。"[1]

一、卢卡奇以"物化"理论对韦伯"合理化"理论的审视

卢卡奇早期的研究曾受到韦伯关于社会合理化理论的深刻影响，后来，随着研究的深入，卢卡奇开始对韦伯的理论无法准确揭示社会现实的存在，以及社会中非理性依然存在的原因进行系统的总结分析，并在其著作《历史与阶级意识》中重新审视并探讨了韦伯的《新教伦理与资本主义精神》的相关问题。

1. 韦伯合理性所割裂的三层关系

如前所述，韦伯阐释了新教伦理如何渗透进教徒的现实生活，以及社会的各个层面，进而逐渐走向现代资本主义合理化的全过程。卢卡奇看到了现代资本主义社会各方面对合理性原则的高度依赖，并在社会各个层面表现出合理性因素所导致的颠覆性关系——生产过程中主客体关系的颠倒。他指出，"为了使生产过程变得可计算化，合理性割裂了三层关系：第一，在主体方面，这种专业化技能同整体性人格割裂开来，主体逐渐被塑造成为抽象的劳动机器；第二，在客体方面，劳动对象被日益精细化、专业化，劳动过程流水线化，割断了人与劳动对象的自然关联；第三，人们之间的联系也是根据机械计算而建立起来的偶然联系，合理性割断了人与人之间的社会关系。但是，仅有经济领域的合理化还不至于使物化普遍化，韦伯还揭示了资本主义各个领域也都是按这种合理化的计算性来组织与运转的。"[2]

卢卡奇进一步指出，"铁笼"社会的形成不仅是由资本主义社会硬件环境塑造的，更有软件环境的塑化作用，也就是意识形态层面的物化思想的助推。

---

[1] 苏国勋：《理性化及其限制——韦伯思想引论》，商务印书馆，2016，第385页。
[2] 杨琴冬子：《超越"合理性"的铁笼——重审马克斯·韦伯对卢卡奇物化理论的影响》，《新疆大学学报（哲学·人文社会科学版）》2016年第1期。

的确,资本主义整个社会都在强调工作中的可计算性,尤其是在意识的沉思形式出现之后更是如此,"随着对劳动过程的现代心理分析,这种合理的机械化一直推行到工人的'灵魂'里,甚至他的心理特征也同他的整个人格相分离,同这种人格相对立地被客体化,以便能够被结合到合理的专门系统里去,并在这里归入计算的概念。"[1] 具体而言,就是对于手段的理性化思考正在增加,而对于目的的思考则被忽略,这就是所谓影响着资本主义的现象。这使得卢卡奇的物化理论烙上了深深的"韦伯色彩",这种"幽灵般的物"是人类个体逐渐孤立化的深层原因,从而丧失了对社会总体进程的科学把握。

2. 对韦伯合理性中存在的非理性分析

从20世纪20年代开始,卢卡奇尝试对资本主义的现代性进行系统批判,他逐步感知到现代资本主义社会存在两种对立的观点,一方面是与经济学、科学技术相关的高度抽象形式的"合理性",一方面又存在着许多高度直观化的浪漫主义的"非理性"。于是就出现这样一个问题:既然现代资本主义社会是一个完全合理化的社会,那么韦伯是如何解释这个社会中无处不在的"非理性"问题的。对于韦伯来说,"这种现象要么是非理性从过去到现代资本主义社会的延续,要么就是从当下合理化进程中逃逸而出的个体。"[2] "韦伯自己说过真正的文化问题在于导向非理性的合理化,并认为他和马克思对这个问题的界定相同,但评价却不同"[3] "在对合理性的评价上,韦伯与马克思都意识到资本主义合理化对个人自由具有双重作用,但是他们对合理性的评价存在差异。马克思关注资本主义发展所产生的剥削和压迫、人在物的面前产生依赖性,以及由此产生的不平等关系,韦伯则是关注资本主义社会如何实现自由和理性的统一。"[4]

而卢卡奇与韦伯的观点不同,他认为这种"非理性"和韦伯所描述的抽象

---

[1] 卢卡奇:《历史与阶级意识》,杜章智译,商务印书馆,2012,第154—155页。
[2] 杨琴冬子:《超越"合理性"的铁笼——重审马克斯·韦伯对卢卡奇物化理论的影响》,《新疆大学学报(哲学·人文社会科学版)》2016年第1期。
[3] 洛维特:《马克斯·韦伯与卡尔·马克思》,乔治艾伦与厄温出版社,1982,第80页。
[4] 杨琴冬子:《超越"合理性"的铁笼——重审马克斯·韦伯对卢卡奇物化理论的影响》,《新疆大学学报(哲学·人文社会科学版)》2016年第1期。

的合理性密切相关,现代资本主义社会并非培育出政治"祛巫",而是恰恰制造了政治神权。"卢卡奇逐步发现,韦伯合理性存在着两个明显的缺陷。第一,韦伯只对西方资本主义社会的起源做了探讨,而没有把资本主义看作是一个经历了各种发展阶段的动态的社会形式,即由内在压力或矛盾引起的动态的社会形式。韦伯所构造的实际上只是西方非历史的资本主义的'理性模型',这种模型的显著特征就是合理性。第二,和马克思资本主义理论相比较,韦伯并没有对资本主义社会结构进行任何基本的、有联系的分析,做出的只是某些概念的定义和对经济领域中一些社会学关系的分析。当然,这并不意味着韦伯在对西方社会的考察中忽视了所有的历史动态。只是在韦伯的考察中,存在着一种明显的占统治地位的但并不是'资本主义'专有的趋势,这就是生活'合理化'和'机械化'的增长过程。"①

卢卡奇指出,现代合理化导致物化的这一弊病是造成"铁笼"社会的主要原因。合理的客体化直接掩盖了物性,使各种使用价值都无一例外地表现为商品,于是客体就获得了一种新的物性,而消灭了原有的物性,这就是资本主义发展所导致的物化。

1923 年,卢卡奇在《历史与阶级意识》中进一步表达了资本主义的"铁笼"并不是"铜墙铁壁",并指出促使社会发生变化的深层原因不是韦伯所提出的新教教派或责任伦理,而是具有革命意识的无产阶级,这是历史变化的真正动力所在。对此,他试图提出一种走出韦伯理论困境的处方——重新评判形式与内容、主体与客体之间的关系来建立自己的学术观点。继而,他在《物化与无产阶级意识》中使用了马克思式的开篇,即现代资本主义的商品结构是人与人之间呈现出物的特性。而只有认识到现代工业社会结构,才能摆脱现代工业社会加诸人的"铁笼"则是《无产阶级意识》一书的核心思想。

由此可见,卢卡奇对韦伯批判的出发点是确立无产阶级意识。他认为:"无产阶级之所以能克服资本主义的物化问题,主要是在资本主义社会,无产阶级被迫以客体的形式存在,劳动能力与工人相分离,成了可以出售的商品。对无

---

① 杨琴冬子:《超越"合理性"的铁笼——重审马克斯·韦伯对卢卡奇物化理论的影响》,《新疆大学学报(哲学·人文社会科学版)》2016 年第 1 期。

产阶级来说,自身的分裂赋予了他受奴役的形式,不得不承受客体化造成的受压迫状态。因为工人出卖了自身具有的唯一的商品,他就必须把这个与他的身体不可分离的劳动能力置于商品运动的客观过程之中。无产阶级觉得自身直接就是社会劳动过程的客体,而非劳动过程中的主动者。因此,无产阶级有能力认识自己被客体化的实质和根源,这是突破物化的前提条件。"①

二、哈贝马斯以结构性解读展开对韦伯合理性概念的深度分析

哈贝马斯指出:"合理性理论是其中一条主线,我们可以用它把韦伯的理论全部建构起来。"于是哈贝马斯以合理化内在逻辑为主旨,从原则上对韦伯的合理性概念进行了剖析,在指出合理性内在吊诡的基础上,试图通过比较的方式(与马克思)打破该理论所营造的相互孤立,以便恢复合理性的整体性架构。

如前所述,韦伯的合理性是一个内容繁杂、体系错综、领域众多的复杂理论。对此,哈贝马斯在分析韦伯合理性理论时,对其复杂性也进行了分类分析。

第一,对合理性的内容加以归纳。哈贝马斯认为,合理性理论包含文化、社会和宗教这三个方面的合理化,但文化和宗教领域是韦伯考察资本主义的切入点,这一过程主要有两重含义:"第一,随着合理化的展开,其内含的整体性逐步转变为支离破碎的状态;第二,伴随着世界的醒悟、祛巫,作为主体的人也被合理化,以至于现代人被束缚在'铁笼'中。而文化和宗教领域的合理化同时与社会领域的合理化是同步的。文化和宗教领域的醒悟、祛巫把一切关注的重点放在重新复归现实生活上,把一切神圣之物转变为世俗之物。伴随着合理化在社会领域的扩张,官僚制的铁笼逐渐形成。鉴于此,哈贝马斯指出现代人所处的困境——自由与意义的丧失以及'生活世界的殖民化'——恰恰是合理化在社会制度层面所造成的。"② 由此可见,哈贝马斯对韦伯合理化理论的表现形式加以归纳的同时,阐明自己更加关注"生活世界的殖民化"和社会整体性

---

① 杨琴冬子:《超越"合理性"的铁笼——重审马克斯·韦伯对卢卡奇物化理论的影响》,《新疆大学学报(哲学·人文社会科学版)》2016 年第 1 期。
② 金永:《哈贝马斯论韦伯的合理性概念——兼论马克思与韦伯的比较性分析》,《绵阳师范学院学报》2017 年第 12 期。

的瓦解等问题。

第二,从概念上对合理性加以深入阐明。如前所述,合理性在韦伯理论中具有较多层次,其中最为重要的是价值合理性、形式合理性和生活方式的合理性。哈贝马斯指出,形式合理性与实质合理性、目的合理性与价值合理性是两对不同的研究范畴,是韦伯分析不同对象的理论工具,前者针对社会宏观,后者面向个体社会行动。从哈贝马斯的分析可见,"合理化的过程是社会的整体性被分割、被瓦解为独立领域的过程,其结果造成了官僚制对现代人的宰制和支配,这一点是哈贝马斯要反对的,也是韦伯和马克思的区别,因为对马克思而言,社会进程是一个整体性的领域,诸多领域之间是相互联系的。"① 正是以此为基点,"哈贝马斯试图打破合理化过程所造成的相互孤立的局面,以实现社会整体性的重建,这不仅是哈贝马斯力图实现的理论目标,亦是对马克思整体性的恢复。"②

第三,对韦伯合理性理论内在矛盾的剖析。"对待西方理性主义,韦伯是从前科学的角度出发,依据一个矛盾的节点看待西方理性主义。"这是哈贝马斯对韦伯合理性理论的一个基本判断,以至于韦伯合理性理论本身就是充满矛盾的理论,这主要是因为启蒙运动开始的西方理性主义本身就萌发着非理性因素,这种内在矛盾不仅仅内蕴在韦伯的理论之中,亦是近代哲学讨论的重要议题。对此,哈贝马斯指出其内在矛盾主要表现在"合理化概念的'相对主义'缺陷。哈贝马斯对韦伯的合理性理论的分析是从'现代社会发展过程''也就是资本主义经济与现代国家的分野'过程出发,考察合理化概念过程所带来的特殊事实与普遍主义的矛盾。"③ 哈贝马斯指出,韦伯对社会合理化的分析采取的是"自上而下"的视角,他以社会合理化为主线,探究现代意识解构与社会现代化进程所显现的两种制度的形成过程,即"韦伯在讨论社会合理化的时候,所看到的是资本主义企业和现代国家体系当中体现出来的组织

---

① 路易·皮埃尔·阿尔都塞:《保卫马克思》,商务印书馆,1996,第214页。
② 金永:《哈贝马斯论韦伯的合理性概念——兼论马克思与韦伯的比较性分析》,《绵阳师范学院学报》2017年第12期。
③ 同上。

模式"①。因此,对韦伯而言,"无论是资本主义经济抑或现代国家,它们都是'生产手段的集中化',都是'目的理性行为在亚系统中的渗透过程,也是内含在资本主义切合现代国家结构'的过程,'需要解释的不是经济行为和行政行为的目的理性,而是其制度化'的过程。因此,目的合理性不仅让韦伯在形式上完成了社会一体化的过程,同时又把"目的理性的结构固定在个性系统和制度系统之中。"② 社会合理化局限的过程在此又回到了祛巫的"现代意识结构"。

在此过程中,哈贝马斯指出韦伯的社会合理化存在悬而未决的问题:一是合理化尚未展开之前生活世界的结构,必须发生怎样的变化以契合祛巫时代的"意识结构",即"韦伯直接把西方理性主义的实际形态当作出发点,而没有从此种视角——合理化的生活世界在反事实层面上的可能性——揭示它们。"③ 结果形成了合理化理论"史前"时期的空白;二是韦伯基于合理化对现代世界所做的可能性解释,仅仅是从目的理性这一特殊价值出发,一方面把目的理性日益狭隘化,仅仅当作形式理性加以看待,忽视其他因素的作用,另一方面"韦伯毫不犹豫地把合理化的这一历史形式与整个社会合理化完全等同了起来"④,也就是说韦伯把理性主义特定的发展方向看作是放之四海皆准的普世理论,把作为特殊的理性主义与西方理性主义等同起来,"未能严格区分文化传统的特殊价值内涵与普遍的价值标准"⑤ "一旦有必要,他就通过反思的方法,撤销西方理性主义的'普遍意义和有效性'"⑥。因此,哈贝马斯指出:韦伯从一种既定的前提出发,把合理化的理论假想成一种"普世理论",认为历史本身的特殊性应在理性主义中寻求,但他从根本上忽视了社会以及历史发展的特殊性,并没有在人们具体的现实生活中寻求社会的发展规律。这也是哈贝

---

① Haberms J. *The Theory of Communicative Action Volume 1: Reason and the Rationalization and Society*, Translated by Thomas McCarthy. (Boston: Beacon Press, 1984), p.217.

② 同上书,第219页。

③ 同上书,第221页。

④ 同上。

⑤ 同上书,第249页。

⑥ 同上书,第179页。

马斯对韦伯批判的一方面。

同时,哈贝马斯也明确指出:"韦伯合理化理论中的另一个矛盾——如何看待理性主义和非理性主义之间的关系。关于这一问题也是韦伯理论中至今悬而未决且富有争议的问题,因为在韦伯的社会学中,他虽然承认合理化必然招致非理性的问题,但是他对非理性的出路只是寄托在魅力型领导,并未在根本上解决现代人被宰制的局面。"[1]

第四,哈贝马斯认为韦伯的合理化是一个悖论。在哈贝马斯看来,韦伯采用合理性概念试图对启蒙运动以来的理性主义加以解构与重建,并以合理化的视角,表明社会现代化、理智化、祛巫化的过程,但合理化的本质在于追求以计算理性为核心的目的合理性,强调手段的合适性、合法性和有效性,但其结果却造成了现代人的意义丧失和自由丧失,即"理性的吊诡"。[2]进而,哈贝马斯一针见血地指出:"合理化的过程就是普遍历史解神秘化过程的继续",其结果造成了社会整体性的解体,"各自独立的价值领域之间出现了竞争,而且无法再用一种至上的、神圣的,或宇宙学的世界命令来消除这种竞争。"[3]因此,在哈贝马斯看来,合理化世界的时代特征"就在于出现了新的'多神论'","一神"与"多神"的冲突、对立,以及由此造成的"理性自身分解为多元的价值领域,并毁灭了自身的普遍性。"[4]换言之,"随着现代生活把神秘面纱逐渐揭开,价值与利益冲突跟着愈演愈烈,而价值冲突有增无减。"[5]

于是,"合理性世界造成了现代人的彷徨和毫无希望的荒唐期望,以至于人们生存在一个无意义的世界中,因为社会秩序当中再也不可能出现统一性,存在着多元价值理念(如真理、健康、神圣性等),个体只能在"孤独的个体的个

---

[1] 金永:《哈贝马斯论韦伯的合理性概念——兼论马克思与韦伯的比较性分析》,《绵阳师范学院学报》2017年第12期。

[2] 同上。

[3] Haberms J. *The Theory of Communicative Action Volume1:Reason and the Rationalization and Society*,Translated by Thomas McCarthy.(Boston:Beacon Press,1984),p.247.

[4] 同上。

[5] 洪镰德:《从韦伯看马克思:现代两大思想家的对垒》,扬智文化事业股份有限公司,1999,第150页。

性当中找到自己的位置。"①

总之,哈贝马斯认为,由于以计算理性为核心的形式合理化把一切领域全盘理性化,由于以理性计算为核心的"泰罗制"要求一切配置最优,剔除一切非理性因素,这种合理化招致的必然是"全部现代文明的设置、制度以及活动都被理性化",人必须适应这种被倒置的"理性铁笼",因此,韦伯的目的合理性本质上并没有解决现代社会被肢解的历史命运。原因就在于"韦伯是在科学语境中接受合理性问题的"②。哈贝马斯为了解决韦伯合理性理论所带来的社会整体性的肢解和价值领域的混乱的方案,提出了交往行为理论,即以交往行为为支点,重新建构生活世界的整体性,以实现人的自由。交往行为并非如同目的理性或工具理性注重理性计算,相反其注重建构行为主体与客观世界、社会世界、主观世界之间的整体性,进而复归生活世界的整体性,以"达到人与人之间的相互理解和一致,以形成有效的社会规范"。③

三、舍勒以人学思想对资本主义精神导致社会价值失序的批判

对于如何克服围绕形式合理性建立资本主义工业社会带来的压迫问题,韦伯的方案是从伦理学上塑造责任个体,即依靠积极进行道德实践的个体。对于整个社会他强调魅力型的政治英雄,以魅力的神圣和不可抗拒对政治体制官僚化和工具理性,来解救理性困境中的现代人和社会。韦伯提出以魅力统治解救因理性困境中的现代人,是因为其是一种内在力量。理性化与理性制度"从外部"出发进行革命化,而魅力如果从根本上施展其特殊作用的话,则相反,从内部,从被统治者思想的一种关键的"转变"中,显示它的革命力量。

---

① Haberms J. *The Theory of Communicative Action Volume 1: Reason and the Rationalization and Society*, Translated by Thomas McCarthy. Boston: Beacon Press, 1984, p.247.
② 同上书,第45页。
③ 章国锋:《关于一个公正世界的"乌托邦"构想:解构哈贝马斯〈交往行为理论〉》,人民出版社,2001,第21页。

1. 舍勒人学思想的批判指向

对资本主义制度和经济合理性的考察和反思是韦伯社会学的一个重要领域。与其他人不同的是,他以新教伦理独特的禁欲主义精神为出发点,将新教禁欲主义精神和新教徒理性职业观二者建立了内在联系,结合的结果是"理性化的生活形式,就是生活选择的理性化,也就是将生活方式的选择诉诸精确计算成本与收益的逻辑。韦伯认为这种理性化的生活方式是西方文明所独有的,整个西方社会的政治、文化、社会管理、科学技术体制,司法行政体系都是建立在理性化的生活方式之上的。"[①]

的确,"作为价值合理性的天职观曾养育和促进了西方近代世俗生活的合理性。而世俗生活的合理性则是工具合理性。"[②]在资本主义发展的最初阶段,工具合理性与价值合理性是相统一的,但随着资本主义的发展,工具合理性逐渐占据霸权地位,与价值合理性产生了不可调和的矛盾,直至分裂并最终压倒价值合理性。对此,韦伯曾指出:"在构成近代资本主义精神乃至整个近代文化精神的诸要素中,以职业概念为基础的理性行为这一要素,正是从基督教禁欲主义中产生出来的。"[③]亦即工作的专门化是一种工具合理性,而非价值合理性。

面对资本主义制度压迫下的人的生存状态,韦伯有着深度的思考,也清楚地看到近代资本主义社会理性困境导致的"人的工具化"这一问题,"资产阶级在它已经取得了统治的地方把一切封建的、宗法的和田园诗般的关系都破坏了。它无情地斩断了把人们束缚于天然尊长的形形色色的封建羁绊,使人和人之间除了赤裸裸的利害关系,除了冷酷无情的'现金交易',就再也没有任何别的联系了。它把宗教虔诚、骑士热情、小市民伤感这些情感的神圣发作,淹没在利己主义打算的冷水之中。它把人的尊严变成了交换价值,用一种没有良心

[①] 王琴、罗甜田:《马克思与韦伯资本主义合理性批判的理论路径比较》,《四川轻化工大学学报》2020年第3期。

[②] 陈嘉明等:《现代性与后现代性》,人民出版社,2001,第150页。

[③] 马克斯·韦伯:《新教伦理与资本主义精神》,于晓、陈维纲等译,载韩水法编《韦伯文集》上,中国广播电视出版社,2000,第352页。

的贸易自由代替了无数特许的和资历挣得的自由。"①但韦伯基于人文主义立场,更多的是以一种知识分子悲天悯人的请安来解决人的未来命运这一重大问题的。

面对失去信仰层面的禁欲主义精神,并由清教徒建立的工业文明和物质繁荣的"铁的牢笼",以及由此而生的资本主义社会中的"人"的种种问题,舍勒人学思想提出拒绝从传统的经济入手,另辟蹊径从一个精神视角来切入对资本主义社会的研究。舍勒认为,"不是经济或政治因素,而是资本主义精神造成了资本主义社会价值失序,从而引发了现代人类普遍的生存危机,要想解决一系列的人类生存危机,就必须要消解资本主义精神,重建爱的精神共同体。"②

2. 对资本主义精神本质的舍勒式判断

对于现代社会人的生命冲动存在和精神存在的失衡,舍勒认为是由现代社会起主导作用的资本主义精神造成的。他指出,资本主义精神不是人的正常的精神,而是一种偏离了人的本质、异化了的精神,使得原本所赋予的无限向神的趋向性被扼杀,人们仅仅沉溺于对生命冲动需要的满足。世俗的工商精神完全取代了超越性的神学——形而上学的精神,崇高在人们心目中陨落。相反,实用主义、功利主义思想日渐兴盛,使人丧失了客观的价值评判,最终滑入了虚无主义的深渊。人们从对神圣价值的爱慕转向了对非神圣价值的诉求。使用价值和生命价值的序列也被彻底颠倒,使用价值被拔高于生命价值之上。"各种征象表明,生活秩序在衰亡,而我们还在这种生活秩序的力量和方向之下生活。"③现代社会价值在异化的精神统摄下已全部失序。

在舍勒看来,正是资本主义精神造成了现代社会价值秩序的普遍失序。资本主义精神作为一种不正常的、异化了的精神,根源于现代人的怨恨的方式。人的本质存在方式应该是爱,但在资本主义社会中,人们的生存方式发生

---

① 马克思、恩格斯:《马克思恩格斯选集》第二卷,人民出版社,1995,第274—275页。

② 张欢欢:《现代性救赎的可能性:资本主义精神的批判与解构》,《白城师范学院学报》2015年第4期。

③ 舍勒:《舍勒选集》,生活·读书·新知三联书店,1999,第1193页。

了异化,"怨恨"成了现代人生存方式的常态,毒害着人们的心灵。第一次世界大战就是人们长久以来怨恨心理的一次火力大爆发,人们已经彻底抛弃了曾有的神圣信仰,而把全部的关注落在对世俗价值的追求上,生命价值也不得不让位于使用价值。在资本主义精神的形塑和诱导下,现代社会的秩序全部失序。神圣价值被非神圣价值取代,使用价值被凌驾于生命价值之上。客观普遍性的价值已经解体,人们失去了作为最后心理依据的守护,而走向了混乱和虚无。在资本主义精神的裹挟下,人们再也感受不到崇高,甚至找不到生命的意义。

在舍勒之前,马克思也曾将对现代性的反省聚焦于对资本主义社会"人"的存在的研究上。马克思通过异化劳动和私有制,揭露出资本主义的罪恶;而舍勒则从精神气质的角度,对资本主义展开了反思与批判。"无论我探究个人、历史时代、家庭、民族、国家或任一社会历史群体的内在本质,唯有当我把握具体的价值评估、价值选取的系统,我才算深入地了解它。我称这一系统为这些主体的精神气质。"[1]在舍勒看来,不是资本主义的生产方式,而是资本主义精神造就了现代性困境。因为在资本主义社会以前,资本主义精神就已经萌芽。因而不是经济或政治因素,而是资本主义精神气质,造成了资本主义社会的价值失序,从而引发了现代人类普遍的生存困境。对此,舍勒提出的方案是重建正常的精神,即将人类的存在方式实现由怨恨到爱的复归,重建爱的共同体。

综上所述,舍勒对资本主义精神的批判是好的,但事实表明,通过对资本主义精神的批判与解构来实现现代性的救赎之路根本行不通。不仅因为它忽视了政治—经济因素,单纯从精神、文化等因素入手,决定了它无法从根本上解决现代性问题。更重要的是,舍勒的批判思想带有明显的宗教色彩。尽管如此,舍勒思想具有的理论意义——将一度被遗忘的文化制度引入现代性课题研究之中,为进一步研究打开了一扇窗。

---

[1] 舍勒:《舍勒选集》,生活·读书·新知三联书店,1999,第739页。

四、马克思、恩格斯以资本主义深层矛盾对资本理性的历史批判

1. 对资本理性的整体批判

对资本主义的诸多社会批判理论中,马克思主义理论是解析资本主义社会深层矛盾和主要弊病的最有效的思想武器,该理论对资本主义政治、经济、文化、意识形态诸多领域都有极其深刻的批判。当代,"马克思、恩格斯的生态批判理论也随着世界生态危机的日益加重而受到人们的关注。生态批判理论是他们的资本主义社会批判理论的一个逻辑延伸,是从揭示人与人的异化到揭示人与自然的异化的理论延伸。"[①]"马克思、恩格斯的资本主义社会批判理论是对资本主义的整体批判,对资本主义的工业批判是其重要内容。这一理论的不同侧面虽有所侧重,但都直面病态的资本主义社会,其目的是要论证资本主义必然灭亡的多种可能。"[②]

恩格斯在《反杜林论》中谈到资本主义工业发展所导致的环境灾难:污染了纯净的水、空气和土地,谈到要城乡融合,要消灭工业的资本主义性质。"'工业的资本主义性质'主要是针对西方资本主义国家工业化进程中出现的大肆消耗自然资源、破坏生态环境问题而言的。资本主义工业的生产方式就是追逐利润最大化。这种方式直接导致资本家对工人的残酷剥削,使得工人的生活与工作状况惨乱不堪,使整个社会陷入生态危机。"[③]

在马克思看来,资本主义社会的本质从一开始就建筑在城市与农村、人类与地球之间物质交换裂痕的基础上,目前裂痕的深度已经超越它的象限(Foster,1999)。目前,资本主义社会已经存在着一种不可逆转的环境危机。但是,暂且不谈资本主义制度,人类与地球建立一种可持续性关系并非不可企及。要做到这一点,我们必须改变社会关系。马克思认为,"资本理性是肮脏的、可恶的。它血腥的贪婪性是与生俱来的,追求利润最大化是资本的天职,只要有利润可赚,资本就敢冒天下之大不韪。对待农业,资本理性也是如此。所以,

---

① 解保军:《生态资本主义批判》,中国环境出版社,2015,第29页。
② 同上。
③ 同上。

资本理性和农业生态理性是矛盾的。"①马克思指出:"在农业生产方面"资本主义生产指望获得眼前的货币利益的全部精神,都和供应人类世世代代不断需要的全部生活条件的农业有矛盾。"②马克思明确指出,资本主义生产与农业是有矛盾的,因为,在资本理性的驱动下,资本合作予以生产是以利润最大化为目的的,看重眼前的货币利益,而农业生产的特点是可持续性的,要为人类的世代繁衍生息提供自然条件。因此,资本主义不可能用生态理性和可持续发展思想来对待农业。

2. 对资本主义合理性的批判

马克思指出:"纽约州,特别是它的西部地区的土地,是特别肥沃的,特别有利于种植小麦。由于掠夺性的耕作,这块肥沃的土地已经变得不肥沃了。"③恩格斯也曾经指出同样的问题:"在美洲,绝大部分的土地是由自由农民的劳动开垦出来的,而南部的大地主用他们的努力和掠夺性的耕作制度耗尽了地力,以致在这些土地上只能生长云杉,而棉花的种植则不得不越来越往西移。"④可见,在资本主义工业化的早期,由于农业资本家对待土地采取掠夺性的耕作,导致了土地肥力的衰退,致使土地的生态环境遭到破坏,断送了农业可持续发展的根基。

为什么会是这样?马克思、恩格斯认为,这是资本主义土地私有制的恶果:"因为土地所有权本来就包含土地所有者剥削地球的躯体、内脏、空气,从而剥削生命的维持和发展的权利。"⑤私有制正是异化出现的结果,与其说私有财产表现为外化劳动的根据和原因,不如说它是外化劳动的结果,正如神原先不是人类理性迷误的原因,而是人类理性迷误的结果一样,以后这种关系就变成了相互作用的关系。这样,马克思就指明了私有财产和劳动的异化的相互作用关系。

---

① 解保军:《生态资本主义批判》,中国环境出版社,2015,第41页。
② 马克思、恩格斯:《马克思恩格斯全集》第23卷,人民出版社,1972,第769页。
③ 马克思、恩格斯:《马克思恩格斯全集》第25卷,人民出版社,1974,第697页。
④ 马克思、恩格斯:《马克思恩格斯全集》第46卷,人民出版社,2003,第755页。
⑤ 同上书,第875页。

除此之外,马克思也提出了对资本主义合理性的批判,即总体非理性与局部理性的结合。简言之,主要表现在经济秩序合理性下的非理性。他从政治经济的分析出发,关注资本主义制度在政治、经济上的不公平性和资本主义制度合理性背后的深层矛盾——理性与信仰、人与物的对立等。他指出:"在我们这个时代,每种事物好像都包含有自己的反面。我们看到,机器具有减少人类劳动和使劳动更为有效的神奇力量,然而却也引起了饥饿和过度的疲劳。新发现的财富源泉,由于某种奇怪的、不可思议的魔力而变成贫困的根源。技术的胜利,似乎是以道德的败坏为代价换来的……我们的一切发现和进步,似乎结果是使物质力量具有理智生命,而人的生命则化为愚钝的物质力量。"[1]

五、马尔库塞以"自然解放论"对资本主义的系统批判

赫伯特·马尔库赛(Herbert Marcuse,1898—1979),是法兰克福学派重要成员,被学界称为"弗洛伊德主义的马克思主义"的主要代表人物之一。由于他对资本主义工业社会的深度批判,"有人甚至将他与马克思、毛泽东并列在一起,称为是批判资本主义世界的'3M'(Marx, Mao, Marcuse)思想家。"[2] 马尔库塞的"自然解放论"成为对资本主义进行生态批判的重要理论成果。他指出,韦伯对理性的观点带有悲观色彩,进而提出现代社会是"最不理性"的社会形态,是目的理性横行社会的始作俑者。

1. 以"自然解放论"展开对资本主义的生态批判

第一个层面是马尔库塞创立了以"总体解放理论"为主线的新革命论,其中"自然解放论"是其资本主义社会批判理论中的一柄利剑。他前瞻性地提出了对资本主义的生态批判理论。在他看来,自然的解放与人的解放之间存在着内在的关系。同样,压迫自然与压迫人也存在内在的联系。正是为了人的解放,他才开始研究自然解放这个问题。自人类进入资本主义高度发达的工业社会以来,人与自然的关系发生了重大变化。

随着人类主体性的膨胀和科学技术的发展,人们对自然界有了更强的征

---

[1] 马克思、恩格斯:《马克思恩格斯全集》第12卷,人民出版社,1980。
[2] 解保军:《生态资本主义批判》,中国环境出版社,2015,第49页。

服感和占有欲。占统治地位的"征服论自然观"造成了人与自然的关系的对立与分裂。马尔库塞看到了这种自然观存在的问题——人与自然全面异化,于是展开了对资本主义工业文明的批判。坦言:"我想指出一个至关重要的问题,即关于人和自然(人本身和外部自然界)之间的关系问题。自然界的根本变革成为社会根本变革的一个不可分割的组成部分……正在发生的事情是:人们发现(或者确切地说是再发现),自然界成为反对剥削社会的斗争中的同盟者,因为在剥削社会中对自然界的损害加剧了对人的损害。发现解放自然界的力量以及这一力量在建设一个自由社会中所起的至关重要的作用,将成为社会变革中的一种新型力量。"[1] 马尔库塞指出,表面繁荣的资本主义工业社会,实质上是一个普遍异化的病态社会,这种单向度的文明在人与自然关系问题上却表现出十足的不文明。

马尔库塞敏锐地观察到,在资本主义社会中,存在着人们过度开发和利用自然界的严重现象,这种做法恰恰就是对自然的破坏、剥削和滥用,最终将导致生态危机。"在现存社会中,尽管自然界本身越来越受到有力的控制,但它反过来又变成了从另一个方面控制人的力量,变成了社会伸展出来的手臂和它的抗力。商品化的自然界、被污染了的自然界、军事化的自然界,不仅仅在生态学的含义上,而且在存在的含义上,缩小了人的生存环境。"[2] 马尔库塞指出了现代社会中被污染的自然界正在成为资本主义统治的"新工具",于是自然界成了控制人类社会而伸展出来的"一双可见的手"。在这个意义上,"自然"这个新工具正是条理化理性生活的"经济人"进行劳动的重要载体。

在西方马克思主义思想家中,马尔库塞独具慧眼地指出,反对资本主义社会环境污染的斗争是一种政治斗争。在当代资本主义社会中,生态环境问题已经不再是纯粹人与自然的关系问题,不再是人们对环境敏感的"小资情结",更不是人们茶余饭后所表现出来的"悲天忧虑"。被污染的生态环境,商业化、军事化的大自然不仅从生态学的意义上,而且从人类生存的意义上缩小了人们的生存世界,破坏了人们生存的自然基础。对此,马尔库塞指出:"资本主义工

---

[1] H. 马尔库塞等:《工业社会和新左派》,商务印书馆,1982,第 127 页。
[2] 同上书,第 128 页。

业社会出现的生态环境问题是资本主义制度的必然产物,人们要从根本上克服生态环境危机就必须反对资本主义制度。"①他进一步指出:"必须随时随地同现存的制度所造成的这种物质上的污染做斗争,这正像必须同这一制度所造成的精神污染做斗争一样。使生态学达到在资本主义结构内再也不能被容纳的地步,就意味着开始超出资本主义结构的发展。"②正是因为马尔库塞看到了资本主义制度反生态的本质,认识到了资本主义生产方式在压抑人、剥削人的同时也破坏、损伤了自然,人的异化与自然的异化相伴而生,而日益严重的生态环境污染就是自然受到压抑而异化的信号和警告,所以马尔库塞在对资本主义展开生态批判的时候提出了著名的"自然界解放论",开辟了从生态环境危机角度批判资本主义社会危机的新路径,拓展了从自然异化向资本主义社会异化的新领域。

在马尔库塞的理论框架中。"解放自然"意味着将自然从资本主义制度下受压抑、受伤害的状态解放出来,还自然以本来面目,让自然界"自然而然"地发展。马尔库塞认为,自然的解放有两个方面:一方面是人自身的自然的解放,即人的本能和感官的解放,人的生理特征和需求的解放;另一方面是人自身外的自然的解放,即人生存的生态环境的解放,大自然的复苏与繁荣。就此论题,我们选取他对"人身外的自然的解放"进行论述。马尔库塞强调指出,把自然界当作解放的领域,是马克思《1844年经济学哲学手稿》的中心议题。但遗憾的是,长期以来人们忽视了这一思想。马尔库塞指出,自然的解放就是恢复自然中活生生的向上的力量,恢复与生活相异的、消耗在无休止的竞争中的感性的美的特征,这些美的特征表现着自由的新的特性。

他还认为:"'自然的解放'并不意味着倒退到前工业技术阶段去,而是利用技术方面的成就,把人与自然界从为剥削服务的破坏和滥用科学技术中解放出来。"③在他看来,资本主义工业的发展,在很大程度上是以牺牲大自然为前提的。人们滥用科学技术,毫无节制地开采自然资源,使得自然界千疮百孔、

---

① 解保军:《生态资本主义批判》,中国环境出版社,2015,第52页。
② H.马尔库塞等:《工业社会和新左派》,商务印书馆,1982,第129页。
③ 同上书,第128页。

伤痕累累。在无休止的经济竞争中,大自然是资本家厮杀的战场,大自然中活生生的向上的力量被破坏,感性美的特征遭到摧残,人与大自然的亲近关系被斩断,二者间的关系由和谐走向了对峙。所以,解放自然已经是人类社会面临的重大课题。

2. 解放人类必须和解放自然联系在一起

同时,"马尔库塞还高擎着社会批判理论的大旗从对资本主义社会批判的理论角度,把生态环境问题放到对资本主义进行社会改造和社会批判的大背景中去思考,把生态环境问题看成社会问题,把自然异化看成人的异化、社会的异化的一种外在表现。"[①]对此,马尔库塞有许多论述:"对人的统治是通过对自然界的统治实现的。要了解解放人和解放自然之间的具体联系,在今天,只要看一下生态学上的冲击在基金运动中所起的作用,就一清二楚了。空气和水、噪声的污染,工商业对空旷的自然空间的侵占,具有奴役和压迫的物质力量,反对这些奴役和压迫的斗争,是一种政治斗争。自然界的损害和资本主义经济发展之间的密切联系达到了多大程度也是显而易见的。"[②]他还说:"解放自然界的思想也并没有主张宇宙中有这样的设计或意图,解放是人加之于自然界的一种可能的计划和意图。但是,这种思想的确认为,自然是能接受(允许)人加之于它的这种解放活动的,而且,在自然界中,即在已被破坏和压制的自然界中,存在着能支持和增强对人的解放的力量。"[③]

在马尔库塞看来,"人是自然界的一部分,人不可能离开自然界而生存。自然界是有客观基础的,其内部蕴含着为了增强和实现人类生命所必不可少的特性。正是在这个客观基础上,人要解放自己的能力就必须与自然界的解放联系在一起。"[④]对此,他进一步从解放的最终结果、解放的手段和解放的力量三个方面进行了更为有力的论证。

其一,马尔库塞认识到,离开了自然的解放,人的解放就只能是一种空谈

---

① 解保军:《生态资本主义批判》,中国环境出版社,2015,第55页。
② H.马尔库塞等:《工业社会和新左派》,商务印书馆,1982,第129页。
③ 同上书,第133页。
④ 解保军:《生态资本主义批判》,中国环境出版社,2015,第55—56页。

和奢望。因此,人的解放最终要归结为自然的解放。在他看来,资本主义社会中越来越具有控制力的自然界就像是从其社会躯体中伸展出来的手臂,牢牢地控制着人们。在资本主义社会,资本家通过对自然资源的控制和占有,就能达到占有生产资料,从而达到控制人、控制社会的目的。由于人与自然界是不可分割的,马尔库塞认为,人的解放与自然的解放本质上是一回事。

其二,马尔库塞强调,自然的解放是人的解放的自然前提和物质基础,自然的解放是人的解放的手段。在他看来,假如人与自然的关系是盘剥与被盘剥、压榨与被压榨的关系,那么人类社会就与自然处于尖锐的对立之中。这样,人们是不会感到舒心和惬意的。的确,"在马尔库塞生活的资本主义时代,人与自然的异化已经达到了相当激烈的程度,资本家控制着自然界,人们在丧失了自然资源的困境中,一定是受制于他人的。生态环境的恶化也一定会引起社会环境的恶化。"①

其三,"马尔库塞把自然的解放看作是社会解放的一个重要领域,看作是推动社会变化的一支新力量。"② 在传统的社会理论中,人们在谈到社会解放时,往往会涉及社会的政治解放、经济解放、思想解放、宗教解放、文化解放、民族解放、阶级解放和妇女解放等领域的内容,几乎还没有涉及自然界的话题。在生态环境日益恶化的今天,自然异化已经演化为社会异化的重要组成部分,任何脱离了自然解放的社会解放运动都是有缺陷的,也是不会成功的。面对着资本主义生态环境恶化的现实,马尔库塞敏锐地觉察到,自然界受到的伤害加剧了人受伤害的程度,自然解放已经成了社会解放的重要领域,自然界成为人们反对资本主义的一个同盟者,成了推动社会演变,建设一个自由社会的新领域。

3. 以"商业化的自然"展开对资本主义的生态批判

在马尔库塞的资本主义生态批判理论中,他极具针对性和前瞻性的理论对我们很有启发意义。他认为,在资本主义社会中存在着严重的破坏自然、盘剥自然和污染自然的情况。这些使得自然成为"商品化的自然、被污染的自然

---

① 解保军:《生态资本主义批判》,中国环境出版社,2015,第56页。
② 同上。

和军事化了的自然界"。① 而且,在现代社会中,被人类的暴行污毁了的自然界,正在成为统治阶级控制社会所伸展出来的"手臂"。他敏锐地看到了资本主义工业社会中,人们对待自然的商品化倾向和军事化的后果,对自然环境造成的极大伤害。

"商业化的自然",即商业活动对自然环境的破坏。在马尔库塞对资本主义的生态批判理论中,他提出了"商业化的自然"概念,他亲身感到资本主义发达的商业活动和强烈商品化的倾向对生态环境造成的破坏,谴责了资本主义过度商业化的反生态本质,揭示了商品经济条件下消费异化对人和生态自然所造成的伤害。马尔库塞率先把资本主义商业活动与生态问题结合起来研究,开辟了对资本主义进行生态批判的一个新领域。他的这一思想也对后来的生态学马克思主义者产生了极大的影响,对我们认清商品经济和商业活动对生态环境的破坏、警惕并防范过度商业化可能导致的生态灾难都很有意义。

在马尔库塞指出资本主义社会存在着"商业化的自然"这个现象之后,他指出"大气污染和水污染、噪声、工业和商业强占了迄今公众还能涉足的自然区,这一切较之奴役和监禁好不了多少"。"攻击进入生活本能的领域,使大自然越来越屈从于商业组织……景色本来可以是本能的天然空间:安宁、幸福和美的感官世界,避开和抵挡资本的权利,没有交换价值的世界,一句话,就是心满意足……但商业扩张和商业人员的暴行污毁了大自然,压抑了富有生命力的本能的浪漫梦想。"②

马尔库塞进一步指出,在资本主义的大型商业区,人们"拥挤不堪、嘈嘈杂杂和无可奈何地凑在一起,这是人类社会的特征。这种情况使人们渴求安静、隐居、独立、主动和行动自由……它是真正的生物学的必须。缺乏这些东西使本能结构受到了损害。"③ 通过马尔库塞的上述论述,我们体会到,"商业化的自然"其主旨是反对资本主义商业活动对生态环境的破坏,反对人们用

---

① 解保军:《生态资本主义批判》,中国环境出版社,2015,第57页。
② H.马尔库塞等:《工业社会和新左派》,商务印书馆,1982,第16页。
③ 同上书,第9页。

商人的眼光看待自然环境,反对仅仅用交换价值看待自然界。同时提醒人们,要充分认清"商业化的自然"导致的生态灾难,认清商业活动的扩张对自然环境的破坏,它阻断了人与自然界的亲密接触,从生态的维度破坏了人类生存的自然根基。

第二节　面向资本主义外部性问题的理论批判

一、高兹以"经济理性批判"揭示资本主义制度的反生态本质

对于现代化、合理化的不断反思,法国生态学马克思主义者安德烈·高兹(Andre Gorz,1924—2007)认为,"正是人们在追求现代化过程中过分彰显了经济理性,忽视了生态理性。二者恰恰是现代化中的'软肋',是合理化中的伪合理化和非理性的表现。"[1]当前资本主义社会普遍面临的生态环境危机不是现代化本身的危机,而是追求经济理性的非理性动机的危机,是生态理性严重缺乏的危机。由于经济理性的泛滥,资本主义国家在现代化进程中,在经济理性的全面布控下,片面追求经济利润,陷入了唯利润主义的泥沼。因此,对经济理性在资本主义社会的运作的考察就成为必然。

1. 经济理性的发端和危害

何谓经济理性?高兹在《经济理性批判》中多次提到"经济理性"或者"经济合理性"这个概念。他认为:"计算机和机器人具有一种经济的合理性,确切地讲,它以尽可能有效地使用生产要素的经济需求为主要特征。……这种合理性的目的在于使生产要素发挥作用更加经济化,要求用简单的度量衡单位标准对生产要素的使用加以衡量、计算和规划。无论这些要素是什么样的,我们都可以表述它们。这个度量衡单位就是'单位损耗',这种损耗本身就是劳动时间的一种功能,而劳动时间又体现在产品和用来生产产品的手段(广义地说就是资本,它是积累起来的劳动)之中。从经济合理性的角度看,由于所

---

[1] 解保军:《生态资本主义批判》,中国环境出版社,2015,第78页。

使用的手段日益有效而在全社会的范围内节省下来的工作时间构成了这样一种工作时间,它可以用来生产附加财富。……通过安排这种节省下来的劳动时间给予失业者以补偿,其方式或是雇佣这些失业者从事其他经济活动,或是付给他们一定报酬让他们去干那些以前既不付酬也不被认为属于经济活动范围的事。"[1]高兹在这里强调了"经济理性的产生是与计算机化和高度机械化联系在一起的,它的特征是用度量衡的尺度来计算和核算生产要素的经济效益。对由于劳动手段改进后节省下来的劳动时间也要加以经济上的利用,以便生产出更多的产品,获取更大的价值。[2]

他进一步指出:"经济理性发端于计算和核算。……从我的生产不是为了自己的消费而是为了市场那一刻起,经济理性就开始启动了。……于是,计算和核算就成了具体的合理化的典型形式,计算与核算关心的是单位产品所包含的劳动量,而不是劳动带给人的活生生的感受,即带给人的是幸福还是痛苦,不考虑它所要求的成果的性质,不考虑人们与劳动产品之间感情和美的关系……人们的活动取决于一种核算功能,而不顾及他们的兴趣和爱好。"[3]在这里,高兹明确了"经济理性"是市场经济的理性符号,是一种单向度的理性,仅仅考虑经济总量的增长和盈亏计算,而根本不考虑经济活动主体——人的感受与心情。因此,"经济理性"是一种只重效益而缺乏人文关怀维度的理性。

高兹认为,在经济理性盛行的资本主义社会,人们普遍认为:"与从事具体劳动导致的自由的丧失相比,挣钱所带来的满足感更重要。赚钱成了工作的首要目的,人们不会从事任何没有经济补偿的活动。金钱取代了其他价值并且变成了资产阶级唯一的衡量尺度。"[4]高兹指出了经济理性的本质特性——金钱至上、金钱万能。

他还说:"在经济理性的指导下,生产必然是被商品交换所支配的,它必然被'在一个自由的市场上进行交换'这一原则驱使。在市场上,被割裂的生产者

---

[1] Andre Gorz, *Critique of Economic Reason*, (London: Verso, 1989), pp.2—3.

[2] 解保军:《生态资本主义批判》,中国环境出版社,2015,第79页。

[3] Andre Gorz, *Critique of Economic Reason*, (London: Verso, 1989), pp.109—110.

[4] 同上书,第46页。

面对着同样被割裂的购买者,他们在市场竞争中发现了自己。"①在经济理性的驱动下,生产的主要目的是交换,那么,这样的生产是越多越好。"人们在传统社会中形成的'够了就行'的价值理念被'越多越好'的经济理念取代,'经济理性'的'幽灵'就会在人们的心中长久地徘徊。"②正如高兹所说的:"取代'够了就行'的这种看法,人们提出了一种用来衡量工作成效的客观标准,即利润的尺度。从而成功不再是一种个人评价的事情,也不是'生活质量'问题,而主要是看挣钱的多少和财富的多寡。经济量化的方法确立了一种确信无疑的标准和等级森严的尺度。现在,这种标准和尺度不需要用任何权威、任何规范和任何价值观念来确认。效率就是标准,并通过这一标准来衡量一个人的水平和能力:更多总比更少好,挣钱更多的人总是比挣钱更少的人好。"③

综上所述,高兹对经济理性的理解,即把经济活动建立在计算和核算的基础上,竭力奉行金钱至上的原则、利润最大化原则、生产规模越大越好的原则、消费越多越有尊严的原则和商品越多越好的原则。在经济理性视阈中,人的主体地位、审美感觉、兴趣爱好、交往需求、完善自我等都失去了存在的必要。因此,"所谓'现代'就是'资本的时代',也就是'理性主义的时代',而'经济人'不过是理性主义的现代人,经济理性主义对最大化利益的追求也正是资本增值属性的必然要求。"④

高兹在共时性地揭示了经济理性的含义和特征的同时,也从历时性的角度论述了经济理性形成的历史过程。他强调:"是资本主义的形成与发展催生并强化了经济理性,使得经济理性成为在资本主义社会占主导地位的理性特质。"⑤在前资本主义的传统社会中,"当人们可以自由地决定其需要和工作强度时,经济理性并不适用。那时人们为了使其工作控制在一定限度内,就自发地限制其需要,工作到自认为满意就行,而这种满意就是自认为生产的东西已

---

① Andre Gorz, *Critique of Economic Reason*, (London: Verso, 1989), pp.109—110.
② 解保军:《生态资本主义批判》,中国环境出版社,2015,第80页。
③ Andre Gorz, *Critique of Economic Reason*, (London: Verso, 1989), pp.113.
④ 解保军:《生态资本主义批判》,中国环境出版社,2015,第80页。
⑤ 同上。

经够了。'足够'调节着满意度与劳动量之间的平衡……'足够'不是一个经济学范畴,而是一个文化意义或者存在意义上的范畴。'够了就行'意味着拥有更多东西,并不意味着更好的服务,更多并不等于更好,正如英国谚语所云'知足常乐'(Enough is as Good as Feast)。"[1]高兹提到的前资本主义社会是自给自足的农耕文明时代,人们奉行着"够了就行"的原则,耕种、纺织、营造、饲养、制造、采集、渔猎等活动对大自然的索取和影响微不足道,人们对自然界的利用程度与自然界的恢复程度基本上同步。换言之,在传统社会中,经济理性并不占据支配地位,人们信奉的是"够了就行"和"知足常乐"的理念,以及要怎样才算是好,只如此已是过分。

"高兹批判资本主义经济理性的危害,其目的是要揭示资本主义制度的反生态本质,这也是人们批判'生态资本主义的'的一个发力点。"[2] "生态资本主义"之所以是不可能的,一个重要原因就是经济理性的过度膨胀,势必导致严重的生态危害。所以,高兹对经济理性的批判实质上就是对"生态资本主义"的批判。因此,高兹对资本主义经济理性的批判就是:批判生态资本主义,建立生态社会主义是人类理性发展的必然。他善于借用自己的生态学理论来论证自己的观点,提到了法国存在主义哲学大师萨特的生态观点。萨特在《辩证理性批判》中涉及了物质世界的整体性问题。在论述该问题时,萨特谈到人们处世行为的盲目性可能导致相反的结局。例如,每个农民为了扩大耕地这个初始目的而伐树开荒,结果是破坏了植被,又造成土壤侵蚀,引起了灾难性的洪水。

高兹对资本主义经济理性的批判,其中一个重要原因就是经济理性的过度膨胀所导致的严重的生态危害。他多次谈到生态环境问题,体现了他批判资本主义的生态维度:"自然资源的有限性构成了经济合理性的障碍。"[3]还引用了伽里特·哈丁的"公有地悲剧"假说,说明经济理性的生态危害。哈丁分析道:每个牧民自由地追求自己的利益,最大限度地在公共牧场上放牧,当公共牧场上"牛满为患"的时候,每头奶牛会因为牧草有限而减少牛奶产量。然而,个别

---

[1] Andre Gorz, *Critique of Economic Reason*, (London: Verso, 1989), pp.111—112.
[2] 解保军:《生态资本主义批判》,中国环境出版社,2015,第 81 页。
[3] Andre Gorz, *Critique of Economic Reason*, (London: Verso, 1989), pp.111—112.

奶牛产奶量的增加是以其他奶牛产量的减少为代价的。反之,"每个牧民都想通过增加牛群数量的方式达到增加牛奶产量的目的,这样势必促使牧民为了自己的利益尽快增加牛群数量,寻求自己利益的最大化,其结果必然损害大家的利益。这样,'公有地悲剧'就产生了。"①

2. 经济理性与生态理性的不同范式

高兹认为,生态理性与经济理性之间的对抗是价值取向迥异造成的结果。他说:"生态学有一种不同的理性:它使我们知道经济活动的效能是有限的,它依赖于经济外部的条件,它使我们发现,超出一定的限度后,试图克服相对匮乏的经济上的努力造成了绝对的、不可克制的匮乏。但结果是消极的,生产造成的破坏比它所创造的更多。当经济活动打破了原始的生态圈的平衡或破坏了不可再生的自然资源时,就会发生这种颠倒现象。"②

高兹用对比的方式凸显了经济理性与生态理性的不同,指出:"从总体上看,生产力的经济规则与资源保护的生态规则是根本不同的。生态理性是以尽可能少的劳动、资本和资源投入,采取尽可能好的生产方式和手段,尽可能提高产品的使用价值和耐用性来满足人们的物质需要。相反,经济理性把利润最大化建立在生产效率、消费和需求最大化的基础上。只有通过这种最大化的消费和需求才能获得资本的增值。结果是,企业生产力的发展导致整个经济领域的浪费日益严重。通过高兹的分析,我们看到,资本主义倡导的生产最大化、利润最大化和消费最大化的经济标准是不同于资源保护的生态最大化标准的。

从经济理性来看,企业就是要追求利润最大化,而生产最大化是前提,消费最大化是手段;但从生态理性来看,片面追求利润最大化势必导致自然资源的巨大浪费和枯竭,反过来制约经济的发展。从经济理性看,事业为了在激烈的市场竞争中立于不败之地,就一定要加快商品的淘汰率,以更多更新颖的商品刺激人们的消费;但从生态理性看,这种异化的消费并不能真正满足人们的需要,反而导致了巨大的浪费。正如美国销售分析家维克特·勒博所说:"我们

---

① 解保军:《生态资本主义批判》,中国环境出版社,2015,第81页。
② Andre Gorz, *Ecology as Politics*, (Boston:South End Press,1980), p.16.

庞大而多产的经济要求我们使消费成为我们的生活方式,要求我们把购买和使用货物变成宗教仪式,要求我们从中寻找我们的精神满足和自我满足。……我们需要浪费东西,用前所未有的速度去烧掉、穿坏、更换或扔掉。"① 可见,经济理性与生态理性在根本上是不相容的。

3. 经济理性的必然结果——异化的社会

经济理性大行其道的资本主义社会是一个病态的社会,是造成资本主义社会生态危机的重要原因。人们的思维被禁锢在狭隘的利润至上的精神桎梏中,忽视了对生活本质的反思和对人生价值的追问。高兹说:这样的社会氛围使得"社团成员间团结一致、互相帮助、志愿互助的这些行为只能处于社会系统和经济理性的边缘……我们生活中最本质上的需求,如没有污染的空气和水、避免工业污染和人受到保护的区域、避免化学掺假物污染的食品和体贴周到的照顾等,只有在反对该社会系统中的经济理性,用暴力斗争的方式反对国家官僚和工业大机器的斗争中,才能获得伸张和辩护。"② 同时,人们也应该认识到市场不是万能的,经济理性也不是通神的,因为"人们的许多需求是市场不能提供的:对空旷地、空气、清洁的水、光线、安静、公共交通的需求,对疾病和事故的预防,公共卫生、教育、给破碎家庭的服务性的补偿和社区的团结互助关系等的需求。"而这些需求才是人的本真状态的需求。

的确,当代资本主义社会是一个普遍异化的社会,在众多的社会危机领域中,生态危机是根本的危机。这是资本主义经济理性的必然结果。因为以经济理性为核心价值观的资本主义生产方式崇尚"生产更多、利润更大和消费更快"的原则。但是"事实上,传统的工作伦理已经过时了。这样的情况已经是不真实的了:认为生产的产品多就意味着工作时间长,或者是生产的产品多就意味着能过上好日子。现在"更多"与"更好"之间的纽带已经断裂了,我们对产品和服务的需求已经超过了足够的限度。我们许多尚未满足的需要不能靠生产更多的产品,而是靠不同的产品、不同的生产,甚至更少的生产来满足。尤其是我们在满足对空气、水、安静、美、时间和人际交往等方面的需要时情况更是如

---

① 艾伦·杜宁:《多少算够》,人民出版社,1997,第 5 页。
② Andre Gorz, *Critique of Economic Reason*,(London:Verso,1989),pp.99.

此。"① 所以，在生态理性的视野里"生活质量依赖于环境，其中包括我们对空地、新鲜的空气、宁静、建筑样式和城市规划等方面的需求。这些东西在市场上是买不到的。自然资源不是生产出来的，无论什么价格也买不到。特别是像扩大植树造林、控制污染、能源保护、城市发展和疾病预防这些事情更是如此。"② 高兹在指出资本主义经济理性危害的同时，也从人的生存状态和社会批判的角度展开了对经济理性的社会危害的剖析。

作为生态学马克思主义者，高兹采用了马克思的理论来解释资本主义经济理性的社会危害。他认为："资产阶级所秉持的经济理性是单向度的，直截了当的，其含义是要扫除一切从经济角度看来不合理的价值和目的。这样的结果是除了人与人之间存在着的金钱关系之外什么也没有留下，除了各个阶级之间存在着的暴力关系之外什么也没有，除了人与自然之间存在着的工具关系之外什么也没有。这样势必导致工人无产阶级完全被剥夺，仅仅沦为劳动力的交换者，他们任何的特殊利益都被剥夺了。无产阶级的劳动失去了劳动者的所有魅力，他们变成了机器的附属物。"③ 高兹在这里清晰地指出，按照马克思、恩格斯对资本逻辑的批判，经济理性的危害在异化条件下的表现可以归结为两个方面：一方面导致人与人之间的关系异化为赤裸裸的金钱关系，另一方面使人与自然的关系异化为单向度的工具关系。这样的结果就使得社会异化和自然异化成为资本主义社会经济理性的逻辑必然。

4. 经济理性的新危害

高兹还批判了当代资本主义理性的新危害——"新奴隶主义的产生"。高兹在剖析资本主义经济理性时发现，该理性也对社会结构、劳动力结构、人们的生存方式产生了多方面的影响。由于机械化、电气化、计算机的大力普及，劳动时间日渐缩短，社会已经不需要那么多的人，花费那么多的劳动时间来生产物质生活资料。但资本主义的经济理性仍然在起着牵引作用，整个社会还沉浸在"越多越好"的理性狂欢中，从而造成了对节省下来的劳动时间加以不平等

---

① Andre Gorz, *Critique of Economic Reason*, (London: Verso, 1989), pp.220.
② 同上书，第237页。
③ 同上书，第19页。

的分配，即越来越多的人被从经济领域中排除出去。而与此同时，一批"职场精英"则从事着各项重要的工作，他们的收入高、工作环境好、社会地位高、受人尊重。随着"技术鸿沟"和"信息鸿沟"的拓宽，技术和信息方面处于劣势的人群就会逐渐沦为支撑精英的奴隶，社会的两极分化进一步扩大，信息时代的"新奴隶主义"就产生了。他指出："对经济领域中劳动的不平等分配，以及由此相伴随的由技术发明所创造的自由时间的不平等分配，导致了这样一种情况。在这样的情况下，一部分人可以从另一部分人那里购买到闲暇时间，而后者则沦为了为前者服务的人……至少是对于提供个人服务的这部分人来说，这样的社会层次决定了他们只能是服从于和依附于他们为之提供服务的那些人。这样的社会后果是，曾经被战后工业化废除掉的'奴隶阶级'再次出现了。"[1] 在高兹看来，今天这种被职业精英雇佣来为其服务的仆人和以前富人家雇佣的家奴没有本质上的区别。

"高兹在这里提到的'新奴隶主义'的问题，实际上涉及了科学技术发展和工业化加快导致的社会分层问题，涉及经济理性造成的社会关系的畸化和物化。该观点对于我们重新认识资本主义新的社会问题有一定的启示作用。"[2]

高兹认为逃离经济理性的桎梏是可行的。他说："从经济或商品理性中解放出来是可能的，但要把它变长线必须有行动。"[3] 而这个行动的理论指南就是前世给现代化、给理性划定界限。他一再重申，现代化的列车不能再以经济理性为引擎，而应摆脱经济理性的禁锢，树立生态理性，让现代化列车在生态理性的指引下前进。

高兹认为，经济理性属于工具理性，生态理性属于价值理性，这两种理性在资本主义制度下是不相容的。作为工具理性的经济理性，它主要是谋求有利于自身的好处，就像人们只关注工具的性能、特点那样，只要"好使""能用"就行，至于用什么工具干什么、干得对与不对，那是价值理性要关心的事情。从经济理性考虑，只有作为商品的价格，交换价值才是一切事物现实性的体现。只

---

[1] Andre Gorz, *Critique of Economic Reason*, (London: Verso, 1989), pp.6.
[2] 解保军：《生态资本主义批判》，中国环境出版社，2015，第84页。
[3] Andre Gorz, *Critique of Economic Reason*, (London: Verso, 1989), pp.223.

有可以计算的、定量化的和可以用数字来描述的东西才是"真实的",而对经济活动的价值追问、对终极意义的思考是虚幻的,不被人们看好的。正如高兹所言:"经济理性无处不在,它的终极目标就是最有效地使用各种手段并且最有效地利用各种手段组成的组织系统。从本质上看,经济理性就是工具理性,其终极目标就是发挥组织系统的合理功能,目的是积累金钱、创造利润,达到对自然资源的有效利用。"[1]高兹充分认识到资本主义的经济理性与生态理性在本质上的根本对立,前者只抓住眼前的利益和利润,后者考虑到自然循环的长期性和保护自然环境的必要性;前者是"今朝增长今朝对,管它明日是与非",而后者是奉行可持续发展理念,树立生态思维方式,充分考虑生态正义、生态平衡等问题。因此,"超越经济理性的藩篱,摆脱其控制,树立生态理性就是一个社会理性成熟的思想诉求。"[2]

5. 对经济理性危害的解决方案

如何逃脱经济理性的禁锢,高兹提出了具体的解决路径。

第一,要破除经济上"越多越好""多多益善"的思维惯性,打断"更多"与"更好"之间的连接,使"更好"与"更少"联系起来。高兹分析道,资本主义与其说是消灭了匮乏,不如说是在其他更为本质的需求方面再生产着匮乏:空闲时间、自然资源的匮乏。这些匮乏是不入经济理性法眼的。"[3]所以,高兹主张,如果我们生产更多的耐用品以及不破坏生态环境的产品,生产的商品人人有份,那么工作时间的减少不一定会带来工资的减少,消费品的减少不一定会带来生活窘迫。那么,人们生活水平的提高,就是完全可能的。他说:"特别是当人们发现更多并非必然是更好,发现挣得越多、消费得越多并非必然导向美好生活,从而发现还有比工资需求更为重要的需求时,他们也就摆脱了经济理性的禁锢……当人们意识到并不是所有的价值都可以量化,认识到金钱并不能够买到一切东西,认识到不能用金钱购买到的东西恰恰是最重要的东西,或者甚至可以说是最必不可少的东西之时,'以市场为根基的秩序'也就从根本

---

[1] Andre Gorz, *Critique of Economic Reason*, (London: Verso, 1989), pp.94.
[2] 解保军:《生态资本主义批判》,中国环境出版社,2015,第86页。
[3] 同上书,第86—88页。

上动摇了。"①

第二,要大力弘扬生态理性。把它从经济理性的遮蔽中解放出来,使其成为生态文明时代的新理性。高兹说:"生态理性的思路在于物质,以尽可能好的方式,尽可能少的、有高度使用价值的物质来满足人们的物质需要,并因此以最少的劳动、资本和自然资源来实现这一点。"……生态理性可以归结为一句口号。"更少但更好",它的目标是建立一个我们在其中生活得更好而劳动和消费更少的社会。高兹认为,经济理性实际上是"不理性""非理性",而生态理性才是真正的理性。

健全的生态理性反对人们无节制地追求高消费。把消费与幸福满足等同起来的传统观念,主张劳动是建立人与自然和谐关系的中介,要实现劳动与休闲的有机统一。告诫人们,消费不是快乐之源,只有在劳动中人们才能体会到主体的创造性和能动性,才能体会到发自内心的喜悦与快乐。人们要注重提高生活质量,做到物质生活与精神生活的平衡和谐,学会从创造性的、有特色的、非异化的劳动中感到劳动者的价值与尊严,从而保证生态理性、经济理性和社会理性的内在统一。高兹很注重批判消费主义,破解"不消费就衰退""不消费就不幸福"的神话,他把是从消费领域还是从生产领域获得满足感概括为经济理性与生态理性的区别,认为从经济理性实现向生态理性转换的过程也是人们不断地从生产领域而不是从消费领域获得满足的过程。

第三,社会发展的整体趋势要从经济社会逐步向文化社会过渡。要挣脱经济理性的禁锢,人们就要重新认识闲暇的意义。"由于科学技术的发展、资本有机构成的提高和劳动时间的缩短,人们的生活不再被劳动占据,不再为挣钱所累。"② 人们发现,在社会生活中并不是所有活动都可以被量化的,不以挣钱为衡量标准的活动也是人们生活中的自主活动。以经济为目的所进行的劳动大大减少之时,自主的行为有可能在社会生活中占据支配地位。所以要把经济理性从闲暇时间中清理出去,因为人们在劳动之余的许多活动,如艺术创作、照顾老人与病人、与人交往、从事体育锻炼、观光旅游、读书写作、野外考察、科学

---

① Andre Gorz, *Critique of Economic Reason*, (London: Verso, 1989), pp.116.
② 解保军:《生态资本主义批判》,中国环境出版社,2015,第 88 页。

研究、参与环境保护等并不是唯经济理性马首是瞻。闲暇活动不再是劳动的剩余或补偿,而是人们真实生活中必不可少的内容。

要使闲暇时间超过劳动时间,要使自由时间压倒非自由时间。让人们在自由的时间里充满创造、欢乐和美感,人人徜徉在人际和谐、人与自然和谐的氛围中。高兹指出,当劳动降低到从属的地位,当一个社会不再建立在劳动之上,而自由闲暇的活动也是社会普遍价值的承担者时,人类一个可能的社会远景就出现了。在他看来,"这个未来的社会不再是一个以劳动为基础的社会。"① 而且这个社会"所涉及的是从一个生产主义的以劳动为基础的社会向一个解放了的社会的转折。在这一社会中,文化和社会被赋予了比经济更大的重要性。一句话,就是向一个德国人称为'文化社会'的社会的转折。"②

第四,人们应该从挣钱的权利向劳动的权利回归。在高兹看来,超越经济理性,摆脱经济理性的羁绊,不要简单地理解为让闲暇时间压倒劳动时间,也不意味着我们的社会不再以劳动为基础了。从本质上看,超越经济理性的一个重要表现就是使劳动本身成为一种自主性的行为,成为一种目的性的行为。人们要在劳动中体现自我价值和创造性,要通过劳动使主体获得更大的自由发展,而不是把劳动仅仅当成养家糊口的手段。那样的劳动是被动的、压抑的,劳动就失去了意义、目的和动力。挣钱的劳动不是自己选择的人生目标,而是被雇主付给的报酬所支配的机械反应。他说:"人们存在着一种普遍的混淆,就是把'劳动'与'工作'或'就业'混为一谈,在经济理性这股'暖风'的吹拂下,人们普遍把挣钱的权利、获得收入的权利完全等同于劳动的权利,实际上你有权挣钱并不意味着你真正获得了劳动的权利。在劳动领域摆脱经济理性的羁绊,就是让人们不仅要拥有挣钱的权利,更重要的是获得劳动的权利。要让劳动者在劳动的全过程中充分发挥其主观能动性,能把劳动看成实现自我价值、达到个人全面发展的途径。"③

综上所述,"高兹批判资本主义经济理性,目的就是要为生态理性扫清思

---

① Andre Gorz, *Critique of Economic Reason*, (London: Verso, 1989), pp.212.

② 同上书, pp.183.

③ 解保军:《生态资本主义批判》,中国环境出版社,2015,第88页。

想上的障碍。他虽然没用专门的篇幅来论证建构生态理性的问题,但人们通过其散落在该书中的思想片段,还是可以触摸到高兹生态理性重建思想的脉搏的。"①高兹认为:"生态理性重建就是要重新调整经济理性与生态理性的关系,使经济理性服从于生态理性。在资本主义社会,经济理性与生态理性处于尖锐的对峙状态。"②在经济理性"天马行空"的时期根本没有生态理性的位置,因为生态理性的价值追求与资本主义生产最大化、利润最大化和消费最大化的时代理念格格不入。

自工业革命以来,经济理性遮蔽了生态理性,人们忽视了经济理性膨胀所带来的生态环境危机。现在是彰显生态理性的时候了,重新思考两种理性及其关系,展现生态理性重建的逻辑必然已被提上议事日程。高兹所倡导的生态重建,主要是指经济上的生态重建,即资本主义工业社会的生态重建。所谓工业社会的生态重建,就是要把生态理性贯彻到经济活动中,产品设计要节约原材料,减少运输造成的能源浪费和空气污染,对于工业废水、废气和废渣的处理,要遵循可持续发展和循环利用的原则。对资本主义工业的生态重建,就是要对其进行生态现代化的变革,经济活动的全过程都应该置于生态理性的监控之下,经济理性必须服从于生态理性,因为生态理性是对人类生存与发展的最本质需求的理性考量。

6. 挣脱经济理性的羁绊

高兹认为,当代资本主义存在着各种各样的危机,其中最主要的危机就是生态危机,而危机的根源则在于资本主义的生产方式。高兹对资本主义生产方式的核心价值观——经济理性——进行了深刻的批判,这是难能可贵的。深入挖掘资本主义生态危机的思想意识根源,比表面上指出资本主义生态环境恶化的事实更重要,也可以加深人们对资本主义生产方式反生态性的了解。高兹在批判资本主义经济理性的同时树立起生态理性的大旗,反复强调:"批判经济理性不是要主张经济非理性,也不是要毁弃理性精神。人们应该认真辨识理性精神的本意,赋予理性精神新的含义。只有摆脱经济理性的

---

① 解保军:《生态资本主义批判》,中国环境出版社,2015,第88页。
② 同上。

羁绊,踏入生态理性的坦途,才能说明人们在真正用理性思考的道路上又前进了一大步。"①

像许多西方马克思主义思想家一样,高兹始终认为这不是理性本身出的错,而是"理性僭越"惹的祸。在资本主义生产方式下,理性超出了自己的范围,各种理性的变种粉墨登场,工具理性、科技理性、经济理性的过度膨胀,理性的衍生物(如科层制、技术官僚、技术法西斯主义、劳动分工、精英政治等)也成了人自身的异己力量,造成了理性的错位。而"过度膨胀的经济理性导致了人与人、人与自然的尖锐对立,现代化进程中出现的各种病态都可以说是经济理性'浸润'的结果,是经济理性过分'坚挺'所带来的负面影响。人们要矫正现代化的发展方向,就必须反思经济理性,把它和生态理性进行有机结合。"②

我们应当看到,高兹对资本主义经济理性的批判可以给我国接纳和反思现代化提供理论借鉴和启迪。资本主义从诞生那一刻起,经济理性作为其核心价值观一直是资本主义工业文明的基石,其科学技术的发展、经济奇迹的产生以及政治民主化进程都与经济理性有着直接的关系。在一般意义上,我们不能笼统地否定经济理性,如果过度否定经济理性,这本身就是一种非理性,属于理性上的矫枉过正。同时,高兹倡导的生态理性能否成为引领现代化列车的思想引擎也是一个值得探讨的问题。

同时,我们应看到,高兹只从经济理性的角度,从人与自然的关系角度来批判资本主义,给人的印象是:资本主义的普遍化"全是经济理性的惹的祸",只要克服了经济理性,用生态学理性取而代之就可以了。"这样的思路有避重就轻之嫌,忽视了对资本主义制度的批判,掩盖了资本主义社会的基本矛盾,回避了对社会经济、政治制度弊端的有力剖析,企图以保护生态环境的'善良意志'来改变资本家追逐利润的本性,这肯定是不切实际的空想,充满了浪漫主义情怀。"③

在资本主义社会,生态重建有以下两个方面:

---

① 解保军:《生态资本主义批判》,中国环境出版社,2015,第89—90页。
② 同上。
③ 同上。

一个方面是资本主义的生态重建,即走一条资本主义生态重建的道路。资本主义在生态重建方面是有一定作为的,但在经济理性的统辖下,这样的生态重建也是以营利为出发点的,生产绿色商品、绿色食品的行业、绿色农业、生态技术、生态商业等行为在资本家看来,只不过是追求利润最大化的现代方式。在现代社会生活中,披上生态环境保护这样的绿色外衣,就是打开商品销路的最佳方式。所以,在一定条件下,资本主义社会也会挥舞着生态环境保护的大旗,许多资产阶级的政客们也会利用各种机会,利用各种媒体标榜自己也是"绿派"。在高兹看来,"资本主义方向的生态重建企图一方面追求利润最大化,另一方面又想保护生态环境、保持生态平衡。而这个企图是不可能实现的。因为,假设经济理性完全服从于生态理性,用生态思维的视角去观察经济活动的话,那么生态重建就不能包含利润最大化的目标,因为利润最大化无疑是经济理性的价值期盼。这种条件下的服从不是真正意义上的服从,'资本主义的生态重建'这个命题本身就是一个悖论。所以,高兹认为,资本主义方向上的生态重建的道路不是理想中的生态重建的社会模式,"资本主义生态重建"是一个伪命题,其实践结果必然以失败告终。"①

另一个方面是社会主义的生态重建,即走一条生态社会主义道路。在社会主义的生态重建中,生态理性要扩大其影响,彰显其威力。生态环境对经济发展的外在约束性、承受能力都应当是人们从事经济活动时首先要考虑的问题。高兹指出:"人类经济活动的长期实践已经表明,从生存论的意义上来说,生态上非理性的东西就不可能是经济上理性上合理的东西,生态上的非理性将在终极的意义上导致经济上的非理性。生态重建的努力就是要表明,生态理性与经济理性有着内在的关联性。"②生态社会主义的生态重建就是要转变人们已有的认识行为,不要把人们的其他活动也商品化、货币化,更不要让人们整天哼唱着经济理性的"醉歌"而遗忘了人们全面而自由的发展。所以,高兹主张"对经济理性发挥作用的领域施加新的社会限制。只有这种限制才能保证劳动者的完整性,确保他们无论是个体还是集体层面有自我决定怎样度过自己一

---

① 解保军:《生态资本主义批判》,中国环境出版社,2015,第89页。
② 同上书,第89—90页。

生的权利。"①高兹憧憬的未来社会应当是一个生态社会主义的社会。

二、福斯特对资本主义制度和资本主义经济模式的双重批判

约翰·贝拉米·福斯特(John Bellamy Foster)是美国生态学马克思主义的重要代表人物,他对生态资本主义的批判是犀利的。他指出:"生态与资本主义是互相对立的两个领域,这种对立不是表现在每一个实例之中,而是作为一个整体表现在两者之间的相互作用之中。"②福斯特强调生态学是反对资本主义的,生态学的学理主张与资本主义逻辑相抵牾,这种逻辑抵牾不是表现在环境公害的个案上,而是生态系统与资本主义经济体系在整体上的一种对抗。因此,他主张应该从资本主义制度的扩张主义逻辑中寻找导致生态危机的根源。

1. 对资本主义制度反生态的有力批判

福斯特对资本主义制度的生态批判是该理论的鲜明特点,也是其理论立场。他指出,资本主义反生态的本质是资本主义制度的必然,原因在于资本主义本质上是一种积累制度,特别适应资本和利润的生产,资本主义的资本积累不会停止,用马克思的话说就是,它"要么积累,要么死亡"。福斯特说:"资本主义作为一种制度需要专心致志、永无休止地积累,不可能与资本和能源密集型经济相分离,因而必须不断加大原材料与能源的生产量,随之也会出现产能过剩、劳动力富余和经济生态浪费。"③这样做的结果就是:"这种积累会一直靠全球环境不断被系统地剥夺其自然财富得以维持。环境被蜕变成了索取资源的'水龙头'和倾倒肥料(经常是有毒废料)的'下水道'。所以,过去500年的历史是个不可持续发展的历史。"④

福斯特确信,"资本主义制度的反生态本性对生态环境的破坏难辞其咎。当前全球性生态危机在很大程度上是资本主义制度的'原罪',是其经济体制

---

① Andre Gorz, *Critique of Economic Reason*, (London: Verso, 1989), pp.38.
② 约翰·贝拉米·福斯特:《生态危机与资本主义·前言》,耿建新译,上海译文出版社,2006,第1页。
③ 约翰·贝拉米·福斯特:《生态危机与资本主义》,耿建新译,上海译文出版社,2006,第127页。
④ 同上书,第74页。

无法克服的痼疾。"① 他进而告诫人们，面对生态环境的恶化，不要过多诉诸个人生态道德的觉醒和生态良心的发现，而忘记了对"更高的不道德"——资本主义生产方式的批判。福斯特把资本主义的生产方式形象地比喻为处于高速运动中的"踏轮磨坊的生产方式"，一旦停止运转这种体制也就终结了。所以，资本主义生产方式才是破坏环境的罪魁祸首。"这种生产方式正朝着与地球基本生态循环不相协调的方向发展。这种生产方式严重依赖能源密集型和资本密集型技术，从而节省了劳动力的投入。但是，增加能源投入以及用更多的能源和机械替代人力意味着快速消耗更多的优质能源和其他自然资源，并且向环境倾倒更多的废料。所以，"在现行体制下保持世界工业成倍的产出而又不发生整体生态灾难是不可能的。事实上，我们已经超越了某些严峻的生态极限。"② 因此，在福斯特看来，对于生态环境问题，我们除了抵制生产方式别无选择。

而对于资本主义主流经济学家提出的应对环境危机的措施，福斯特给予了批驳，主要基于三个方面：其一，一种制度如果追求无休止的几何级增长和无限度地摄取财富，无论它如何理性地利用自然资源，从长远来看都是不可持续的；其二，一种制度如果将人们与其特定居所的归属感和生态基础分割开来，那么它与生态稳定和"土地伦理"将是格格不入的；其三，一种制度如果分割地球，产生出"贫与富的生态环境"，那它同样是不可接受的。③

传统经济学自诩为有效利用稀有物品的科学，但这里所说的物品仅狭隘地被界定为市场上的商品，而发展经济所造成的生态资源匮乏和不可逆转的生态环境恶化则不在传统经济学的考虑范围之内。针对资产阶级经济学家的"经济增长有限论"，福斯特认为，"即使'增长有限'理论家们的预测还有许多问题，但至少强调了一个资本主义及其经济学家极易忽视的事实，那就是在有限的环境中实现无限扩张本身就是一个矛盾，因而在全球资本主义和全球环境之间形成潜在的灾难性的冲突。"④ 资本主义制度下经济的有限增长，只能

---

① 解保军：《生态资本主义批判》，中国环境出版社，2015，第94页。
② 约翰·贝拉米·福斯特：《生态危机与资本主义》，上海译文出版社，2006，第38页。
③ 解保军：《生态资本主义批判》，中国环境出版社，2015，第94页。
④ 约翰·贝拉米·福斯特：《生态危机与资本主义》，上海译文出版社，2006，第2页。

是人们的一种乌托邦式的期盼,因为这与资本主义的价值追求是矛盾的。"资本主义经济把追求利润增长作为首要目的,要不惜任何代价追求经济增长,包括剥削和牺牲世界上绝大多数人的利益。这种迅猛增长通常意味着迅速消耗能源和材料,同时向环境倾倒越来越多的废物,导致环境急剧恶化。"①

2.对资本主义经济模式造成生态环境恶化的批判

福斯特从不同角度深入分析了资本主义经济模式对生态环境的影响。第一,资本主义经济扩张毫无节制,而这是以能源的大量消耗和生态环境的持续恶化为代价的;第二,资本家投资的短期行为也值得关注。资本和专家在评估投资前景时,总是计算在最短的时间内回收投资以及投资长久的利润回报。②"至于那些对人类具有最直接影响的环境条件和因素,在发展经济过程中则需要更长远的总体规划,诸如水资源及其分配、清洁水源、不可再生资源的分配与保护、废物处理、人口影响以及与工业项目选址相关的特殊环境要求等,这与冷酷的资本需要短期回报的本质是格格不入的。资本需要在可预见的时间内回收,并且明确要有足够的利润抵消风险,并证明好于其他投资机会。"③第三,投资商需要关注股票市场,它是资本扩张的源泉,也是企业重组兼并的助推器。但股份公司一定要维持股东利益的价值并能定期分红。因此,投资于需时较长的生态环境保护事业,投资商既没有那样的耐心,也没有那样的意愿。"这样一来,资本主义投资商在投资决策中投资行为的痼疾便成为影响整体环境的致命因素。"④

福斯特以美国拒绝签署《京都议定书》为例来说明资本主义经济与环境保护的矛盾,全球范围内最为迫切的生态问题是全球变暖,如果不从现在起遏制全球变暖的趋势,21世纪会导致全球性的生态灾难。国际社会1997年出台的《京都议定书》试图解决这个问题。《京都议定书》首次从"法律"上确定了从2008—2012年,所有工业化国家温室气体排放总量必须在1990年的基础上减少5.2%。按照协议,欧盟要在1990年的基础上减少8%,美国减少7%,日本减

---

① 约翰·贝拉米·福斯特:《生态危机与资本主义》,上海译文出版社,2006,第2—3页。
② 解保军:《生态资本主义批判》,中国环境出版社,2015,第95页。
③ 约翰·贝拉米·福斯特:《生态危机与资本主义》,上海译文出版社,2006,第3页。
④ 同上书,第4页。

少6%。①但令国际社会吃惊的是，布什政府宣布《京都议定书》存在"致命缺陷"，决定单方面退出此气候议定。"布什政府虽然承认了气候问题的严峻性，但还是认为《京都议定书》存在两个缺陷：一是因解雇工人和消费物价上涨会给美国经济带来负面影响；二是它没有包括中国和印度这样的发展中国家，而两者也是导致全球变暖的主要责任者。《京都议定书》及其温室气体的指令性减排显然不符合资本主义及美国的国家意愿。美国经济为减排付出的代价太高，难以承受。"②

《京都议定书》在解决二氧化碳排放问题上的失败，充分说明了资本主义制度的惯性，它不会轻易使自己的发展道路、发展模式发生逆转，"不会改变工业文明和资本积累的发展结构，而这种发展模式从长远的角度看将对环境产生灾难性的影响。例如，美国汽车行业由于通过消耗大量矿物燃料和采用这种发展模式获取利润，使其不会考虑全球变暖的问题。"③

针对人们对资本主义经济模式的批判，主流经济学家提出了"非物质化"的观点为资本主义经济辩护。他们认为："随着知识经济、信息社会的发展，资本主义经济模式将有重大变化，它以知识为依托，以创新为动力，而不依赖消耗大量的煤炭、石油等矿物燃料。所以，资本主义经济已经'非物质化'了，该模式与传统的消耗矿物燃料从而大量向环境排放废物的经济模式'告别'了，减少了经济增长对生态环境的影响。"④

对此，福斯特严厉批驳了关于资本主义经济"非物质化"的辩护。他指出，如果人们相信资本主义主流经济学家的观点，那么人们就没有必要采取减少经济增长对生态环境造成的灾难性影响了，因为，"资本主义经济增长方式的不断创新和市场奇迹就可以解决这个问题。但事实是，资本主义经济非物质化并没有实现，煤炭、石油等仍然是工业化国家最主要的矿物燃料，也是最大污染源。大气、海洋仍然是工业化国家最主要的排污地，人均废物排放量也在持

---

① 解保军：《生态资本主义批判》，中国环境出版社，2015，第95页。
② 同上。
③ 同上。
④ 同上书，第96页。

续增加。显然,资本主义经济已经'非物质化'的观点是站不住脚的。"①

3. 对环境经济学理论前提的批判

在环境保护运动中,环境学家将批判的矛头直指经济学,认为经济学在评估自然界价值方面是失败的。针对环境学家的指责,资本主义经济学家提出了环境经济学的理论前提。他们主张,如果人们赋予自然界以经济价值并更加充分地将生态环境因素纳入市场体系当中,将生态产品转化为可以销售的产品,这样,在市场机制的作用下生态环境就可以得到更好的保护。

对此,环境经济学家给自然界估算成本提出了"三步走"的措施。第一,他们将环境分解为某些特定的物品和服务,将他们从生态系统中剥离出来并赋予价格使其成为商品。例如,特定海域的鱼、特定河流的水、特定土地的粮食等。第二,通过建立供求曲线设定这些物品和服务的市场价格。第三,为实现理想的环境保护水平设置各种市场机制和政策以改变现有的市场价格或者建立新的市场价格。由此可见,环境经济学家的主要目的就是要通过市场机制来解决生态产品的定价问题,来解决污染物的排放和环境恶化的问题。他们认为,如果环境恶化和污染严重,说明人们并没有从经济的角度看待环境问题,没有根据经济供求关系来处理环境问题。

福斯特认为,环境经济学家的理论前提——确信生态环境可以通过经济量化并能融入市场体系中是"乌托邦神话"。他说,生态环境不能完全纳入商品经济的循环之中,因为生态环境的价值是多方面的、是整体性的。生态环境所具有的内在价值不能简化为市场价值,也不能简单地用于经济成本和效益分析。反之,如果人们强行给环境物品定价,如风景优美的海湾、沁人心脾的空气、阳光充足的天气等,人们并不认为此举有助于环境保护。相反,倒像是某种勒索保护费的诈骗行为。福斯特引用舒马赫《小的是美好的》一书的观点,"舒马赫批判了将经济成本效益应用到生态环境的做法,试图度量不可度量的东西是荒谬的,自以为给生态产品定价就可以有效保护生态环境的做法是十分有害的。"②

---

① 解保军:《生态资本主义批判》,中国环境出版社,2015,第 97 页。
② 同上书,第 79 页。

此外,福斯特针对环境经济学家的"自然资本"理论,也进行了批判。他指出:"不论描述自然资本的修辞如何动听,资本主义体系的运行却没有本质上的改变,也不能期望它改变。把自然和地球描绘成资本,其主要目的是掩盖为了商品交换而对自然极尽掠夺的现实。将自然资本融入资本主义的商品体系——即使已经真的这样做了——其主要结果也只能是使自然进一步从属于商品交换的需要。"[1] 福斯特提到了美国私营的太平洋木业公司的事例来论证他的观点。该公司正在采伐北加利福尼亚州红木林,因为那些有数百年历史的树木是杂乱木,不能当作成材。所以,为了市场的需求,该公司要清除这些杂木,腾出空地培育统一规格、处于全面管理之下的速生林。这些森林的悲剧,不是因为它们被排斥在资产损失表之外,而恰恰是因为它们已被包含其中。

"资本主义的主要特征在于,它是一个自我扩张的体系,经济剩余价值的积累由于根植于掠夺性的开发和竞争法则赋予的力量,必然要在越来越大的规模上进行。"[2] 正如马克思所言,资本主义生产的首要目的是货币的增值,而不是满足人类的需要,商品的生产仅仅是实现这目的的手段。永无止境的资本扩张是资本主义经济的特征,所以,静止的、零增长的资本主义经济本身就是一个矛盾。在这样的经济体制中,"经济学家,甚至是环境学家,很少研究由于经济持续增长导致的经济规模不断扩大会给环境带来什么影响。大多数经济学家将经济视为孤立存在,而不是一个更大生物圈里的子系统。"[3] 所以,在维持生态系统平衡和维护资本主义无限的经济增长之间,存在着一个天然的冲突。

在批判环境经济学的"自然资本"理论时,福斯特指出了该理论的生态局限性。环境经济学家企图用市场机制来解决生态环境问题,这是它失败的根本原因。因为"自然不是商品,任何试图把自然看作商品和让自然从属于自我调节的市场规律的做法都是非理性的,都会由于自然赖以继续存在的必要条件即再生产能力的丧失而导致生物圈的严重破坏。"[4]

---

[1] 约翰·贝拉米·福斯特:《生态危机与资本主义》,上海译文出版社,2006,第28页。
[2] 同上书,第29页。
[3] 同上书,第30页。
[4] 同上书,第33页。

在福斯特看来,随着商品规模的日益扩大,我们面临的生态环境问题将越来越严重。因为无论是通过生产成本的外化,还是把自然资源和环境因素纳入生产成本的考核,其最终目的都是为了资本的积累和扩张。"真正的可持续性关注整个生态系统的再生产,而给自然的某一部分——如独立于河流之外的淡水鱼类——赋予货币价值,这实际是错误地假定任何事物都可以分解成个体部分,个体部分也可以简单地拼凑起来。"[1]但是,生态系统是不可分割的,它是一个有机整体。

三、奥康纳以资本主义"第二重矛盾"理论对资本主义的批判

作为美国当代著名生态学马克思主义理论家,詹姆斯·奥康纳对资本主义生态危机的分析,是将经济因素和环境因素二者结合,将马克思关于资本主义的经济危机理论与生态学马克思主义关于资本主义生态危机的理论联系起来,提出了当代资本主义双重危机理论。

1. 对资本主义双重矛盾的有力批判

奥康纳认为,当今资本主义社会存在着双重矛盾,它们决定了在生态上具有可持续性的资本主义是不可能的。第一重矛盾解释了生产力和生产关系之间的矛盾,二者之间的相互运动必然会带来以需求为特征的经济危机,即生产无限扩大与消费需求相对不足的危机,危机产生的主要原因是资本追求利润的本性和资本主义生存的需要。具体而言,在利润的驱动下,资本必然会不断进行扩张,经济增长则是其实现利润的手段,资本主义的可持续性依赖于利润率的提高。但是资本主义生产力和生产关系的矛盾却对资本获得利润的能力构成了威胁,因为资本是通过进一步加大对工人的剥削和提高劳动生产率等方式来获得更多利润的。由此产生的后果却是生产过程中工人的消费能力呈现不断下降的趋势,而商品却呈现不断增长的趋势,这样,市场需求的减少必然会导致生产过剩的经济危机,从而使资本主义无法持续运行下去。

第二重矛盾则揭示了资本主义生产力、生产关系与生产条件之间的矛盾,

---

[1] 约翰·贝拉米·福斯特:《生态危机与资本主义》,上海译文出版社,2006,第51页。

它内在于资本主义的本性之中。资本主义的本性是为了获取剩余价值和利润,通过不断扩大生产而无限制地追求经济增长和自我扩张,丝毫不考虑这种扩张所带来的政治、经济或生态的后果。但是,自然界既无法进行自我扩张,也无法跟上资本运作的节奏和周期,其结局必然就是自然生态环境的破坏和资本各要素成本的增加。因为资本扩张具有无限性特征,如果经济不断增长,那么对原料的需求就会不断增加,原料在商品的价值中所占的比重就会加大,资本就会追加对开采自然资源的投资,这就意味着生产成本增加,利润率下降。

反之,如果资本通过更有效地使用原材料进行生产,就会导致原材料价格下降,从而使成本下降和平均利润率上升。但由于原材料价格相对便宜又会带来对资源需求的加快和资本积累的增加,并导致资源的快速消耗。可以说,充满矛盾的资本主义生产不仅会导致经济危机,也会导致生态危机。"从总体上说,经济危机是与过度竞争、效率迷恋以及成本削减(如剥削率的增强)联系在一起的,由此,也是对工人的经济上和生理上的压榨的增强、成本外化力度的加大以及由此而来的环境恶化程度的加剧联系在一起的。"[1]

通过以上分析,奥康纳指出资本主义生产过程的必然结局是自然资源越来越高的消耗和自然界越来越严重的污染,这样所导致的生态危机反过来又会由于增加资本的成本和环境限制进一步加重经济危机。总之,当今资本主义危机"不仅是资本的生产过剩的危机,而且是资本的不充分发展的危机,不仅来自传统的马克思主义所说的需求的层面,而且来自生态学马克思主义所说的成本的层面。"[2]成本危机主要表现为资本外在性障碍的存在。以前,资本家的生产在自然资源、空间、空气、清洁的水、污染物和废物的排放、工人环境安全和健康等方面的成本是很低的,甚至是免费的。但是,现在的情况发生了很大变化,以保护生活条件、森林、土壤质量、环境的舒适、卫生条件以及城市空间等为目的的环保运动以及其他社会运动,都迫使资本家增加这方面的成本,从而对利润构成了威胁。所以,奥康纳说:"资本在损害或破坏其自身的生产条

---

[1] 詹姆斯·奥康纳:《自然的理由》,唐正东译,南京大学出版社,2003,第293页。
[2] 同上书,第207页。

件的时候,便会走向自我毁灭。"①

鉴于以上分析,奥康纳认为,从资本主义第一重矛盾与第二重矛盾交织的状况来看,"生态资本主义"抑或"可持续的资本主义"是一个致命的悖论。资本主义社会存在着自身无法解决的生态矛盾,它将自然看成资源的"水龙头"和废物的"污水池",资本主义的内在矛盾使"生态资本主义"成为一种不可能实现的梦想。

2. 对可持续发展的资本主义的完全否定

除此之外,奥康纳还认为,下面的一些因素也同样证明了可持续性发展的资本主义是不可能存在的:在全球范围内,或者起码在西方七国工业集团之间缺乏宏观经济调控的能力;三种生产条件,即劳动力、环境和市政基础设施,也不能在恰当的时间和地点,以适当的数量和质量,按合适的价格出现;在所有发达资本主义国家中,不存在那种致力于生态、市政和社会的总体规划的国家机构或社团型的环境规划机制等。他指出,"除非等到资本改变了自身的面貌之后,银行家、短期资本经营者、风险资本家以及 CEO 们在镜子中看到的将不再是他们现在的这副尊容,否则,这种生态上具有可持续性的资本主义绝无可能。"②

奥康纳进一步认为:资本主义的趋势是自我毁灭并步入各种经济危机和生态环境危机。因此,"可持续发展的资本主义是不可能的"。美国总统大选中"绿派"们对环境保护的承诺、绿色口号的提出、生态环境问题的讨论等只是为了拉选票。政客们努力把自己装扮成绿色爱好者,或者至少是使自己在公众面前展现一种绿色形象,这些也只是在大选期间的"一抹绿色"。他们入主白宫后的政治经济政策则是为资本主义制度服务的,也完全是为了资本主义经济制度考量的。

因此,奥康纳指出:"绿色话语与资本主义话语其实有着天壤之别,这两者完全是风马牛不相及的。"③"绿色主义的改革派考虑的问题是'以何种方式再

---

① 詹姆斯·奥康纳:《自然的理由》,南京大学出版社,2003,第 294 页。
② 同上书,第 383 页。
③ 同上书,第 380 页。

造资本主义才能使其与自然的可持续性相适应',而企业资本家考虑的问题是'以何种方式来再造自然才能使其适应利润的可持续性和资本积累的要求'。这样的'再造自然'理论意味着在更深的程度上把自然仅仅当作'水龙头'和'污水池',就是要对自然进行重新加工或者是彻底改造。"① "再造自然"的做法是很不自然的。例如,按照工业标准化的生产要求来扩大粮食产量等的做法。而人类的这些作为有潜在的危险:单一树种的林场会破坏生物的多样性,而转基因的粮食作物则包含着不可知的生物学危险。这样,也许在未来的某个时刻,人们会惊奇地发现,我们所熟悉的自然界已经面目全非了,与我们大多数人感知的自然界相去甚远。为什么会是这样呢?"其中的原因就在于,资本主义再造自然的构想(仍处于萌芽期)也是一种按资本的形象来再造(所谓的)科学和技术的构想。"②

不可否认,资本主义的经济增长方式还是有效的,但这种方式一直是片面的和有局限性的。原因在于这种经济增长方式假定的前提条件就是"生产的自然条件"的供给是无限的,它取之不尽,用之不竭。资本家认为,资本主义的经济增长仅仅会受到消费需求的限制,而不存在自然资源的"瓶颈限制"。然而,资本主义经济增长的过程实际上并不是这样的。一旦这种经济增长方式遇到劳动力短缺、自然资源枯竭和环境污染导致的生产成本显著增加的话,资本主义就遭遇"第二重矛盾"了,即一种源于生产条件限制而导致生产成本增加引起的经济危机。列宁曾指出:"资本主义愈发达,原料愈感缺乏,竞争和追逐全世界原料产地的斗争愈尖锐,掠夺殖民地的斗争也就愈激烈。"③资本主义经济就是喜欢剥削土地和资源,这是它们保持利润增长的自然前提。

生产条件限制导致的生产成本增加的危机,其根源主要有两个:"一是,个别资本为了捍卫或保持其利润而导致的生态环境的破坏。资本家为了减少前期投入,残酷地榨取'人的自然'——劳动力,不愿为了工人的健康增加费用,

---

① 解保军:《生态资本主义批判》,中国环境出版社,2015,第114页。
② 詹姆斯·奥康纳:《自然的理由》,南京大学出版社,2003,第382页。
③ 《列宁全集(第三版)》第二卷,人民出版社,2012,第645—646页。

引起工人生产和生活环境的极端恶化。同时,资本家也残酷地榨取'天然自然',破坏土壤肥力而不采取任何保护措施,疯狂地开采各种矿产,使得自然资源日渐枯竭。他们不愿为市政基础设施建设投资,任其衰败,而交通堵塞、生产空间的狭窄也导致了生产成本的上涨。二是,普遍增强的环境保护意识和以环境保护为主要内容的新社会运动的崛起,也在社会大背景下迫使资本家在环境保护、污水与空气净化、垃圾处理、土壤改良、医疗保健水平提高、市政基础设施加大建设的步伐等方面做出努力,而这一切都会增加资本的生产成本并降低资本的适应能力。这种在主流传统经济学家看来是'额外成本'的生产条件,也会对资本主义的营利能力构成致命的威胁。"[1]

从理论上讲,"可持续性发展的资本主义"要求所有这些生产条件在恰当的时间和地点,以适当的数量和质量,按合适的价格出现。但是,在资本主义实际的扩张过程中,这种理论上的合理性是很难达到的。相反,"劳动力、自然资源和市政基础设施及空间在供给上的严重瓶颈会危及个别资本单位的生存能力,甚至还会危及整个部门或全国的资本主义秩序。因此,总的来说,这些瓶颈因会抬高成本削弱资本的适应能力而威胁资本主义的可持续性。"[2]生产条件的稀缺性必然会导致生产条件的资本化、商品化,尤其是自然资源的资本化和商品化,在客观上具有提高资本成本并降低其适应能力的倾向。"简单来说,第二个矛盾表明,当个别资本试图通过削减或外化成本来维护或重建其利润时,就产生了一个它们所没有料及的后果,即降低了生产条件的'生产率',因而也就提高了平均成本。"[3]可见,"资本的自我扩张逻辑是反生态的、反城市规划的与反社会的。……换言之,在所有发达资本主义国家中,那种致力于生态、市政基础设施的总体规划的国家机构或社团型的环境规划机制是不存在的。"[4]

综上所述,奥康纳认为,不仅发达资本主义国家的资本逻辑与可持续发展

---

[1] 解保军:《生态资本主义批判》,中国环境出版社,2015,第115页。
[2] 詹姆斯·奥康纳:《自然的理由》,南京大学出版社,2003,第389页。
[3] 同上书,第391页。
[4] 同上书,第394—395页。

理念是相互矛盾的,而且许多实行资本主义制度的发展中国家也面临着严重的生态灾难。例如,印度、巴西、墨西哥等国家,在追求资本主义工业化的过程中都付出了生态环境恶化的惨重代价,这些国家成了经济、政治、宗教、社会和生态环境灾难的多发区。

第五章　两条不同的道路：经济理性与生态理性

从马克思到奥康纳，从舍勒到高兹，从卢卡奇到马尔库塞，从福斯特到哈贝马斯，马克思主义者和生态学马克思主义者都不同程度地对资本主义制度、资本主义经济模式、资本主义双重矛盾进行了有力的批判，都说明这样一个问题：自资本诞生起，理性主义思想便深深扎根于西方近现代社会以及西方经济学和经济世界之中，资本与理性是交织发展的。在这个意义上，一部经济学发展史就是一部理性主义经济学发展史，"这一百多年的经济学发展大致可以看作'经济学中的理性主义运动'"。①

在理性主义蔓延、渗透的历史过程中，在生态问题愈演愈烈的社会背景下，生态正义作为一种新的价值观——秉持尊重自然、可持续发展的理念，在历史上迈开了自己的步伐，成为解构资本主义外部性问题的一个重要价值选择。而生态理性则是超越经济理性，解构资本主义外部性问题的一种理论自觉。

第一节　经济理性与生态问题的相关性

"合理性"是韦伯阐释西方文明现代转型的重要概念。基于对理性精神的确立和剖析，韦伯指出资本主义社会理性精神的泛化对人基本生存状态的诸多改变，尤其是在人与自然的关系上，从以往人是自然的奴隶，完成了将自然视为机械体系的转变，这一转变使得人的身份随之转变为自然的主人，最终现代化进程就演变为"目的合理性消解了价值合理性，理性的解放异化成为理性

---

① 汪丁丁：《"卢卡斯批判"以及批判的批判》，《经济研究》1996年第3期。

的独裁"。①

"而韦伯命题的困境是无法在现代社会中找到继续维护新教徒自由生存状态的理性化张力,结果是人类理性化的历史命运,不再是人类自由理性的弘扬,而变成了个人自由与历史命运的对立面。"②这种形式化理性的片面发展导致人的异化——人成为手段而非目的,以及经济理性的横行。韦伯对此深感痛心,"清教徒想在一种职业中工作,而我们的工作出于被迫。因为当禁欲主义从修道院的牢室里被带入日常生活,并开始停止世俗道德时,它在形成庞大近代经济秩序的过程中就会发挥应有作用,而这种经济秩序却深受生产技术和经济条件制约。今天这些条件正以不可抗拒的力量决定着降生于这一机制中的每一个人的生活,而且不仅仅是那些直接参与经济获利的人的生活,也许这种决定作用会持续到人类烧完最后一吨煤的时刻"③。

一、经济理性的贪婪本质

在西方近现代经济学中,经济理性主义最主要的表现就是"经济人"假设及其普遍化。追求个人利益最大化的"经济人"假设一经形成即为后来的经济学家们所传承,并将这种假设推演到社会各个领域以致形成"经济学帝国主义"。于是,资本与经济理性深度结盟,成为主导人类经济活动的最终历史依据。对此,马克思一针见血地指出"资本一出现就标志着社会生产过程的一个新时代"④,因为"它按照自己的面貌为自己创造出一个世界"⑤。在资本统治的时代,理性主义就是资本最牢靠的盟友。

---

① 刘莹珠:《资本主义与现代人的命运——马克斯·韦伯合理性理论研究》,人民出版社,2014,第189页。

② 李猛:《除魔的世界与禁欲者的守护神:韦伯社会理论中的'英国法'问题》,载李猛编《韦伯:法律与价值》,人民出版社,2001,第139页。

③ 马克斯·韦伯:《新教伦理与资本主义精神》,于晓、陈维纲译,生活·读书·新知三联书店,1987,第142页。

④《马克思恩格斯全集》第23卷,人民出版社,1995,第93页。

⑤《马克思恩格斯全集》第1卷,人民出版社,1995,第276页。

1. 经济理性的两大原则

作为一种理性,经济理性有两个假设:第一,人的自利性原则,这种原则导致人们重视物的效用;第二,利润最大化原则,这种原则导致人们注重行为的利润或价值增值。自利性原则和利润最大化原则使得个人利益与自然环境和社会公共利益对立化,则导致私人的自利不自觉地把公共利益踢成碎片。①

"现代资本主义的独有特征是以理性技术为基础的严格理性的劳动组织"②,实质上就是一种集权形式的官僚制机器,以致现代人不得不依赖各种形式的理性化制度而存在。"每个从事经济活动的人都是'经济人',经济人都是理性的,都有理性的利己之心,主观上的利己心在'看不见的手'的指挥下展开竞争,客观上推进社会财富的增长,使整个社会福利增加。"③这是近代经济学鼻祖亚当·斯密于1776年在其《国富论》中所阐释的观点。可以说,经济理性在提出之初为资本主义的快速发展做出了重大贡献。整个19世纪,人类创造的财富比以往创造财富的总和还要多,但在经济快速发展的同时,"经济理性人的自利性与利润最大化原则导致社会生产追求个人利益的极致化,从而忽视了人类的公共利益与共同的生存条件即自然。自然不再是独立存在的'物自体',在'经济理性'条件下,资本主义生产以资本的眼光审视自然的价值,经济理性导致的自然资本化使得自然成为社会生产的对象与财富的源泉,成为一种加工的商品。"④于是在资本主义社会里,自然环境的破坏、资源的迅速耗竭也是空前的。德国存在主义哲学家海德格尔曾指出经济理性下的现代科技在人与自然的关系上"砍进了深深的一刀"。

正是因为经济理性在近代对资本主义的形成和实践方面具有重要的导引作用,所以,在韦伯看来,"理性从一种纯粹的精神现象转变为近代社会生活原则的直接体现就是近代资本主义社会的建立,在韦伯那里,理性主义是西方资

---

① 赫尔马曼·戴利:《珍惜地球》,商务印书馆,2001,第41页。
② 马克斯·韦伯:《经济与社会》下,阎克译,上海人民出版社,2010,第1563页。
③ 亚当·斯密:《国民财富的性质和原因的研究》,商务印书馆,1981。
④ 贾婕:《生态社会主义的经济理性批判思想探析》,《山西农业大学学报》2018年第10期。

本主义文明的内在核心,具有多种形态。理性主义首先表现为文明和种族意义上的理性主义,其次表现为政治意义上的理性主义。"[1] 在经济领域,理性主义体现为"可计算性"这一基本特征,一切资本主义的生产过程都是可计算的,它要求一切行动都要合乎目的,通过理性的计算实现利益和效益的最大化。因此,以经济理性为起点的西方传统经济学是以人的利益为中心、将自然视为工具的一种价值观,它将人的财富积累和物质消费作为生存的最高价值。其价值观中唯经济成本的理念,注重追求资源配置的规模和高效,尤其在人与自然的关系上以人类为中心的价值观和经济观是经济理性的最直观体现。对此,有学者指出,资本主义的诞生得益于先前社会中压制着经济理性的宗教、文化、美学和社会限制的取消。之后,资本主义社会又被迫在客观必然和社会斗争的双重压力下对经济理性游戏设限,且限制的范围不断扩大,比如禁止蓄奴隶、禁止用童工、禁止买卖妇女、限定劳动天数、允许星期日休息、建立最低工资、出台医疗保险等。

"资本主义价值观主张社会应为资本增值和经济理性服务,因为经济理性能在肆无忌惮的市场规则游戏中为资本增值找到最佳途径。而且,斯密也进一步认为,在良好法律保障的市场制度中,主观上追求自己利益的经济人,会收到有效的促进他人和社会历史的客观效果。"[2] 在这个意义上,资本主义现代化就是一种理性化体制取代传统道德统治的过程,而实现可计算性和经济领域的合理化过程就是资本主义经济秩序的形成过程。从经济理性的可计算性原则出发,韦伯提出资本主义建立有赖于在经济、政治、法律上建立的一整套可计算的规则体系,因此,资本主义不仅仅代表着生产过程上的控制,也需要特定的世俗化政治系统和高度形式化的法律系统予以支持。"现代资本主义企业在内部首先是建立在可预计之上的。它为了自己的生存,需要一种功能至少在原则上同样也按固定的普遍准则可以理性预计的司法和行政,犹如人们预

---

[1] 王琴、罗甜田:《马克思与韦伯资本主义合理性批判的理论路径比较》,《四川轻化工大学学报》2020年第3期。

[2] 亚当·斯密:《国民财富的性质和原因的研究》下卷,郭大力、王亚南译,商务印书馆,1974,第27页。

计一台机器的大约可能的功效一样。"①

2. 资本时代的本质性规定

于是,在资本主义社会,资本和理性主义成为一对不离不弃的坚固盟友。"正像前者构成后者的世俗基础和强大动力一样,后者乃成为前者的观念领域,成为它的理论纲领、它的'唯灵论的荣誉问题',以及它获得慰藉和辩护的总依据。"②"二者之所以这样互为利益关系,恰恰是因为理性主义精神是资本时代的本质规定,现代社会的确立,在理论上就是以理性批判的形式展开的。居于主导地位的理性主义早已失去价值理性的一面,仅有的"抽象对象性"特征与合理性联系起来,使得工具理性成为支配现代社会主题选择的基本范畴,成为具有时代意义的理性形而上学。"③也正是"借助资本的惊人物质力量,理性形而上学得以冲出书斋和实验室,成为资本的知识要素,并经由科技、教育、文化、信息等意识形态产业而殖民生活世界,建立了汪洋大海般的现代性统治。"④

正是在这个意义上,现代成为资本的代名词,抑或理性主义的代言人,而"经济人"不过是理性主义的现代人,抽象演绎法不过是当代理性主义"抽象对象性"特征的固有属性,经济理性主义对利益最大化的追求也不过是资本增值属性的必然要求。简言之,"经济人的称号通常是加给那些在工具主义意义上是理性的人的"。⑤这样的结果就使物的使用价值变为交换价值,同时人的价值则抽象为物的价值。建立在经济理性主义的理性计算精神基础上的"合理化原则"更使得人在劳动过程中成为"一粒孤立的原子"。韦伯一再强调这种高度去形式化的、去人格化的理性系统的重要性。按照他的设想,建立在工具理性基础上的精确计算与高度可控将使整个资本主义的生产、管理、法律、行政系

---

① 马克斯·韦伯:《经济与社会》上卷,林荣远译,商务印书馆,1997,第738页。
② 吴晓明:《论马克思对现代性的双重批判》,《学术月刊》2006年第2期。
③ 裴笑冰:《经济理性主义的哲学反思》,《南京政治学院学报》2007年第2期。
④ 王善平:《现代性:资本与理性形而上学的联姻》,《哲学研究》2006年第1期。
⑤ 约翰·伊特韦尔、默里·米尔盖特、彼得·纽曼编《新帕尔格雷夫经济学大辞典》第2卷,经济科学出版社,1992,第57页。

统都呈现出极高的效率。这样经济人就按照"利益最大化"原则控制国家。久而久之,经济人就会高度依赖经济理性,与此同时,价值理性逐渐萎缩,人性出现物化倾向,最终导致人与自然关系的尖锐对立。

有学者指出,"经济人的伦理困境使其在无政治权威的国际体系中无法促进有效合作,无力有效应对世界性的经济危机,难以达到'利益最大化'的价值目标。"① 对此,美国经济学家赫伯特·西蒙主张用符合实际的有限理性取代经济人的全能式理性,认为"符合实际的理性行为,就是符合生物(包括人在内)在其生存环境中所实际具备的信息存取能力和计算能力的一种理性行为。"②

马克思曾说:"国民经济学不知道有失业的工人,即处于这种劳动关系之外的劳动人","他们是一些在国民经济学领域之外的幽灵"。不劳动无法创造经济价值,这样的人对经济理性主义就意味着丧失了作"人"的价值。与此同时,大自然被祛巫化,并被仅仅抽象为"资源",自然也只有作为资源时才被视为有价值。因此,经济理性主义的人眼中只有经济,并将以追求经济利益最大化作为根本目标,是同资本的步伐相协调的,经济学也变成了"资本的自我意识"。

3. 经济理性的一个严重灾难

资本唯利润至上的经济学范式成为推动资本主义社会经济运行的唯一杠杆。一句话,经济理性追求利润最大化的贪婪本质与生态环境的恶化有着直接的关系。马克思在《1844年经济学哲学手稿》中指出,资本主义世界的"异化劳动"导致了"文明的阴沟","完全违反自然的荒芜,日益腐败的自然界"。世界上第一部生态社会学调查报告是恩格斯撰写的《英国工人阶级状况》,该报告以"工业文明的摇篮"——曼彻斯特城为范例,以自己的社会调查为依据,全面考察了经济理性的残酷剥削所导致的环境灾难,揭示了资本主义生产在经济理性的驱动下展开的现实,完全为功利所左右,货币金钱成为经济理性的

---

① 刘伯乐:《逆全球化背景下经济人的伦理困境与生态自觉》,《中南林业科技大学学报》2021年第1期。
② 赫伯特·西蒙:《现代决策理论的基石——有限理性说》,杨硕、徐立译,北京经济学院出版社,1989,第7页。

唯一标尺。经济理性对利润的无度追逐是其本质的展现,它根本不会兼顾农业生产的生态条件而停下或放缓追逐利润的脚步。恰如英国学者彼得·桑德斯对资本主义的批判:"对利润的竞相追逐意味着资本主义企业一直都在寻求新市场,推出新产品,开发能够降低生产成本的新技术。每家企业都在力图获取竞争优势"。①

当然,社会主义市场经济也存在经济理性,因为只要有经济活动就会有经济理性。简言之,资本主义和社会主义冲突的本质是经济理性的范围和广度而非经济理性本身。总之,在资本主义条件下,只要经济理性与资本追逐利润的贪婪本质结合在一起,就会造成在促进经济发展的同时形成不可回避的生态问题。而试图在资本主义框架下寻求解决方案也成了一道无解之题。也就是说,经济理性必须让位于生态理性,科沃尔明确指出,不废除资本主义,就不能废除经济理性,也就不会真正解决生态危机,"资本逻辑的混乱与逐利性使得其无法解决生态危机问题。"②

二、异化与外部不经济

韦伯的立场是要进一步为资本主义的发展与变化提供辩护,其理论的出场路径是研究和论证资本主义制度"合理性"和"合法性",即从"生理学"的角度而不是马克思的"病理学"的角度来维护资本主义社会的"良性运行和协调发展"的秩序的。韦伯同时指出:"近现代资本主义社会的发展历程就是理性主义的发展,是合理化的行动缔造了丰富的物质文明,创造了先进的科技工具,设计了合理的法律、规则制度和社会组织形式,但问题在于他将社会生活中的这些表现都视为理性主义发展的形式层面,忽略了个体所背负的'职业人'③的硬壳,并承担着由此而生的种种宰制。"

---

① 彼得·桑德斯:《资本主义——一项社会审视》,张浩泽,吉林人民出版社,2005,第14页。

② Joel Kovel, *The Enemy to Ecosocialism*, Capital Nature Socialism, 2002(1):278.

③ 职业人:在韦伯那里是指现代人,之所以称为硬壳是因为财富原本仅仅是人们皮的一层外衣随时可以脱掉,现在却成了人身体的一部分,就像蜗牛不得不背负着沉重的硬壳。

不可否认,韦伯在剖析、赞誉资本主义社会之所以能够创造物质文明的辉煌是理性启蒙的功劳时,也对资本主义理性的内在逻辑做出明确断言——资本主义社会的现实就是"形式的合理性与实质的非理性",这是对资本主义社会异化现象的深度概括。究其原因在于,人们将合理性这一手段当成了终极目的来追逐,最终导致现代人成为"没有精神的专家,没有感情的享乐者"的载体。他对资本主义发展前景所持的悲观态度,以及对人性全面发展的"铁笼"作用,在一定程度上揭示了资本主义劳动异化的本质。可见,"韦伯认为资本主义社会的异化是理性化的必然结果,是社会走向现代的宿命,从而揭示出现代性的特征和本质。"[1]

马克思在《1844年经济学哲学手稿》中对资本主义生产方式所导致的"异化自然"现象进行过严厉批判,并指明"异化劳动"与"异化自然"的关系,资本主义生产方式在其内部运转上是"经济的""合理的",符合资本理性的要求。但在其外部运转上是"不合理的",甚至是"有害的""造孽的"。马克思批判资本主义生产方式时提到的"异化自然"问题,换成西方经济学来说就是庇古提到的"外部不经济"问题。马克思强调的资本主义生产方式必然会导致"异化自然"的学说和观点,要比庇古1920年提出的资本主义经济运行导致的"外部不经济"概念早许多年。这说明,马克思对资本主义生产方式的生态危害有着深刻的洞察。

1920年庇古出版了《福利经济学》一书,提出了福利经济学理论,他在分析"经济人"概念时,认为自由市场经济条件下的"经济人"必然导致"外部不经济"现象。所谓"外部不经济"是指某个经济主体的经济活动对他人和自然造成的不合理的、有危害的影响。"在资本主义生产方式下,资本家只考虑经济活动内部的合理性,只考虑利润最大化问题,而不会自觉考虑到生态环境等外部情况,造成'外部不经济'资本家并没有为遭到破坏的生态环境负责任,更没有为了修复'外部不经济'问题而主动'买单'。"[2]

作为资本主义生产方式的一个显著特征,"外部不经济"造成了自然资源

---

[1] 孔营、徐静波:《马克斯·韦伯异化思想的内在逻辑》,《法制博览》2012年第5期。
[2] 解保军:《生态资本主义批判》,中国环境出版社,2015,第27—28页。

枯竭、生态环境恶化和人们健康受损。例如,工厂在生产过程中排放的污染物就是一种生产的负外部性。再例如,位于河流上游的化工厂,在处理工厂的排出物时,肯定会考虑污染物处理的费用问题。从企业经济成本核算的角度看,当然以免费的方式在外部随意处理排出物是最合理的,也是最轻松的,但这种"外部不经济"的做法肯定会对下游乃至周边的自然生态环境造成恶劣影响。

"外部不经济"问题有时还会表现在技术发明的结果上。例如,1874年,瑞士化学家米勒合成了 DDT 农药;1938 年,米勒发现了它广谱高效的杀虫能力,对杀死农业害虫和居家害虫能够发挥神奇的作用。从 1942 年开始,许多国家都开始大量生产并使用 DDT 农药。1948 年,诺贝尔生理学或医学奖颁给了米勒,以表彰他发明的 DDT 在农业中的作用。然而,"DDT 农药造成的"外部不经济"问题很快就显现出来,长期使用 DDT 会使其在环境与生物体中积累,造成严重的环境污染。农产品、水生动物和家禽体内都有 DDT 的残留物,这些会积累在人体的肝脏及脂肪组织内,造成人体的慢性中毒,甚至危及生命。"[1]

上述"全球性问题"的出现,在一定程度上宣判了资本主义生产方式的"死刑"。1972 年,罗马俱乐部《增长的极限》一书,在全世界引起了强烈反响。该书以人口、工业产量、资源、粮食、环境污染为主要分析对象,考虑到上述原因之间的相互作用、相互依赖的关系,建立了一个全球分析模型。各项因素按照 1900—1970 年的历史数值,计算出的惊人的结论是:"如果在世界人口、工业化、污染、粮食生产和资源消耗方面按照现在的趋势继续下去,这个星球上的增长极限有朝一日将在今后一百年发生,最有可能出现的后果将是人口同工业生产两者出现相当突然和不可控制的衰退。"[2] 从此,人们把资本主义工业化进程中导致的"人口爆炸""工业化后果""资源枯竭""粮食短缺""环境污染"等威胁人类生存等问题统称为"全球性问题"。《增长的极限》可以说是明确指出:经济增长理论存在的根本问题就是仅仅考虑到社会内部而没有考虑到社会外部的自然,没有考虑到人与自然的关系。现在,"资本主义经济学家终于

---

[1] 解保军:《生态资本主义批判》,中国环境出版社,2015,第 27—28 页。
[2] D. 米都斯等:《增长的极限》,李宝恒译,吉林人民出版社,1997,第 19 页。

承认了资本主义生产方式的'外部不经济'问题,承认了这种生产方式的致命弊病,尽管这样的承认比马克思在19世纪中叶对资本主义生产方式的生态批判晚了100多年。"[1]生态经济学家威廉·卡普也曾经这样评论道:"必须将资本主义看作尚未支付成本的经济。"

而由西蒙开发出的"有限理性"成为挑战经济人完全理性的最强音,他们中大多数人把自己背离经济人完全理性的思想之源毫无吝啬地归到西蒙那里。关于"有限理性",西蒙有这样一段常用的表达:有限理性是"指那种把决策者在认识方面的局限性考虑在内的合理选择——包括知识和计算能力两方面的局限性"(西蒙,1996)。这仍然是针对经济人完全理性的否定方面的表述,并没有出现关于有限理性的肯定方面,这就给那些试图吸取西蒙有限理性思想改造经济人完全理性的研究者提供了广阔的想象空间。一些经济学人引入不完全信息、处理信息的费用等变量试图改造经济人完全理性模型,增强理论的解释力的同时回应了有关经济人基本假设不具有现实性的批评。

西蒙在其一项重要理论研究中第一次正式提出用"有限理性"取代经济人完全理性,他委婉地表达了这一看法:"我将假定经济人这一概念(也许还可以加上经济人的兄弟——管理人)确实需要做重大修正,并就进行这种修正的可能方向,提出一些建议。以及'用一种符合实际的理性行为,来取代经济人那种全知全能的理性行为。我们所提出的符合实际的理性行为,就是符合生物(包括人在内)在其生存环境中所实际具备的信息存储能力和计算能力的一种理性行为'(西蒙,1989)。要构建一个新的可替代的理性行为模型将是一项十分艰巨的理论任务。为此,西蒙通过两种途径探索达到上述目标:一条途径是研究选择者的性质,这是'理性选择的行为模型'的任务;另一条途径则是研究选择环境,这是'理性选择与环境结构'的任务。"[2]

另外,当今许多著名的环保主义者都自称对自己所展开的运动采取了一种超越阶级斗争的政治立场。例如,英国绿党领导人乔纳森·波里特曾宣称,德

---

[1] 解保军:《生态资本主义批判》,中国环境出版社,2015,第28—29页。
[2] 戴正农:《"满异化"和"适应性":西蒙有限理性思想探析》,《江苏社会科学》2011年第6期。

国绿党的崛起标志着"阶级斗争冗繁的争论和左右派神秘而一成不变的分裂已寿终正寝"。按照这一观点,工人阶级和资产阶级都必须因全球环境危机而受到谴责(目前来看,危机主要归咎于资本主义生产方式而不是社会主义生产方式),而绿党则代表了体现自然自身价值的"新范式",一种超越历史阶段局限的方式。用这种方式,这些绿色思想家们便可置身于传统的社会争论之外,含蓄地接受一种"我们已看到敌人,这就是我们自己"的主导观点。这种观点将大多环境问题都归咎于消费者的购买习惯、婴儿的出生数量和工业化特征,似乎社会中不存在阶级或其他派别。恰恰相反,这里通过对美国西北太平洋沿岸地区原始森林木材业危机的讨论,说明生态的急剧恶化是历史上资本主义社会及其阶级斗争在具体积累过程中固有的特性。

而忽视社会阶级和其他社会不公而独立开展的生态运动,充其量也只能是成功地转移环境问题。与此同时,资本主义制度以其无限度地将人类生产性能源、土地、定型的环境和地球本身建立的生态予以商品化的倾向,进一步加强了全球资本主义的主要权力关系。因此,这样的全球运动对构建人类与自然可持续性关系的总体绿色目标毫无意义,甚至会产生相反的效果:由于现存社会力量的分裂,给环境事业带来了更多的反对力量。在这样的历史情境下,生态理性呼之欲出。

第二节 资本主义外部性问题的解构

从资本理性的视角考虑问题,资本家追求利润最大化既是合理的,也是无止境的。为此,资本家采用"重新占有的生产方式"把自然资源吃光榨尽,以谋取个人利益最大化。资本理性自认为合理的追求结果却导致了事与愿违的非合理的恶果,哈丁的"公有地悲剧"就是资本理性导致的生态悲剧。资本主义是内在的"对环境不友好"的理性主义社会。日本学者岩佐茂认为,在资本理性浸润的社会,"资本所关心的是在大量生产有利润的产品的方向上让生产力得以发展,对于环境的考虑必然是第二位的。如产业公害所表明的那样,资本的逻辑是为获得利润而不惜破坏环境。"[1]对此,马克思曾指出,利润至上和无限扩张的天然理性,资本合乎目的的活动只能是发财致富,也就是使自身增大或增值。在资本理性强势的资本主义社会,生态理性往往被遮蔽、被边缘化了。

与之相对,"作为一种存在的哲学理性,生态理性是以哲学理性的姿态出场的。它主张'生态'必须超越人与自然的生态关联,从而上升至生命与世界存在的协调、生成和流变"[2],"对世界存在的这种整体诉求,使之走向了生态理性本体论的建构"[3]。由此,生态理性获得了生态伦理学所缺乏的本体论意蕴,本质是内在的对环境友好的理性。正是在这个意义上成为解构资本主义外部性问题的一种理论自觉。

一、生态正义:解构资本主义外部性问题的价值诉求

生态正义缘起于对生态环境问题的求解,经历了由集中于生态学、伦理学等学科向众多理论流派转变的过程。目前并没有一个确切划分这些理论流派的标准,生态学马克思主义可谓是西方生态正义理论体系中较为成熟的理论派别——不仅理论形成发展时间长,且在问题阐述方面比较深刻,提出了对未来生态社会主义目标的展望。

如前所述,卢卡奇、高兹、福斯特和奥康纳等都是生态学马克思主义的代表人物。其中,多数学者基于马克思主义唯物史观的立场和分析方法,形成了具有现代性和针对性的问题域、延展性的分析框架和开放性的方案选择,体现了生态正义理论的张力。但是,面对新世纪仍然难以解决的生态难题,上述理论的实践局限也十分明显。生态学马克思主义的理论主张缺乏切实可行的方案,缺乏对全球问题的深度关切和人类命运的深度思考,显示出实践的局限性。生态学马克思主义对生态主义挑战的回应,不应只停留于立场性的回复以及意识形态的批判,而应在理论的构建与实践方面有更大作为。

---

[1] 岩佐茂:《环境的思想——环境保护与马克思主义的结合处》,韩立新等译,中央编译出版社,2006,第128页。
[2] 唐代兴:《生态理性哲学导论·前言》,北京大学出版社,2005,第17页。
[3] 杨兴玉:《生态理性本体论在当代何以可能》,《湖南科技学院学报》2007年第3期。

对此,有学者提出,马克思通过对人类社会进程的考察,把对生态正义问题的探讨落脚于现实领域的方法,这为生态正义的建构提供了一个切实可行的理论路径。前述马克思对资本主义制度的批判中提到的"与这个社会阶段相比,以前的一切社会阶段都只表现为人类的地方性发展和对自然的崇拜,只有在资本主义制度下自然界才不过是人的对象,不过是有用物。"①资本主义制度下资本的这种趋利本性使它"摧毁一切阻碍发展生产力、扩大需要、使生产多样化、利用和交换自然力量和精神力量的限制。"②而这种本性恰恰是通过对劳动力的剥削完成的,它造成了两种必然:人与人之间的独立和分离是必然的,资本家与工人的分离和对立也是必然的。马克思进一步指出,资本的趋利本性决定了它具有强制生产和强制消费的内在逻辑。前者导致资本无限度地追求剩余价值,后者则直接导致劳动的异化,使工人"成为自己的对象的奴隶"。③

面对资本主义制度所导致的人与人、人与自然之间的对立结果——生态非正义。马克思站在唯物主义立场上,以实践作为理论基石,考察了社会发展进程中人与人之间生态正义的变化过程,揭示了资本主义导致的人与人之间的生态非正义。"生态问题总有制度根源,资本主义的资本逻辑内在地倾向于破坏和贬低物质环境以及造成剥削的存在,根本不可能解决生态问题,也根本不会走向一种生态正义。"④在马克思看来,资本主义的生产方式必然造成阶级对立、贫富分化,资本主义制度从根本上就是非正义的。并特别指出:"什么东西你们认为是公道的和公平的,这与问题毫无联系。问题在于在一定的生产制度下什么东西是必要的和不可避免的。"⑤对此,马克思提出:"共产主义,作为完成了的自然主义=人道主义,而作为完成了的人道主义=自然主义,它是

---

① 马克思、恩格斯:《马克思恩格斯全集》第46卷,人民出版社,1979,第393页。
② 同上书,第393页。
③ 马克思、恩格斯:《马克思恩格斯全集》第1卷,人民出版社,1995,第42页。
④ 陈陪永:《论生态学马克思主义生态正义论的建构》,《华中科技大学学报》2001年第1期。
⑤ 马克思、恩格斯:《马克思恩格斯全集》第16卷,人民出版社,1964,第146页。

人和自然界之间、人和人之间的矛盾的真正解决,是存在和本质、对象化和自我确证、自由和必然、个体和类之间斗争的真正解决。"①这是从本质上对资本主义制度问题的根本解决,是对资本主义生产方式和消费方式的积极扬弃,"实现了人与自然生态正义的复归。当然,这种复归并不是单纯的'否定之否定',而是带有批判性继承的扬弃,是辩证的否定。共产主义的生态正义,实则是人与自然、人与人之间的和谐共存,是人的发展、社会的进步与生态环境良好的统一"②。这样,马克思就以现实途径为生态正义探究提供了一个"社会—历史"的视角。

也有学者认为,"马克思对生态正义的考察,自始至终贯穿着对一个问题的追问,那就是作为主体的人的地位问题"③,理由在于马克思对此的界定一直没有改变:"正是在改造对象世界中,人才真正地证明自己是类存在物。这种生产是人的能动的类生活。通过这种生产,自然界才表现为他的作品和他的现实。"④生态正义的主体性承担者只能回落到实现生存与生活的生产者的个体身上,把普遍性的虚幻的经过过滤后的大写的人作为生态正义思想的主体,马克思认为它是一种意识形态的塑造。⑤在《资本论》中,可以看到这种立场:"一切生产都是个人在一定社会形式中并借这种社会形式而进行的对自然的占有。"⑥因此,生态正义是通过主体人的需要而形成的一种实践运动,是社会制度(如资本主义制度)运动的结果,任何一种正义运动和思想体系都是依托社会制度而存在的。基于此,马克思的生态正义思想可以说是社会正义的一种表述。借助这种表述,厘清了资本主义外部性问题解构的具体路径。

解构的另一个路径则是运用马克思主义观点建构生态社会主义。戴维·佩珀(David pepper)作为生态社会主义理论的代表人物,运用马克思主义基本观

---

① 马克思:《1844年经济学哲学手稿》,人民出版社,2000,第81页。
② 郎廷建:《论马克思的生态正义思想》,载《马克思主义哲学研究》,2012。
③ 邵发军:《〈1844年经济学哲学手稿〉的生态正义思想探析》,《岭南学刊》2012年第3期。
④ 马克思、恩格斯:《马克思恩格斯全集》第3卷,人民出版社,2002,第274页。
⑤ 邵发军:《〈1844年经济学哲学手稿〉的生态正义思想探析》,《岭南学刊》2012年第3期。
⑥ 马克思、恩格斯:《马克思恩格斯全集》第2卷,人民出版社,1995,第5页。

点和分析方法指出,资本逻辑下导致的生产方式是生态问题的根源所在,认为"要彻底解决生态问题就必须改变资本主义制度,推进马克思主义与生态学的结合、生态正义与社会主义的结合,从而建构以社会主义为基本特征的生态社会主义社会"[①]。佩珀指出资本主义生产方式必然导致"成本外在化"和"生态帝国主义"。资本不计后果的逐利性必然导致环境污染、资源破坏,而将保护环境的、控制污染的那个生产成本转嫁给整个社会;同时,资本主义国家迫于国内环保压力,会采取向不发达国家转移环境问题等手段解决其压力。佩珀对此指出西方资本主义国家所谓的"绿色",实质就是"通过使不太具有特权地区成为毁坏树木与土壤的有毒废物倾倒地而实现"。[②]

进而,佩珀认为资本主义制度与生态正义本身就是一种"措辞矛盾",即资本逻辑主导下的生产方式必然导致生态非正义,二者存在着无法调和的矛盾。"如果说马克思更多地关注资本的剥削本性,佩珀则更多关注了资本的反自然本性。"[③]佩珀进一步指出,社会正义的日益缺失是造成环境问题的根本原因"社会正义或它在全球范围内的日益缺乏是所有环境问题中最为紧迫的。"[④]对此,他主张要将社会正义和生态正义紧密结合,构建起以社会正义为基本特征的生态社会主义社会,即在强调人与自然之间正义的同时不破坏生态环境,并考虑自然的承载力,实则是一种包含社会平等、消灭剥削、按需分配的民主制度。

将马克思主义理论与生态学相结合的方法,延展了马克思主义理论的研究视域,为推动马克思主义理论做出一定贡献。"生态社会主义的增长必须是一个理性的、为了每一个人的平等利益的有计划的发展。……这种社会主义的

[①] 石晨:《生态正义:资本逻辑的批判与超越——佩珀生态社会主义思想的启示》,《马克思主义研究》2014年第12期。

[②] 戴维·佩珀:《生态社会主义——从深生态学到生态社会主义》,刘颖译,山东大学出版社,2012,第140页。

[③] 陈永森、蔡华杰:《资本主义世界生态问题的马克思主义视角——佩珀生态学的马克思主义论析》,《马克思主义与现实》2008年第5期。

[④] 戴维·佩珀:《生态社会主义——从深生态学到生态社会主义》,刘颖译,山东大学出版社,2012,第2页。

发展可以是绿色的,它建立在对每个人的物质需要的自然限制这一准则基础上。"①佩珀的生态正义思想是对西方马克思主义的理论拓展,是在借鉴、利用马克思主义的某些理论资源的基础上构建了生态社会主义,是在理论上对资本主义制度进行了揭露和批判,但在具体政治路径设计时却表现出了妥协性和软弱性。不可否认,佩珀在揭示资本主义制度下的绿色发展思维有悖于经济理性与资本逻辑的本质方面的贡献。

二、生态理性:解构资本主义外部性问题的理论自觉

如前所述,理性被视为现代性的基本特征,分别以经济理性和生态理性为不同价值诉求的理性就成为现代性中的两种对立存在。有学者指出,经济理性是"控制的现代性"的代言人,而生态理性则是另外一种现代性——它既在场又不在场,这个现实与另一个世界拥有双重面貌,它在直接的时间空间中、在真实中可以表现为一物,但也可以是与真实不一样的东西,在远距离时空中的历险、开发与启程。"现代性在这个意义上作为人类的自我意识的理性自觉将与人类社会发展历程始终相伴。"②"生态理性将理性自身的合理性揭示为面向生活世界的'在者'和'此在'的一致,生态理性具有了生存论意蕴。"③

如果说经济理性是"失败的存在者",即以超越理性的企图营造出非理性所愿的生活世界。生存的意义被打压成以利益为目的。"真正合理的理性不是唯我独尊的骄傲,而是历史中淡定的存在;不是把自身看作一切生活活动的目的,而是要通过自身实现人与现实生活的真实接轨;不是在实现了人的世界之后便结束了思考,而是要把自身看作融洽人与世界双方的因素,求取和谐的尺度。因此,合理的理性关注自身的历史作用,才能持久地运用于人类生活;关注

---

① 戴维·佩珀:《生态社会主义——从生态学到生态社会主义》,刘颖译,山东大学出版社,2012,第268页。

② 韩秋红、史巍:《西方马克思主义现代性批判的双重维度》,《江苏社会科学》2010年第1期。

③ 韩秋红、杨赫姣:《理性合理性的现代诠释——基于高兹生态理性的视角》,《社会科学战线》2011年第2期。

人与现实、人与自然的关系,才能成就人自身的全面性、成为自由的人。这一切都说明理性只有被放置于生存论维度去理解,才可以破除自身的二律背反,找到合理的发展方向。因此,生态理性作为一名勇士就此出场。它代表着此在的生存理性,是在生存论意义上展开的对理性的合理诠释。"①

生态理性可谓是解构资本主义外部性问题的一种理论自觉。因为"生态理性的生存论意蕴解决了理性自身的二律背反……生态理性在有限性与无限性相统一的维度上缝合了经济理性给人类生存和生活世界造成的巨大裂缝。生态理性的生存论意蕴更加证明了生态理性不仅是对理性本体的全新认识,更是具有时代感、历史感以及立足于人性之上的现代理性的合理性诠释。"②正如海德格尔所说:"'此在'无论如何总要以某种方式与发生交涉的那个存在'我们称之为生存'或者说生存,只有就人的本质才说得上,这就是说,只有就人的'存在'的方式才说得上"。

因此,生态理性就是面向人的生存的理性。"生态理性一路拒斥经济理性对人类真实存在的剥夺,认为经济理性的理性原则是把人的存在当作存在者,'此在'丧失了其作为人的'在',而仅仅作为'物'或'经济'的单一的'在',丧失了自身的目的性,而以'它者'作为目的。生态理性始终面向人的生存完整性和全面性——经济的人、政治的人、文化的人、个体的人、市民社会的人、政治国家的人;总是在人与自然、人与自身、人与社会的真实生存状态当中彰显为人的目的。因此,生态理性就不仅仅是与经济理性相对应的'生态'的理性,更包含政治理性、经济理性、文化理性等合理性在内的人的生存理性。即破除了经济理性一统长存的魔咒,把人的存在、人存在的价值与社会整体有机结合,是实现'存在'存在性的一步善举,把人从存在者的魔咒中拉回到应然的人的存在合理性中,体现的正是生存论之'存在'的核心。"②这样,生态理性就以一种近乎本体论的方式解构了资本主义外部性的问题,不仅因为它对经济理性的理性拒斥,更在于它对人的生存状态的现实观照。

---

① 韩秋红、杨赫姣:《理性合理性的现代诠释——基于高兹生态理性的视角》,《社会科学战线》2011年第2期。

② 同上。

正如有学者指出的:"生态理性作为现代理性之所以具有合理性的原因,即生态理性的双重维度。一方面,生态理性是以人的彰显、发展为目的的。另一方面,生态理性注重对实践活动的有效性追求,实践活动不仅要反映人类改造自然的能力,对于自然的合理利用更加重要;实践活动的有效性就在于使实践活动成为有待可能的活动,不止为人类的一时之需,更为人类持续发展的需要。生态理性在存在与实践双重维度的统一下,成为辩证的、与生存论有着内在契合的理论,闪耀着彻底的辩证光辉。在现代性视阈下,生态理性应在生存论的规约下不偏不倚地执行理性的现代职能,这是生态理性自觉性的使命和必然性的宿命。"[①]

[①] 韩秋红、杨赫姣:《理性合理性的现代诠释——基于高兹生态理性的视角》,《社会科学战线》2011年第2期。

参考文献

[1] 马克思,恩格斯. 马克思恩格斯选集:第 1 卷[M]. 北京:人民出版社,1995.

[2] 马克思,恩格斯. 马克思恩格斯全集:第 3 卷[M]. 北京:人民出版社,2002.

[3] 马克思,恩格斯. 马克思恩格斯全集:第 16 卷[M]. 北京:人民出版社,1964.

[4] 马克思,恩格斯. 马克思恩格斯全集:第 23 卷[M]. 北京:人民出版社,1972:769.

[5] 马克思,恩格斯. 马克思恩格斯全集:第 25 卷[M]. 北京:人民出版社,1974:697.

[6] 马克思,恩格斯. 马克思恩格斯全集:第 42 卷[M]. 北京:人民出版社,1979.

[7] 马克思,恩格斯. 马克思恩格斯全集:第 46 卷[M]. 北京:人民出版社,2003.

[8] 艾伦·杜宁. 多少算够[M]. 长春:吉林人民出版社,1997.

[9] 里亚·格林菲尔德. 资本主义精神:民族主义与经济增长[M]. 张京生,刘新义,译. 北京:商务印书馆,2009.

[10] 吕克·博尔坦斯基,夏娃·希亚佩罗. 资本主义的新精神[M]. 高铦,译. 南京:译林出版社,2012.

[11] 安东尼·吉登斯. 资本主义与现代社会理论:对马克思、涂尔干和韦伯著作的分析[M]. 郭忠华,潘华凌,译. 上海:上海译文出版社,2018.

[12] 马克斯·韦伯. 中国的宗教与世界的宗教[M]. 康乐,简惠美,译. 桂林:广西师范大学出版社,2004.

[13] 马尔库塞 H,等. 单向度的人[M]. 刘继,译. 上海:上海译文出版社,2014.

[14] 马尔库塞 H,等.工业社会和新左派[M].任立,译.北京:商务印书馆,1982.

[15] 约翰·贝拉米·福斯特.生态危机与资本主义[M].耿建新,译.上海:上海译文出版社,2006.

[16] 马克斯·韦伯.中国的宗教:儒教与道教[M].康乐,简美惠,译.桂林:广西师范大学出版社,2010.

[17] 舍勒.舍勒选集[M].上海:生活·读书·新知三联书店,1999.

[18] 詹姆斯·奥康纳.自然的理由[M].唐正东,译.南京:南京大学出版社,2003.

[19] 中共中央马克思恩格斯列宁斯大林著作编译局.列宁全集:第2卷[M].第3版.北京:人民出版社,2012.

[20] 托马斯·迈尔.社会民主主义的转型[M].殷叙彝,译.北京:北京大学出版社,2001.

[21] 赫伯特·西蒙.现代决策理论的基石——有限理性说[M].杨砾,徐立,译.北京:北京经济学院出版社,1989.

[22] 彼得·桑德斯.资本主义——一项社会审视[M].张浩,译.长春:吉林人民出版社,2005.

[23] 米都斯 D,等.增长的极限[M].李宝恒,译.长春:吉林人民出版社,1997.

[24] 戴维·佩珀.生态社会主义——从深生态学到生态社会主义[M].刘颖,译.济南:山东大学出版社,2012.

[25] 中共中央马克思恩格斯列宁斯大林著作编译局.反杜林论[M]//马克思恩格斯选集:第三卷.北京:人民出版社,1995.

[26] 马克斯·韦伯.新教伦理与资本主义精神[M].于晓,陈维纲,译,北京:生活·读书·新知三联书店,1987.

[27] 马克斯·韦伯.经济与社会:下[M].阎克文,译.上海:上海人民出版社,2020.

[28] 马克斯·韦伯.经济与社会:上[M].林荣远,译.北京:商务印书馆,1997.

[29] 亚当·斯密. 国民财富的性质和原因的研究[M]. 北京:商务印书馆,1981.

[30] 黑格尔. 法哲学原理[M]. 北京:商务印书馆,1982.

[31] 赫尔马曼·戴利. 珍惜地球[M]. 马杰,译. 北京:商务印书馆,2001.

[32] 以赛亚·柏林. 浪漫主义的根源[M]. 吕梁,洪丽娟,孙易,译. 南京:译林出版社,2011.

[33] 岩佐茂. 环境的思想——环境保护与马克思主义的结合处[M]. 韩立新,等译. 北京:中央编译出版社,2006.

[34] 路易·皮埃尔·阿尔都塞. 保卫马克思[M]. 北京:商务印书馆,1996.

[35] 洪镰德. 从韦伯看马克思:现代两大思想家的对垒[M]. 台北:扬智文化事业股份有限公司,1999.

[36] 解保军. 生态资本主义批判[M]. 北京:中国环境出版社,2015.

[37] 唐代兴. 生态理性哲学导论[M]. 北京:北京大学出版社,2005.

[38] 章国锋. 关于一个公正世界的"乌托邦"构想:解构哈贝马斯《交往行为理论》[M]. 济南:山东人民出版社,2001.

[39] 顾忠华. 韦伯《新教伦理与资本主义精神》导读[M]. 桂林:广西师范大学出版社,2005.

[40] 苏国勋. 理性化及其限制——韦伯思想引论[M]. 北京:商务印书馆,2016.

[41] 余谋昌. 文化新世纪[M]. 北京:中国林业大学出版社,1996.

[42] 李猛. 韦伯:法律与价值[M]. 上海:上海人民出版社,2001.

[43] 李猛. 除魔的世界与禁欲者的守护神:韦伯社会理论中的"英国法"问题[M]// 李猛. 思想与社会第一辑——韦伯:法律与价值. 上海:上海人民出版社,2001.

[44] ANDRE GORZ. Critique of Economic Reason [M]. New York:Verso,1989.

[45] HABERMS J. The Theory of Communicative Action Volume1:Reason and the Rationalization and Society[M]. Boston:Beacon Press,1985.

[46] 王琴,罗甜田. 马克思与韦伯资本主义合理性批判的理论路径比较

[J].四川轻化工大学学报,2020(3):55—72.

[47] 吴晓明.论马克思对现代性的双重批判[J].学术月刊,2006(2):46—52.

[48] 裴笑冰.经济理性主义的哲学反思[J].南京政治学院学报,2007(2):39—41.

[49] 王善平.现代性：资本与理性形而上学的联姻[J].哲学研究,2006(1):37—41.

[50] 刘伯乐.逆全球化背景下经济人的伦理困境与生态自觉[J].中南林业科技大学学报,2021(1):17—22.

[51] 孔营,徐静波.马克斯·韦伯异化思想的内在逻辑[J].法制博览,2012(5):239—240.

[52] 韩秋红,杨赫姣.理性合理性的现代诠释——基于高兹生态理性的视角[J].社会科学战线,2011(2):9—14.

[53] 韩秋红,史巍.西方马克思主义现代性批判的双重维度[J].江苏社会科学,2010(1):46—50.

[54] 徐俊川.理性、经济与现代意义——读《新教伦理与资本主义精神》导论有感[J].福建论坛(社科教育版),2009(8).

[55] 彭列汉,黄金来,肖祖火.现代西方合理性思想的演变——从韦伯到后现代主义[J].武汉理工大学学报(社会科学版),2017(1).

[56] 桑红.从马克斯·韦伯的《新教伦理与资本主义精神》看宗教与现代化的关系[J].宁夏社会科学,1999(4).

[57] 张欢欢.现代性救赎的可能性:资本主义精神的批判与解构[J].白城师范学院学报,2015(4).

[58] 贾婕.生态社会主义的经济理性批判思想探析[J].山西农业大学学报,2018(10):62—67.

[59] 杨兴玉.生态理性本体论在当代何以可能[J].湖南科技学院学报,2007(3).

[60] 金永.哈贝马斯论韦伯的合理性概念——兼论马克思与韦伯的比较性分析[J].绵阳师范学院学报,2017(12):23—27.

[61] 邵发军.《1844 年经济学哲学手稿》的生态正义思想探析[J].岭南学刊,2012(3):107—110.

[62] 郭先红.资本主义社会的产生与异化——论韦伯与马克思思想的异同[J].安徽行政学院学报,2018(2):24—28.

[63] 石晨.生态正义:资本逻辑的批判与超越——佩珀生态社会主义思想的启示[J].理论月刊,2014(12):21—24.

[64] 陈永森,蔡华杰.资本主义世界生态问题的马克思主义视角——佩珀生态学的马克思主义论析[J].马克思主义与现实,2008(5).

[65] 郎廷建.论马克思的生态正义思想 [J].马克思主义哲学研究,2012(10):38—45.

[66] 陈陪永.论生态学马克思主义生态正义论的建构 [J].华中科技大学学报,2001(1).

[67] 汪丁丁."卢卡斯批判"以及批判的批判[J].经济研究,1996(3):69—78.

后　记

　　本套丛书是山西省社会科学院研究员贾心儿老师在退休后继续深耕科研、心系生态文明建设的重要结晶。对于生态文明，贾老师不曾忘记作为公民传播生态文明知识的良知，也不负作为当代社科人的职责使命。本书作为这套丛书中的一本，正是在这样的情怀和使命中诞生的。

　　在社科院工作近十年后的某一天，我接到了贾老师的电话。当时的情景依旧历历在目……电话中洋溢着贾老师对学术不变的热忱，也充满着他对这套丛书的殷殷关切。我知道，贾老师热爱哲学，痴迷于知识的汲取，保持着对后辈的关怀，更热爱这份让他终生保持热情的科研工作。他在将本套书的题目一一敲定之后，就分别与撰写人进行了多次不间断的深度沟通、讨论。记得2019年岁尾，我又去就书稿的提纲与贾老师进行最后的商定。原本打算半个小时的请教变成了近两个小时的热烈讨论，其间贾老师还请我参观他的书房，让我挑选一些可以参考的书目。这样的时光让人无法忘却，这样的教诲让人心生敬意，这样的讨论又何尝不是学术该有的样子！贾老师学识渊博、治学严谨、待人和善。尤其是在本书的选题和提纲的完善上，贾老师给予我很大帮助。谨借此一隅，表示衷心的感谢！

　　2020年的突发疫情使我的学术方向有了更深厚的现实关照，其间我不仅在图书馆翻阅了大量参考文献，还多次请教贾老师对书稿的意见，并就"如何写书"等相关问题拜访了高专诚研究员，两位老师的智慧和学识是我遥望而不及的，贾老师和高老师的指导和教诲，还有待于我在今后的工作及人生道路上进一步体悟。在本书稿完成期间，出于对疫情的持续关注，和社科人肩上的使命，我还独立完成了《口述抗击新冠肺炎疫情的山西经验》的深度访谈，之所以提到这个访谈，是因为在完成这本书的过程中深深感受到：社会科学工作者不应仅仅是理论学习和提高，更重要的是走向社会，观照现实、关注民生。而这个基于实地调研的口述访谈正是我学术走向社会现实的一次重要实践。

我想,贾老师也有这样的期望和作为……

马 君